붉은 비단과 하얀 망건 (紅緞白鬠)

충신 권이길과 열녀 예천임씨의 비통한 약속

붉은 비단과 하얀 망건 (紅緞白鬠)
충신 권이길과 열녀 예천임씨의 비통한 약속

초 판 인 쇄   2026년 03월 19일
초 판 발 행   2026년 03월 31일

역   자   권석환
발 행 인   윤석현
발 행 처   박문사
등 록 번 호   제2009-11호
책 임 편 집   최인노

우 편 주 소   서울시 도봉구 우이천로 353
대 표 전 화   02) 992 / 3253
전   송   02) 991 / 1285
홈 페 이 지   http://jncbms.co.kr
전 자 우 편   bakmunsa@hanmail.net

ⓒ 권석환 2026 Printed in KOREA.

ISBN 979-11-7390-035-8   93990   정가 36,000원

붉은 비단과 하얀 망건(紅緞白網)

충신 권이길과 열녀 예천임씨의 비통한 약속

권석환 역저

박문사

목록

《붉은 비단과 하얀 망건(紅緞白髻)》서

안동 권씨 화천군파는 조선 성종 대 좌리공신이었던 권감(權瑊, 1423~1487) 공의 후손으로 이어져 내려온 가문이다. 화천군의 후예들은 국가의 대신은 물론 학문과 사상, 문학과 예술에 이르기까지 다양한 분야에서 역할을 하였지만, 부부가 함께 충신과 열녀로 포상된 사례는 선조 권이길(權頤吉, 1588~1627) 공과 선조비 예천(醴泉) 임씨(林氏, 1594~1672)가 유일하다.

선조 권이길 공은 정묘호란이 일어나자 나라의 부름을 받고 평양 전투에 참전하여 끝내 장렬히 전사하였다. 선조비 예천 임씨는 남편의 전사 소식을 접하자 여종 두 사람을 대동하고 직접 전장으로 나아가 남편의 유해를 찾아 선산에 안장하였다. 평소 남편의 충정과 성정을 깊이 알고 있었던 부인은, 이번 출정이 곧 생환할 수 없는 길임을 미리 예감하고 옷 속에 붉은 비단을 꿰매고, 망건에는 흰 말총을 달아 혹시라도 유해를 식별할 수 있도록 하였다. 이 붉은 비단과 하얀 망건은 부부 사이의 비통한 약속이자, 나라와 가문을 향한 결연한 각오의 상징이었다.

이러한 충절과 절의는 조정에서도 높이 평가되었다. 조선 숙종은 판관공 권이길의 공적을 기려 충렬문을 하사하였고, 이후 순조는 지역 유학자들의 공의를 받아들여 예천 임씨에게 열녀문을 내리도록 하였다.

안산에 있던 충렬문은 판관공의 아들 경상좌도수군절도사 권희(權曦) 공을 따라 부여 정동으로 이전된 것으로 보인다. 1754년 (영조 갑술년) 부여 정동리에 충렬문을 중건한 이래, 여러 차례 중수를 거쳤으나 세월의 흐름 속에 크게 퇴락하였다. 1973년, 마침내 판관공 13대 종손 철중(喆重) 공이 안산의 열녀문을 함께 이관하여 두 칸 규모로 중건하였다. 이후에도 수 차례 보수를 이어오다가, 2026년 충남 부여군과 화천군파, 그리고 수사공지파가 뜻을 모아 협문을 새로 달고 기와와 단청을 정비하여 면모를 일신하게 되었다.

이러한 중수의 뜻깊은 시기에 맞추어, 판관공 14대 종손인 권석환 교수는 수사공 가문에 전해 내려오는 충신과 열녀 관련 문헌을 번역하고 정리하여《붉은 비단과 하얀 망건(紅緞白鬃), 충신 권이길과 열녀 예천 임씨의 비통한 약속》이라는 제목으로 책을 출간하려고 한다.

전언에 따르면, 이 책의 출판 비용은 화천군 종중의 지원과 수사공 후손들의 정성 어린 모금에 더하여, 선산에 있던 소나무 아홉 그루를 매각하여 마련하였다고 한다. 이는 단순한 책 한 권의 출간을 넘어, 조상을 기리고 그 정신을 오늘에 되살

리려는 후손들의 간절한 마음이 깃든 결과라 할 것이다.

　이 책은 우리 화천군파 후손들이 지켜온 국가에 대한 충절과 가정에 대한 정절을 기록한 귀중한 증언이다. 나는 화천군파의 종손으로서 문장에 능력이 없는 것을 잊고, 충신 열녀의 정신이 우리 가문은 물론 국가적으로 길이 계승되어야 한다는 일념으로 기꺼이 몇 자를 남긴다.

2026. 03.

안동권씨 화천군파 종손 권종한(權鍾翰)

01. 들어가기

이 책은 충신 권이길과 그 부인 열녀 예천 임씨를 통하여 조선 사회가 중시하였던 충절과 윤리가 어떻게 기록되고 전승되었으며 그것이 오늘날에 어떤 의미가 있는가를 살펴보는 데 의미를 둔다. 가문에서 전해오던 산발적인 문헌과 자료를 한데 모아 역사 속 인물의 삶을 오늘의 언어로 다시 읽어내는 것을 목적으로 삼는다.

이 책은 17세기 초에서 21세기 초까지 약 4백년 동안의 안동권씨 수사공파 문중에서 보관하고 있는 충신 열녀 관련 시문 등 고문헌과 교지와 현판 등의 자료를 현대어로 주석하고 번역하여 정리하였다.

이 시기는 한국 역사의 중세 후기에서 근대 이행기로서, 국제적으로 임진왜란과 병자호란 등 외침을 겪으면서 국내적으로 지배질서 이념이 위기를 맞이하였다. 이러한 배경아래 한 가문 속 개인의 삶이 국내외의 정세와 어떤 관계를 연결 짓는가를 엿볼 수 있다. 개인의 삶을 둘러싼 정치·사회적 배경뿐 아니라, 그 인물이 당대에 어떤 평가를 받았고 후대에는 어떻게 기억되었는지도 함께 담고자 하였다. 이를 위해 국가 차원의 공식 기록과 개인 및 문중에 전해 내려온 사료를 아울러 살펴보았다. 관방에서 편찬한 《조선왕조실록·인조실록》·《조선왕조실록·순조실록》·《승정원일기》·《일성록》·《존주휘편》·《응천일록》·《여지도서》(충청도 부여현)를 참고하였다. 이러한 자료들은 권이길과 예천 임씨의 행적이 단지 개인적 미담에 머무르지 않고, 국가의 기록 속에서 어떻게 인식하고, 평가되었는지를 보여주는 중요한 근거가 되었다. 그리고 안동권씨 화천군파 수사공파 문중에서 소장하고 있는 〈판관 권공행장〉(정범조 찬), 〈평양판관 권공 소장(小狀)〉, 《충신열녀사적단》, 《충신열녀연정시첩(忠臣烈女延旌詩帖)》(권오웅 편, 140편), 《충신열녀 정묘사적 단(單)》(권중양 편), 〈권이길 의열사 추배 상소문〉, 충신 열녀 현판, 교지, 매매계약서, 준호구, 상소문, 탄원서와 판결문, 1973년·1987년·2026년 충렬문 중수기와 축하시 등을 참고하였다. 이 문헌과 자료는 후손과 동시대 인물들의 시선이 고스란히 담긴 기록으로, 인물의 행적과 그에 대한 평가를 보다 생생하게 전해 준다. 공식 기록과 사적인 기록이 서로 호응하며 하나의 역사적 상을 이루는 지점이기도 하다.

이 책은 한 인물과 한 가문의 충절이 어떻게 기억되고 기려 왔는지를 차분히 보여주고자 한다. 이를 통해 전문 연구자뿐 아니라 일반 독자들에게 충절의 가치가 보다 쉽고 가까이 닿는 계기가 되기를 기대한다.

02. 충신 권이길의 가문: 화천군의 후예

권이길(權頤吉, 1588년 2월4일~1627년 3월 3일)은 본관이 안동이며, 시조로부터 25세에 해당한다. 그의 가문은 여러 세대를 거치며 역사와 정신을 축적하였다.

그 가문의 근원은 시조인 권행(權幸)으로부터 나왔다. 그는 고려 개국공신 3인 가운데 한 사람으로, 벼슬이 고려 태사(高麗太師)에 이르렀다. 본래는 안동 김씨였으나, 930년 고창 전투에서 왕건을 도와 큰 공을 세운 뒤 권씨 성을 하사받았다. 고려 건국 이후에는 삼한벽상공신(三韓壁上功臣)으로 최고 관직에 올라 가문의 기틀을 굳게 세웠다.

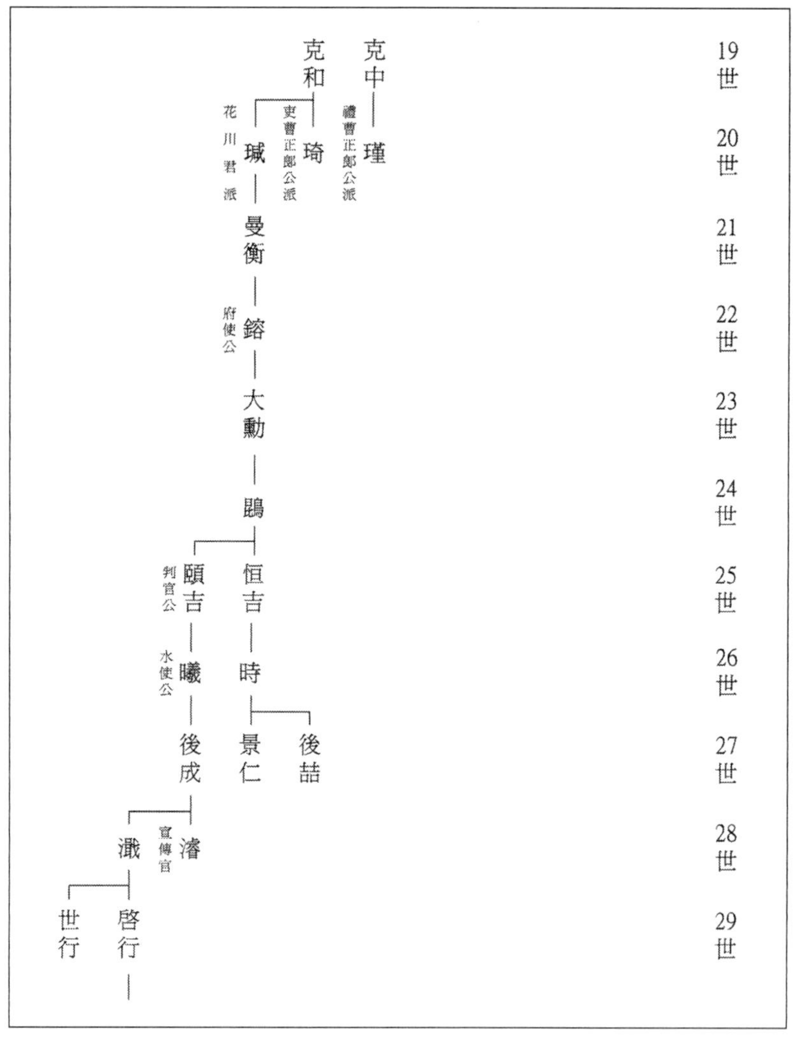

권이길의 중시조는 안동 권문의 20세인 권감(權瑊, 1423~1487)이다. 그의 자는 차옥(次玉)이며, 화천군(花川君)에 봉해졌고 시호는 양평(襄平)이다. 1456년(문종 2)에 사마시(司馬試)에 합격하여 사헌부 감찰이 되었고, 세조 대에는 좌익원종 공신으로 책봉되었다. 이후 도승지·의정부좌참찬·병조판서 등 요직을 두루 거치며 조정의 중임을 맡았다. 그는 남이(南怡)를 제거하고 예종의 즉위를 도운 공으로 익대공신(翊戴功臣)에 책록되었고, 1471년(성종 2)에는 순성명량경제홍화좌리공신(純誠明亮經濟弘化佐理功臣)으로 다시 책봉되었다. 이후에도 병조판서(兵曹判書) 등을 지냈으며, 성종(成宗) 즉위 시에는 청승습사(請承襲使)로 명나라에 다녀왔다. 그의 사적은《조선왕조실록》성종조 여러 곳에 자세히 실려 있다. 또한 조선 문장의 거두인 서거정(徐居正)은 화천군과 관련하여 여러 편의 글을 남겼는데, 이는 그의 문집인《사가집》에 수록되어 있다. 권감은 강희맹(姜希孟)과도 친교가 두터웠으며, 혼인으로 인연을 맺어 화천군의 아들 감찰공 권만형(權曼衡)이 그의 사위가 되었다.

권이길의 증조부는 권용(權鎔, 1503~1568)으로, 화천군의 손자이자 시조로부터 22세이다. 자는 계진(季珍)이고 사헌부 감찰을 지낸 뒤 산음현감, 경주판관, 한성판관, 선산부사, 청송부사 등을 역임하였으며, 후에 좌승지로 증직되었다. 그는 화천군 후대 지파 가운데 부사공파의 시조가 되었다.

조부는 권대훈(權大勳)으로 자는 충경(忠卿)이다. 군위현감과 진위현령을 지냈으며, 사후에 이조판서로 증직되었다. 부친은 권곤(權鵾, ?~1620)으로 자는 시보(時甫), 호는 수죽(水竹)이다. 동지중추부사를 역임하였으며, 모친은 정부인 여흥 민씨이다. 권곤은 승길(升吉), 항길(恒吉), 이길(頤吉), 택길(澤吉, 1594~1666), 이길(履吉, 1600~1625) 등 여러 아들을 두었다.

이와 같이 권이길의 가계는 고려 개국에서 조선 중기에 이르기까지 끊임없이 이어진 공훈과 문명의 축적 위에 놓여 있으며, 한 인물의 삶을 넘어 한 가문의 역사적 궤적을 고요히 드러내고 있다.

03. 붓을 벗어던지고 활과 창을 잡다

권이길의 어머니 여흥 민씨는 첨지(僉知) 민영(閔韺)의 딸이다. 권이길은 1588년

(선조 21) 2월 4일에 태어났다. 가문 안팎에서는 그가 어려서부터 범상치 않다는 평이 잦았으며, 나이가 들수록 그 재기와 기개가 점차 드러났다고 전한다.

소년기의 권이길은 이미 성숙한 기운을 지니고 있었다. 일찍부터 사물의 이치를 헤아릴 줄 알았고, 학문과 문장에 대한 이해도 남달랐다. 그가 성장하여 보인 태도와 기풍은 단순한 총명함을 넘어, 훗날 한 인물의 삶을 지탱하게 될 내적 단단함을 예고하는 것이었다.

〈증 병조참의 행평양부판관 권공행적〉에는 "공의 재주와 사람됨은 뛰어났고, 평소에 충직함과 용맹함을 쌓았다"고 기록되어 있다. 이는 그의 기질이 단지 문약(文弱)에 머무르지 않고, 충성과 기개를 함께 갖춘 인물로 성장했음을 말해 준다. 또한《존주휘편》에서는 "문장을 업으로 삼아 이름이 났다"고 하여, 그가 학문과 문장으로 일찍이 명성을 얻었음을 전하고 있다.

〈평양판관 권공 소장〉에 따르면, 그는 조금 성장하자 세속의 울타리에 머무르기를 꺼리고 스스로를 단련하려는 뜻을 품었다고 한다. 열다섯 살에는 책을 덮고 현실의 길을 모색하였다. 이 과정은 단순한 성장의 단계가 아니라, 스스로의 삶을 자각하고 책임지려는 결단의 의지로 이해된다.

스무 살에는 관례를 올리고 어른의 반열에 올랐다고 한다. 대략 1608년 무렵이 된다.

부인 예천(醴泉) 임씨(林氏, 1594~1672)는 선전관 정문(挺門)의 딸이다. 권이길과 더불어 훗날 충신과 열녀로 함께 기억되는 인연을 맺게 된다. 부인 임씨는 친정집에 있을 때에는 충신을 아버지로 삼았고, 시집간 뒤에는 충신을 또한 남편으로 삼았으니, 이는 그의 타고난 기질에서 나온 것이며, 보고 느낀 것에 따라 얻은 것이다.

이러한 가정적 배경과 어린 시절의 경험은, 그가 시대의 격랑 속에서 선택과 결단을 내리게 되는 정신적 토대가 되었을 것이다.

권이길이 처음으로 관직의 문턱을 넘은 것은 종사랑에 제수되면서였다. 남아 있는 교지에는 그 첫걸음의 순간이 비교적 또렷하게 기록되어 있다.

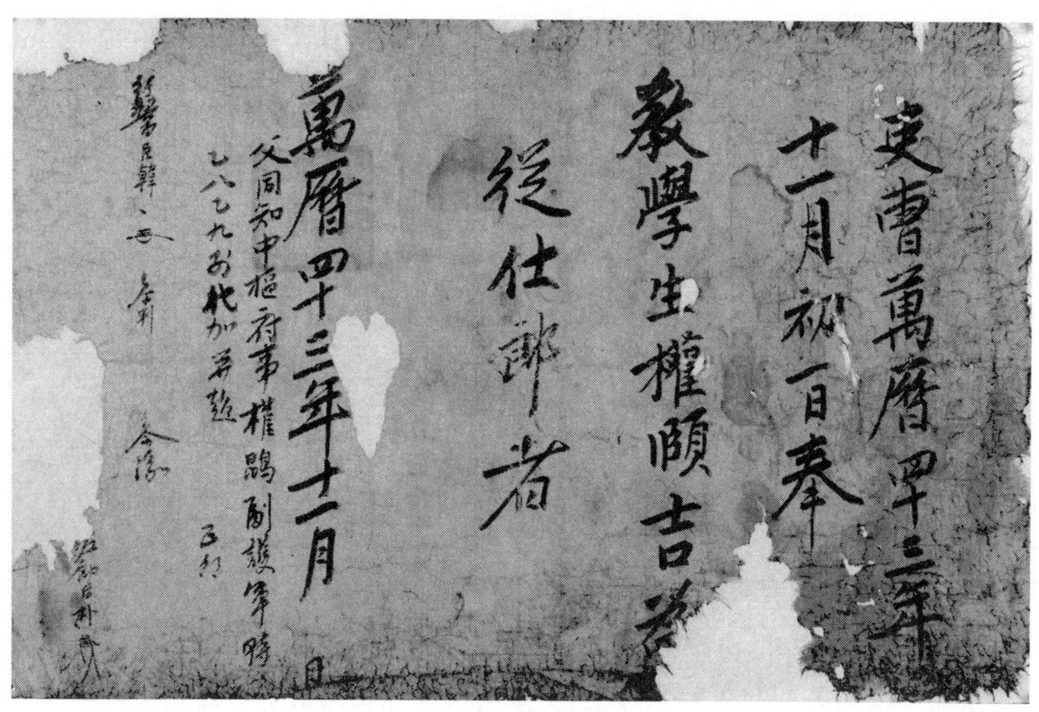

【원문】

吏曹萬曆四十三年十一月初一日奉
敎學生權頤吉爲從仕郞者[1]
萬曆四十三年十一月　日[2]
父同知中樞府事權鵾副護軍時[3]

【우리말】

이조(吏曹)는 만력(萬曆) 43년(서기 1615년) 11월 초 하루 왕명을 받들어 학생 권이길을 종사랑에 명한다.

만력 43년(1615) 11월 일

아버지 동지중추부사　권곤(權鵾)이 부호군으로 있다.

---

1 敎(교): 임금의 명령.
　學生(학생): 각급 교육기관에서 학문을 배우는 사람을 이르는 말. 일명 생도(生徒)·학도(學徒)·서생(書生)이라고도 하였다. 생도(生徒). 유생(儒生)으로서 생전에 벼슬을 하지 못하고 죽은 사람에 대한 존칭. 이에 반하여 유생으로서 아직 벼슬하지 못한 사람을 존칭하여 유학(幼學)이라고 하였다.
　從仕郞(종사랑): 조선시대 정구품(正九品)의 관직이다.
2 만력(萬曆)43년: 만력은 중국 明나라 신종(神宗)의 연호(1573~1619). 만력 43년은 서기 1615년.
3 同知中樞府事(동지중추부사): 조선시대 중추부의 종2품 관직이다. 동지중추부사(同知中樞府事)라고도 한다. 중추부는 조선시대 일정한 직무가 없는 당상관(堂上官)들을 우대하기 위해 설치된 관청이다. 본래 나라의 군사관계, 즉 출납·병기·군정·경비·차섭(差攝) 등의 일을 맡은 관청이던 중추원(中樞院)을 1466년(세조 12)에 중추부로 고쳤다. 그 직무는 병조에 넘기고 맡은 일거리가 없는 벼슬아치들을 우대하기 위한 관청으로만 보존해 오다가 고종(高宗) 때 다시 중추원으로 고쳐 의정부에 소속시켰다.

"이조(吏曹)는 만력 43년(서기 1615년) 11월 초 하루 왕명을 받들어 학생 권이길을 종사랑에 명한다. 만력 43년(서기 1615년) 11월 일. 아버지 동지중추부사 권곤이 부호군으로 있다."

이 기록에 따르면, 권이길은 관직에 나아가기 전까지 학생(學生)의 신분이었다. 학생은 조선시대 각급 교육기관에서 학문을 배우던 사람을 가리키는 말로, 생도(生徒)·학도(學徒)·서생(書生)이라고도 불렸다. 즉 그는 아직 벼슬길에 들어서기 전, 학문을 닦는 신분으로 삶을 다지고 있던 중이었다.

그가 처음 받은 관직인 종사랑(從仕郎)은 정구품(正九品)에 해당하는 벼슬이었다. 비록 품계는 높지 않았으나, 이는 조정의 질서 안으로 공식 편입되었음을 뜻하는 중요한 시작이었다. 특히 교지에 그의 아버지 권곤이 동지중추부사로서 부호군에 재직하고 있다는 사실은 주목할 만하다. 이로 미루어 볼 때, 권이길의 초기 관직 진출은 음직, 곧 음서 제도를 통한 것이었을 가능성이 크다. 조선 중기에는 중추부 종이품 이상의 관직에 있는 경우, 자제가 음서로 관직에 나아가는 일이 비교적 일반적이었기 때문이다.

그러나 권이길의 관직 생활은 여기에서 멈추지 않았다. 그는 무오년(1618년, 광해군 10년, 만력 46년)에 무과(武科)에 급제함으로써, 스스로의 역량을 공적으로 증명하였다. 무과 급제는 단순한 신분의 연장이 아니라, 무인으로서 국가에 봉사할 자격을 갖추었음을 뜻하는 일이었다.

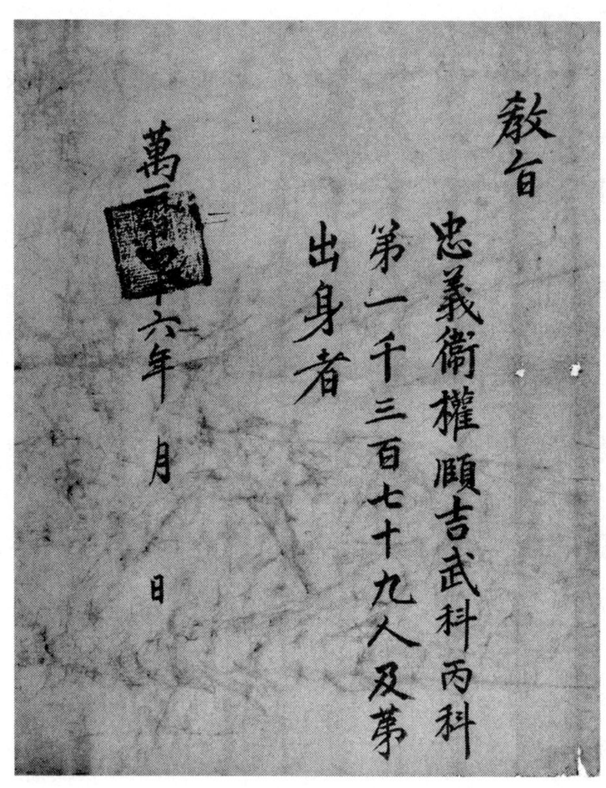

【원문】	【우리말】
教旨	교지
忠義衛權頤吉武科丙科 第一千三百七十九人及第 出身者[4]	충의위(忠義衛) 권이길(權頤吉)을 무과 병과(武科 丙科) 제1379명 급제 출신자로 명한다
萬曆四十六年　月　　日[5]	만력46년 월 일

---

4 忠義衛(충의위): 조선시대 중앙군인 오위(五衛)의 충좌위(忠佐衛)에, 충찬위(忠贊衛)·파적위(破敵衛)와 더불어 속해 있던 군대. 1418년(세종 즉위) 개국(開國)·정사(定社)·좌명(佐命)의 3공신의 자손들을 위한, 특수층을 위한 일종으로 우대기관으로 설치되었다. 이 부대에 속한 군병은 공신의 자손이나 그 첩의 중승자(重承者)로 편성하였다.
武科(무과): 조선시대에 무관을 뽑는 과거. 대개 3년마다 한 번씩 식년(式年: 子·卯·午·酉年)에 실시되며, 초시(初試)·복시(覆試)·전시(殿試)의 3단계가 있다. 초시에서는 서울·지방에서 270명, 복시에서는 28명을 뽑았으며, 마지막 전시에서는 이들 28명을 갑과(甲科) 3명, 을과(乙科) 5명, 병과(丙科) 20명의 등급으로 구분하였다.
5 萬曆四十六年: 서기 1618년

무과 급제 교지에 따르면, 그는 충의위(忠義衛)으로서 무과 병과(丙科) 1379명 중의 하나로 급제하였다. 병과라는 등급은 결코 최상위는 아니었으나, 엄정한 시험을 통과한 결과라는 점에서 그의 실력과 준비가 결실을 맺었음을 보여준다.

무과에 급제한 이듬해인 기미년(1619), 그는 선전관을 겸하여 비변사에 제수되었다. 이는 권이길이 단순한 하급 무관에 머무르지 않고, 국왕의 명을 전하고 군정과 국방을 논의하는 핵심 기구의 일원으로 발탁되었음을 의미한다. 이로써 그는 학문을 닦던 학생에서, 무과 급제를 거친 실무 관료로서 조정의 일선에 서게 되었다.

이러한 관직 진출의 과정은 권이길이 가문의 배경 위에만 의존한 인물이 아니라, 제도와 시험을 통해 자신의 길을 넓혀 간 인물이었음을 보여준다. 그리고 이 시기의 경험은 훗날 그가 맞닥뜨리게 될 격변의 시대 속에서, 충절과 결단을 실천하는 토대가 되었을 것이다.

〈행장〉과 〈권이길 전〉 등 여러 기록을 종합해 보면, 권이길이 무인의 길을 택하게 된 계기에 대하여 비교적 인상적인 서술이 전해지고 있다. 기록에 따르면, 그는 아직 벼슬에 나아가지 않았던 시절, 김응하 장군이 심하 전투에서 의롭게 전사하였다는 소식을 듣고 깊이 탄식하며 "장수는 마땅히 이와 같아야 한다."라고 말하였다고 한다. 그리고는 곧 붓을 던지고 무과에 뜻을 두어, 무오년에 급제하였다고 적고 있다.

이 기록은 권이길의 삶을 상징적으로 압축해 보여 준다. 학문과 문장으로 이름을 얻던 인물이, 한 무장의 순절을 계기로 삶의 방향을 바꾸었다는 서술은 그의 결단이 단순한 출세의 선택이 아니라 시대의 위기와 맞닿아 있었음을 강조하였다. 실제로 당시 서쪽 변방에 대한 우려가 깊어지자, 조정에서는 그의 재략이 변방의 난리를 막기에 적임자라 하여 평양판관으로 천거하였다고 전한다. 나아가 "공의 죽음은 이미 과거에 급제할 때 정해진 것이다"라는 말까지 덧붙여, 그의 생애를 일종의 숙명처럼 묘사하고 있다.

그러나 역사 기록을 차분히 대조해 보면, 이 대목에는 시간상의 간극이 존재한다. 김응하가 심하 전투에서 전사한 해는 만력 47년, 곧 1619년이며, 권이길이 무과에 급제한 것은 그보다 앞선 무오년, 1618년이다. 연대만 놓고 보면, 김응하의 순국 소식을 듣고 즉시 붓을 던져 무과에 도전했다는 서술은 엄밀한 의미에서 시간 순서와는 맞지 않는다.

이 점에서 해당 기록은 사실의 정확한 연대기라기보다는, 권이길의 삶과 정신을 설명하기 위한 상징적 서술로 이해하는 편이 자연스러울 것이다. 김응하는 선조·광해군 연간에 활동한 무신으로, 무과에 급제하여 여러 관직을 지냈고, 1619년 명나라의 요청으로 조선군이 참전한 사르후 전투에서 강홍립 휘하 좌영장으로 출전하였다. 그는 끝까지 항전하다 전사하였으며, 이로써 조선과 명 양국에서 그 충절을 높이 평가받았다. 이듬해 명나라 신종은 그를 요동백으로 추봉하였고, 조선 조정 역시 영의정으로 추증하며 '충무'라는 시호를 내렸다.

심하 전투는 사르후 전투 가운데 하나로, 명나라 남로군을 이끌던 유정의 부대가 후금군에 의해 격파된 전투를 가리킨다. 이 패전과 그 속에서 드러난 김응하의 최후는, 당시 조선 사회에 큰 충격을 주었고, 무인에게 요구되는 충성과 결단이 무엇인지를 강렬하게 각인시켰다.

따라서 기록에서 말하는 '김응하의 순절을 듣고 붓을 던졌다'는 대목은, 한 순간의 직접적인 원인이라기보다, 권이길이 이미 품고 있던 무인의 지향과 시대적 위기의식이 김응하라는 인물을 통해 분명한 형상으로 드러났음을 말해 주는 표현이라 할 수 있다. 학문을 닦던 선비에서 변방을 지키는 무인으로 향하는 그의 선택은 이렇게 시대의 비극과 영웅의 죽음을 배경으로 더욱 또렷해진다.

04. 평양판관이 되다

권이길이 평양판관으로 부임하는 과정은 단순한 관직 승진의 연속이 아니라, 국가적 위기와 맞물린 긴급 발탁이었다.

먼저, 권이길은 부모의 상을 마친 뒤 관직에 복귀하였다.《승정원일기》인조 을축(1625) 9월 18일(계해)에는 "권이길이 평양판관이 되었다(權頤吉爲平壤判官)"라고 기록하였다.

〈권공행적〉과 〈평양판관 권공 소장〉에는 권이길이 임명 다음 해인 병인년(1626)에 비변랑으로서 평양판관으로 부임하였다고 하였다. 당시 북방 정세가 급격히 악화되고 있었기 때문에, 조정은 재주와 용맹을 겸비한 인물을 즉시 방비 책임자로 세울 필요가 있었던 것 같다.

그러나《존주휘편》〈권공본전〉은 인조 정묘년(1627)이 발발하여 의주가 오랑캐에게 함락되자, 권공이 비변사 소속으로 평양판관에 제수되어 발령을 받고 즉시 평양에 부임했다고 기록하였다.

이처럼 임명과 부임에 관하여 기록상의 차이는 아마도 전란 직전 국가적 위기 속에서 이루어진 긴급 발탁이라는 점, 평시의 관직이 연속된 것이 아니라 전란과 국방 상황이라는 역사적 맥락 속에서 이해해야 할 것이다.

05. 정묘호란이 발발하다

정묘호란은 인조 5년(1627, 정묘년) 정월부터 3월 초까지 후금과 조선 사이에 벌어진 전쟁이다. 이 전쟁은 조선이 명나라를 지속적으로 지원하고 후금에 대해 적대적인 태도를 유지한 데 대한 보복의 성격을 띠고 있었다.

당시 후금은 대군을 일으켜 국경을 넘어 조선을 침입하였고, 의주와 평양을 차례로 거쳐 한성 인근까지 신속히 진격하였다. 이에 조정은 크게 동요하였으며, 인조는 마침내 강화도로 몽진하였다. 전쟁이 장기화될 경우 양국 모두 감당해야 할 부담이 컸던 만큼, 조선과 후금은 형제 관계를 맺는다는 조건 아래 화의를 체결하였다.

이 전쟁의 전후 맥락에서 자주 거론되는 인물이 강홍립(姜弘立, 1560~1627)이다. 강홍립은 선조·광해군 대에 활동한 무신으로, 임진왜란 이후 여러 군직을 거쳤다. 1619년, 명나라가 후금을 치기 위해 조선에 원병을 요청하자 광해군은 강홍립을 오도원수(五道元帥)로 삼아 출병하게 하였다. 그러나 그는 사르후 전투(薩爾滸之戰) 과정에서 후금에 투항하였는데, 이는 '형세를 보아 향배를 정하라'는 광해군의 밀명에 따른 행동으로 이해된다.

투항 이후 강홍립은 후금에 포로로 억류되었다가, 1627년 정묘호란이 발발하자 후금군의 선도로 조선에 들어와 화의를 주선하는 데 관여하였다. 이로 인해 국내에서는 역신(逆臣)으로 지목되어 관직이 삭탈되었으나, 사후에 그 경위가 참작되어 복관되었다.

정묘년의 변란이 당시 사회에 끼친 충격은 기록을 통해 더욱 생생히 전해진다. 인조 정묘년에 오랑캐가 저돌적으로 침입하자 여러 군이 놀라 흩어져 도망하였는데, 〈도승지 김이교(金履敎)의 입계(入啓)〉에는 다음과 같이 기록하였다.

"정묘년의 변란을 맞이하여 안으로는 조정이 크게 놀랐고, 밖으로는 군읍이 잇달아 함락되었다. 사람들이 관서(關西)를 죽음의 땅과 같이 여겨, 만일 차출되면 곧바로 피하고 나아가지 않는 자가 있었으며, 아내와 자식을 이끌고 성읍을 버린 채 군주와 부모를 저버린 자도 있었다."

정묘호란은 비록 비교적 단기간에 끝났으나, 그 역사적 영향은 결코 작지 않았다. 이 전쟁을 계기로 조선과 후금, 나아가 훗날 청(淸)으로 발전하는 세력과의 관계는 근본적으로 변화하였으며, 형제 관계라는 외교적 굴절은 지속적인 긴장을 남겼다. 그 결과는 마침내 1636년 병자호란(丙子胡亂)으로 이어지게 되었다.

06. 붉은 비단과 하얀 망건(紅緞白鬃) 차림으로 문을 나서다

〈판관 권공행장〉・〈권이길전〉・〈권공행적〉 등의 기록을 보면, 권이길이 출전하기 전의 장면은 매우 스토리적이다.
　정묘호란이 일어나고 평양판관으로 임명되었다는 소식을 들었을 때, 권공은 조금의 머뭇거림도 없었다. 발령이 떨어지자마자 곧바로 길을 나설 채비를 하였고, 가족들과의 이별 또한 담담하였다. 얼굴빛 하나 변하지 않은 채 그는 조용히 말하였다.

"지금이야말로 남아가 절개를 세울 때이다."

그러나 그 담담한 말 속에는 이미 죽음을 각오한 결연함이 담겨 있었다. 그는 가족들에게 자신의 몸을 알아볼 표식을 일러두었다.

"망건에 흰 말총을 묶고, 허리띠에 붉은 천을 꿰맨 자가 나이니, 훗날 이것을 가지고 내 시신을 찾으시오."

아내 예천 임씨는 이 말이 단순한 예언이 아님을 알고 있었다. 평소부터 공이 전쟁터에 나가 목숨으로 나라에 보답할 뜻을 품고 있었고, 이번 출정이 살아 돌아올 길이 아님을 이미 예감하고 있었기 때문이다. 그녀는 말없이 남편의 군복 안에 붉은 비단을 손수 꿰매 넣고, 망건에는 흰 말총을 달아 표식을 더하였다. 이는 남편의 죽음을 막기 위한 준비가 아니라, 끝내 피할 수 없는 결말을 받아들이는 아내의 의연한 선택이었다.

발길을 떼기 직전, 권공은 다시 한번 말하였다.

"이때야말로 내가 국가에 보답할 수 있는 시간이다."

이렇게 하여 그는 가족과 생을 갈라놓는 이별을 마치고, 한 치의 미련도 없이 전장으로 향하였다. 그 출정의 순간은 이미 하나의 장면이 되어, 충신의 운명이 어디로 향할 것인지를 조용히 예고하고 있었다.

07. 평양전투에 몸을 던지다

권이길은 평양 임지에 이르렀을 때, 관서 일대는 이미 오랑캐의 기병으로 가득 차 있었다. 적의 모습만 보아도 사람들이 흩어져 달아났고, 성읍과 촌락에는 공포만이 가득하였다. 사람들은 어디로 몸을 숨겨야 할지조차 알지 못한 채 서로를 바라보며 떨고 있었다.

권이길은 이 혼란을 그대로 둘 수 없었다. 그는 용천현령 이석달(李碩達), 대동찰방 이준천(李俊天)과 함께 흩어진 병사와 무기를 거두어 모으기 시작하였다. 조금씩 병력이 모이자 군세는 겨우 숨을 돌리는 듯 보였다. 이에 권공은 별장 정지한(鄭至罕) 등과 더불어 기마병 500명을 거느리고 적을 추격하기로 결단하였다. 순안(順安)의 치천원(穉川院)에 이르러 적과 마주쳤다. 처음에는 좁은 골짜기에서 접전이 벌어졌으나, 싸움이 한창일 때 오랑캐의 기마병이 갑자기 배후로 돌아들어왔다. 앞에는 적이 버티고, 뒤에는 기병이 몰려드니 형세는 급격히 기울었다. 병사의 수는 턱없이 부족하였고, 기다리던 지원군은 끝내 모습을 드러내지 않았다.

　더 이상 버티기 어렵다고 판단한 권공은 싸움을 멈추지 않은 채 퇴각을 명하였다. 그는 손에는 칼을 쥐고 허리에는 활을 찬 채, 싸우면서 물러나고 물러나면서 다시 맞섰다. 그렇게 전열을 가다듬어 대동성으로 들어가 방어할 뜻을 세웠으나, 성에 이르렀을 때 이미 그를 도울 병력은 거의 남아 있지 않았다.

　한편《조선왕조실록·인조실록》인조 5년 정묘(1627, 천계 7) 3월 15일(임오) 김기종은 순안 전투의 상황을 대략 다음과 같이 보고하였다.

　적병 한 부대가 순안으로 급습하자, 삭주 부사 이명길과 평양 판관 권이길, 좌척후장 정지한, 파총 이충백과 정대익 등 조선군 장수들이 즉시 추격하였다. 적들은 정대익을 장수로 착각하여 모두 그를 따라 움직였고, 이에 이충백은 말에서 내려 활을 마구 쏘아 적 두 명을 맞히고, 정지한은 한 명을 명중시켰다. 그러자 나머지 적군은 점차 물러났다. 그러나 이 과정에서 이충백과 정지한은 각각 3,4개의 화살에 맞았고, 권이길은 화살에 치명상을 입고 전사하였다.

　그런데, 여러 기록을 보면 권이길이 전사한 곳은 순안이 아니라 평양성 보통문(普通門)이라고 전한다. 권이길은 평양 보통문 밖에 이르고, 평소와 다름없이 휘하의 병사들을 독려하며 홀로 그 자리를 지켰다. 그러나 화살은 모두 떨어졌고, 기력 또한 다하였다. 미약한 구원조차 끝내 오지 않는 가운데, 그는 끝까지 물러서지 않고 그곳에서 전사하였다.

　때는 인조 정묘년(仁祖丁卯年, 1627) 3월 6일이었다. 나이 마흔이었다.

　정묘호란은 1627년 3월 3일, 양국이 정묘약조(丁卯約條)를 체결하면서 공식적으로 종결되었다. 이 조약은 강화부 성문 밖에서 제천 의식을 거행한 뒤 맹약을 맺는 형식으로 이루어졌다.

　기록에 따르면 권이길은 3월 6일에 전사하였다고 한다. 이는 조약을 체결한 지 3일 이후이므로 표면적으로는 모순처럼 보인다. 그러나 당시에는 전쟁 종결 소식이 즉시 각 전장에 전달되기 어려웠다. 따라서 강화가 이루어진 이후에도 일부 지역에서는 그 사실을 알지 못한 채 전투가 계속되었을 가능성이 크다. 권이길의 전사는 이러한 상황 속에서 발생한 것으로 이해할 수 있다.

　결국 이 사건은 전쟁의 '외교적 종료 시점'과 '현실적인 전투 중단 시점' 사이에 시간 차이가 존재했음을 보여준다.

　이로써 평양 보통문 밖은 한 무인의 영혼이 남은 역사적 장소가 되었다.

08. 최후의 날을 맞이하다

〈유학 김수형 소제 정문초(幼學金粹洞所製呈文草)〉는 권이길의 순직을 중국의 충절 인물들에 비추어 높이 기리고 있다. 글에서는 그의 죽음을 단순한 전사가 아니라, 절의를 지킨 충신의 최후로 형상화했다.

"칼날이 가슴에 닿아 쓰러졌으나 순언(荀偃)처럼 눈은 끝내 감기지 못했습니다."

춘추시대 진(晉)나라의 대부 순언이 죽어서도 눈을 감지 못했다는 고사를 들어, 권이길 또한 죽음의 순간까지 나라를 향한 뜻을 거두지 않았음을 상징적으로 드러낸 것이다. '죽어도 눈을 감지 못한다(死不瞑目)'는 표현은 한이 남아서가 아니라, 책임과 충정을 다하지 못함을 뜻한다.

"청평검을 손에 들고 죽은 선진(先軫)이 마치 살아 있는 듯 하였습니다."

여기서는 춘추시대 명장 선진의 고사를 인용하였다. 선진은 군신의 의리를 지키기 위해 스스로 죽음을 택하고, 칼을 쥔 채 적진에서 전사하였다. 권이길 역시 끝까지 무기를 놓지 않은 채 싸우다 장렬히 전사한 인물로 그려지며, 살아 있는 듯한 기개와 충의를 지닌 존재로 격상시켰다.

"수양성 안에서의 장순(張巡)의 모습을 차마 말로 표현할 수 없다."

이는 당나라 때 안록산의 난 속에서 끝까지 성을 지키다 순절한 장순을 떠올리게 한다. 장순이 수양성을 사수하며 끝내 절개를 굽히지 않았듯이, 권이길 또한 위태로운 전황 속에서도 굴복하지 않고 평양성을 지켰음을 암시한다.
이처럼 김수형은 순언의 '눈 감지 못한 충정', 선진의 '칼을 쥔 절의', 장순의 '끝까지 성을 지킨 충성'을 차례로 들어 권이길의 죽음을 기렸다. 이는 단순한 전사(戰死)가 아니라, 나라를 위해 몸을 바친 순국(殉國)이었음을 강조하는 수사이다.
결국 권이길의 절개는 죽음의 순간까지 꺾이지 않는 충성과 의리로 요약된다. 중국 고사의 인물들과 나란히 놓임으로써, 그의 충정은 시대와 국경을 넘어서는 보편적 가치로 승화되고 있다.

09. 천리 변방으로 유해를 찾아 떠나다

임씨 부인은 남편이 출정할 때 이미 그가 살아 돌아오지 못하리라는 사실을 알고 있었다. 그래서 미리 붉은 비단과 흰 망건을 준비해 두고, 훗날 시신을 가려낼 표식으로 삼았다. 이는 단순한 대비가 아니라, 죽음을 직시한 사람만이 할 수 있는 명확한 알아차림이자 깊고 원대한 사려였다.

마침내 순절의 소식이 전해지자, 부인은 울음을 삼키며 이렇게 말하였다.

"공의 죽음은 이미 알고 있었으나, 하나뿐인 아들이 아직 어려 누가 시신을 거둘 수 있겠는가."

그녀는 더 머뭇거리지 않았다. 곧바로 남자 옷으로 몸을 감추고, 두 명의 계집종만을 데리고 길을 나섰다. 방패와 창이 맞부딪쳤던 광활한 전장을 향해, 샛길을 골라 천 리를 걷고 또 걸었다.

평양에 이르렀을 때, 보통문 밖은 참혹한 광경 그 자체였다. 시신은 숲처럼 쌓여 있었고, 최근에 쓰러진 시신과 오래된 원혼이 뒤엉켜 땅을 덮고 있었다. 함께 떠난 사람은 두 명의 계집종뿐이었으니, 이 상황은 대담한 사내라 하여도 쉽사리 맞설 수 없는 것이었다. 그러나 부인은 물러서지 않았다.

그녀는 손수 시신 하나하나를 뒤집어 살폈다. 피와 흙에 뒤엉킨 옷자락 사이에서, 마침내 망건에 묶은 흰 말총과 허리띠에 꿰맨 붉은 비단을 발견하였다. 그것이 바로 남편이었다. 몸에는 세 개의 화살이 그대로 박혀 있었으나, 표식은 처음과 다름없이 남아 있었다.

부인은 그 자리에서 남편의 시신을 수습하여 모래와 자갈, 풀숲 속에 묻혀 있던 충의로운 이를 세상 밖으로 다시 불러냈다. 그리고 끝내 선영이 있는 안산의 조상 묘 곁에 안장하였다. 이 모든 일은 그해 11월에 이루어졌다.

이 일을 전해 들은 사람들은 모두 슬퍼하며 말하였다.

이것이 어찌 규방에 머물던 연약한 여인이 할 수 있는 일이겠는가. 임씨 부인의 행적은, 남편의 충절과 나란히 서서 후세에 전해질 또 하나의 의로운 장면이 되었다.

조순규의 〈통문〉은 임씨 부인의 정렬을 말하며, 팔백 년 전 구양수(歐陽修)가 《신오대사(新五代史)》에서 기록한 이씨 부인의 이야기를 떠올렸다. 그리고 두 여인을 나란히 세워, 절개라는 가치가 얼마나 준엄한 것인지 보여주었다.

구양수가 전한 왕응(王凝)의 처 이씨의 고사는 오랫동안 사람들의 가슴을 울려왔다. 남편이 병으로 세상을 떠나자, 이씨는 어린 아들을 데리고 남편의 시신을 짊어진 채 고향으로 향했다. 가난과 고단함 속에서도 그의 마음은 흐트러지지 않았다. 그러나 개봉의 한 여관에서 뜻하지 않은 모욕을 당한다. 주인이 그녀의 팔을 붙잡아 끌어내자, 그는 이를 자신의 절개가 더럽혀진 일로 여겼다. 그리고 "이 한 팔 때문에 내 몸 전체를 더럽힐 수 없다"고 통곡하며 스스로 그 팔을 끊는다.

피로써 절의를 지킨 그 장면은 길 가던 이들조차 발길을 멈추게 했다. 누군가는 손가락을 튕기며 탄식했고, 누군가는 눈물을 흘렸다. 조정은 이 사실을 듣고 치료와 구휼을 베풀었으며, 무례한 주인에게는 벌을 내렸다. 구양수는 이 일을 기록하며, 세상에는 이처럼 굳센 인물이 실재했음을 밝히고, 그러한 인물을 알아보지 못하는 세태를 안타까워했다.

조순규는 바로 그 대목에서 시선을 현재로 돌린다. 만약 구양수가 오늘날 살아 있다면, 임씨 부인의 절개 또한 반드시 기록했을 것이라 말한다. 그리고 그 글은 세속의 흐트러진 풍조를 바로잡고, 대장부라 자처하는 이들을 부끄럽게 만들었을 것이라 단언한다. 이는 단순한 비교가 아니다. 과거의 이씨가 피로써 절개를 증명했다면, 임씨는 자신의 삶과 태도로 정렬을 실천한 인물로 제시된다. 두 여인은 서로 다른 시대에 살았지만, 그 정신은 하나로 통한다.

결국 조순규의 글은 한 여인을 기리는 데서 멈추지 않는다. 그것은 절개를 말하면서 동시에 '부끄러움을 아는 마음'을 묻는 글이다. 몸을 아끼며 구차하게 살아가는 이들에게, 과연 무엇이 진정한 지조인가를 되묻는다. 수백 년의 시간 차이를 넘어, 이씨와 임씨는 하나의 거울이 되어 당대 사람들을 비춘다. 그리고 그 거울 앞에서, 우리는 자연스레 스스로를 돌아보게 된다.

조순규가 말하고자 한 바는 결국 이것일 것이다. 절개는 시대가 만든 형식이 아니라, 사람의 마음이 지켜낸 신념이라는 것. 그리고 그 신념은 기록될 때마다, 또 한 번 세상을 일깨운다는 사실이다.

10. 충신의 유해와 영혼이 고향으로 돌아오다

임씨 부인이 남편 권이길의 시신을 수습하여 고향으로 돌아왔다는 기록은, 한 여인의 애통을 넘어선 결단의 이야기다. "시신을 등에 지고 집으로 돌아왔다"는 한 문장은 짧지만, 그 안에는 참혹한 현실과 굳센 의지가 함께 담겨 있다.

남편이 쓰러진 곳은 평탄한 마루가 아니라, 이름 없는 들판이었을 것이다. 기록에 보이는 '원습(原隰)'이라는 말처럼, 넓고 습한 들녘, 모래와 자갈과 풀숲이 뒤엉킨 황야였으리라. 이는《시경》〈상체〉의 "원습에서 형제가 서로를 찾는다(原隰裒矣 兄弟求矣)"는 구절을 떠올리게 한다. 본디 형제가 광야에서 서로의 시신을 찾는 비장한 장면을 노래한 시구가, 여기서는 한 여인의 손끝으로 옮겨온다. 임씨는 손수 시신을 뒤집고 살피며 끝내 남편의 유해를 찾아냈다. 이는 규방의 약한 여인이 할 수 있는 일이 아니라, 생사존망의 경계에서 마음을 다잡은 사람만이 감당할 수 있는 행위였다.

그녀는 1627년 3월에 전사한 남편의 시신을 무려 7개월 이후인 11월에 되어서 비로소 수습하여 안장하였다. 그 기간 시신의 훼손으로 인한 참혹한 광경, 그리고 이를 수습하고자 하는 여인의 애끓는 절규는 행간 속에 숨어있다. 임씨 부인은 남편의 몸을 씻긴 뒤 입고있던 옷은 염습하는 수의로 썼고, 망총 두건은 집안에 간직하여 보물처럼 보관하였다. 한 조각 유품이 단순한 물건이 아니라, 그날의 슬픔과 결의를 증언하는 표지가 된 셈이다. 유품을 보존한다는 것은 기억을 보존하는 일이며, 기억을 지킨다는 것은 뜻을 이어가는 일이다. 그 두건은 최소한 19세기 초반까지는 가문이 보전하고 있었으나, 지금은 그 종적을 아는 사람이 없다.

이러한 모습은 옛 고사를 떠올리게 한다. 남편의 장례를 바로 세우기 위해 제후에게 예법을 따지던 양처(梁妻)의 고사가 있다. 바로《좌전》에 기록된 기량(杞梁)의 아내 이야기이다. 그녀는 남편의 죽음을 보고 통곡 끝에 성을 무너뜨렸다고 한다. 또 남송의 충신 여지(呂祉, 1092~1137)가 죽임을 당하자 아내 오씨는 그의 비단을 안고 스스로 목숨을 끊었다는 일화가 있다.

예천 임씨의 절개로부터 양처와 오씨를 떠올린 것은 남편의 죽음을 단순한 개인적 비애로 두지 않고, 의리와 절개의 문제로 끌어올린 사례들이다.

그러나 임씨 부인의 행적은 과장된 전설이나 일화와 다르다. 성이 무너졌다는 이야기 대신, 그녀는 묵묵히 시신을 수습하여 등에 업고 돌아왔으며 선영에 안장하였다. 그 침묵 속에서 오히려 더 큰 울림이 생긴다.

전장에서 죽은 이를 위해 화살을 흔들며 혼을 부르는 '복시(復矢)'의 의식처럼, 그녀의 걸음은 한 사람의 넋을 고향으로 불러들이는 행위였다. 고향 들녘, 곧 '추원(楸原)'을 바라보며 옛사람이 감회를 일으켰듯, 임씨에게도 선영은 단순한 매장의 장소가 아니었을 것이다. 그것은 남편의 삶을 제자리로 돌려놓는 공간, 흩어진 혼을 가문의 역사 속에 다시 앉히는 자리였다.

결국 임씨 부인의 행위는 죽음을 수습한 것이 아니라, 영혼을 수습한 사건이었다. 황야에 흩어질 뻔한 한 사람의 유해를 거둔 것은 한 구의 시신이었으나, 실은 한 가문의 명예와 한 시대의 도리였다.

그 길은 고통스러웠으나, 그 걸음은 곧았다. 그리고 그 곧음은, 오늘날까지 시문과 함께 전해지며 조용히 말하고 있다. 절개란 요란한 말이 아니라, 끝내 포기하지 않는 한 걸음이라는 것을.

임씨 부인의 삶을 돌아보면, 그녀의 절개는 한순간의 결단에 머물지 않고, 생애의 마지막까지 길게 이어진 하나의 태도였음을 알 수 있다.

생각건대, 부인이 남편의 옷과 두건에 표식을 남긴 일은 단순한 기념이 아니었다. 그것은 난세의 혼란 속에서도 훗날을 내다본 깊은 헤아림이었다. 전란의 와중, 무기와 말이 어지럽게 오가던 현장에서 그는 몸을 곧게 세우고 맨발로 다니며 남편의 흔적을 챙겼다. 충성스러운 이를 황량한 들판, 도깨비불 어른거리는 묵은 풀 사이에 버려두지 않겠다는 뜻이었다. 이것이 어찌 문약한 규방의 여인에게서 기대할 수 있는 일이겠는가. 그 행위는 슬픔을 넘어선 의지였고, 사랑을 넘어선 도리였다.

임씨는 1594년에 태어나 1672년에 세상을 떠났다. 향년 79살. 남편 권이길이 1627년 순국한 뒤에도 45년을 더 살았다. 흔히 여묘살이로 슬픔이 지나쳐 병이 들었다고 하지만, 오히려 그 긴 세월동안 슬픔을 삭이며 뜻을 이어간 시간이라 보는 것이 적절하다. 또한 죽음을 무릅쓰고 외아들을 지켜냈다. 그는 아들에게 아버지이자 스승이 되어주었다. 아들 권희(權曦, 1618~1701)는 마침내 경상좌도수군절도사(慶尙左道水軍節度使)에 이르렀다. 아들은 한 집안을 넘어 나라를 지키는 간성(干城)으로 성장하였다. 그 아들은 오늘날 부여 수사공파의 시조로서, 명문가의 전통을 마련하였으니, 어머니의 그 엄정한 가르침이 밑바탕이 되었을 것이다.

그녀의 삶은 고사 속 열녀들과도 겹쳐 보인다. 예를 지키고 절개를 다한 인물로 기록된《열녀전》속 여인들처럼, 임씨 또한 자신의 처지를 운명으로 받아들이지 않고 뜻으로 승화시켰다. 그러나 그녀의 위대함은 전설적 과장에 있지 않다. 성이 무너질 만큼의 통곡 대신, 오랜 세월 자식을 길러낸 침묵의 인내 속에 있었다.

임씨 부인은 본래 안산(安山) 완곡(莞谷)의 권이길과 합장되었으나, 지금은 시흥 산현동 납골묘에 나란히 안장되어 있다. 세월이 흘러 묘역의 자리는 옮겨졌어도, 두 사람의 삶이 남긴 의미까지 옮겨진 것은 아니다. 그것은 후손들의 기억과 가문의 이야기 속에 여전히 살아 있다.

임씨 부인의 생애를 생각하면, 절개란 단 칼의 결단만을 뜻하지 않음을 깨닫게 된다. 그것은 전란의 들판에서 시신을 수습하던 순간에도, 외로운 세월 속에서 자식을 기르던 날들에도, 한결같이 이어진 마음의 곧음이다.

표식이 남겨진 두건은 말이 없지만, 그 침묵 속에서 오래도록 이야기한다. 한 여인이 남편을 위해, 또 한 가문과 나라를 위해 어떻게 자신의 삶을 다 바쳤는지를.

11. 권이길 충신이 되다

권이길의 순직 소식에 대하여, 평안 감사와 관찰사 김기종의 보고를 받고, 인조는 크게 놀라며 애도를 표시하였다. 권이길을 병조참의로 증직하고, 처자식을 구휼하도록 명하였다. 그리고 예조 정랑 김언(金琂, 1588~1637)을 보내 다음과 같은 치제문을 내려 제사를 지내도록 하였다.

〈치제문(致祭文)〉은 다음과 같다.

천계 7년 정묘 10월 일 국왕은 유신 예조정랑 김언을 파견하여 증 병조참의 권이길의 영령에 제사를 올리노라
天啓七年丁卯十月日　國王遣臣禮曹正郎金琂　諭祭于贈兵曹參議權頤吉之靈.

惟靈嗚呼.　　　　　　　오! 영령이시여
舍生取義. 君子所安.　　생명을 버리고 대의를 취함이 군자가 지켜야 할 바이나
殉國忘死. 古人猶難.　　죽음을 잊고 순국하는 것을 옛사람들도 어려운 일이도다

惟爾之中. 忠勇充之.　오직 그대의 마음속에는 충성과 용기로 가득하도다
國士之風. 熊虎之姿.　그대는 선비의 풍모와 무인의 자태를 겸비하고도
潛名郎署. 從事惟勤.　이름 없는 조그만 직책에도 근면하게 종사하다가
頃屬難危. 出佐西藩.　국가 재난의 경각에 미치자 서쪽 변경으로 출정하였구나
狂胡匪茹. 鐵馬南牧.　미친 오랑캐가 분수를 모르고 철마를 몰고 남쪽으로 침
범하니
重關失險. 列郡瓦裂.　첩첩 관문이 무너지고 여러 군이 와해되었도다.
望風奔潰. 智不及謀.　적을 보기만 해도 달아나니 지략이 미칠 수 있으랴
以賊遺君. 國恩誰酬.　적들을 그대에게 맡기니 임금의 은혜 누가 갚으랴
賊入腹內. 遊騎在後.　적들이 코앞으로 닥쳐오고 기마병들이 뒤에 접근하였
도다
輕身奮義. 惟爾趂趂.　그대는 생명을 돌보지 않고 의로움에 떨치고 적진으로
가면서
招我散亡, 穀乃甲冑.　나를 불러 망명하게 하고 그대는 갑옷과 투구를 입었도다.
腰弓手箭. 與賊相搏.　허리의 활과 손에 든 화살로 적과 대처하였지만
勢去援絶. 兵刃忽迫.　전세가 다하고 원군마저 끊기니 무기가 급격히 소진되어
身膏草野. 骨曝沙礫.　육신은 초야의 거름되고 뼈는 모래자갈 밭에 나뒹굴었다
予聞爾死. 中夜震驚.　한밤중 그대 죽음 소식 듣고 깜짝 놀랐네
人人如爾. 何賊難平.　사람마다 그대와 같다면 어찌 적을 평정하기 어렵겠는가
常恨平日. 不識眞卿.　평소 그대의 진면목을 알아보지 못한 것이 원망스럽다
贈爵恤家. 曷爲爾榮.　벼슬 증직과 가족구휼이 어찌 그대에게 영광이 되리오
遣臣致祭, 庶知予誠　신하를 파견하여 제사를 올리게 하니 그대 나의 정성을
알아주기 바라네

기록을 종합해 보면, 권이길은 1627년 3월에 전사하였고, 부인이 전쟁터에서
유해를 선영에 안장한 것이 11월이라고 하는데, 조정에서 제사를 지낸 것은 10월
이었다. 아마도 유해 안장 이전에 제사를 지낸 것으로 볼 수 있다.

권이길이 순직한 지 50여 년 후에야 비로서 숙종 신유년 1681년에 충신을 정려
하였다. 아래 현판은 당시 내린 것으로, 현판 뒤에는 인조가 내린 〈치제문〉이 새

겨져 있다.

현판
충신 권이길 정려

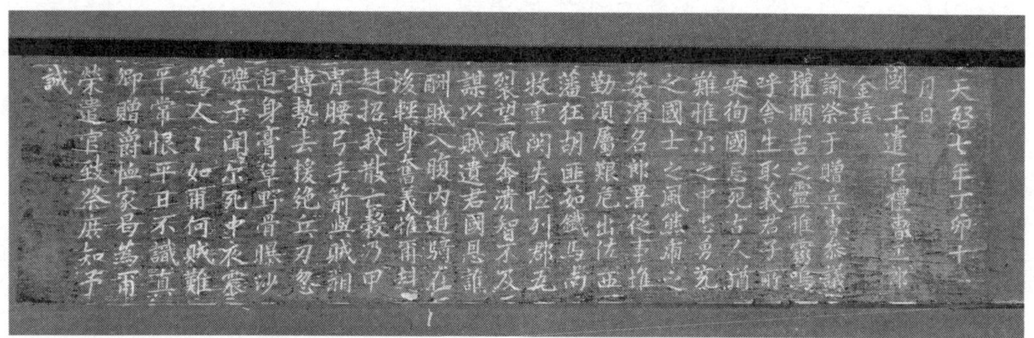

忠臣 贈 通政大夫兵曹參議行通訓大夫平壤判官權頤吉之閭
歲在甲戌十二月日 重建
충신 증 통정대부 병조참의 행 통훈대부 평양판관 권이길의 정려
갑술 12 월 일 중건

<현판 뒷면, 인조 치제문>

12. 임씨 부인 열녀가 되다

권이길의 충신문 정려가 비교적 간단했던 것과 대조적으로 예천 임씨의 열녀문 하사 과정은 복잡하면서 상세하였다.

열녀문의 정려 과정은 한 가문의 사사로운 청원이 아니라, 향중에서 공론을 모아 조정에 올리면 조정은 공식 절차를 거치고 최종적으로 왕의 재가의 단계를 거친다.

　　그 시작은 순조 11년(1811) 진사 조순규(趙順逵)의 〈통문〉이었다. 그는 "부인이 세상을 떠난 지 백여 년이 지났으나 절개와 의리는 결코 닳아 없어지지 않는다"고 하며, 남편 권이길은 충신으로 증직되고 정려까지 받았으나, 부인은 포상에서 누락되었다고 지적하였다. 이에 관련 기록을 모아 관아에 보고하고, 조정에도 알려 그 사실을 바로잡아야 한다고 말하였다. 이에 향중의 여론이 형성되었고, 경기의 유학 이유일(李惟一) 등이 상언(上言)을 올려 임씨의 열행을 정려해 달라고 청하였다. 상언의 초안은 도승지 김이교(金履敎)의 입계(入啓)를 통해 왕에게 전달되었으며, 상언은 《존주휘편(尊周彙編)》의 기록을 근거로 삼았다. 임씨가 남편 권이길이 전장에 나가 돌아오지 못할 것을 미리 알고 의건에 표식을 달아 두었다가, 전사한 뒤 남자의 복장을 하고 시체 더미 속에서 직접 시신을 찾아 업고 돌아왔다는 사실을 들었다. 그러면서 이는 예로부터 보기 드문 열행임에도 불구하고 남편만 포상되고 부인이 누락된 것은 의전상의 결례라고 주장하였다. 이 상언은 예조로 내려져 심의되었고, 예판 김희순(金羲淳)이 회계초(回啓草)를 작성하였다. 이유일 등이 기한 내에 출두하여 호적을 제출하였고, 관찰사의 장계와 문헌 기록도 사실에 부합하였다. 다만 정려는 은전(恩典)에 관계된 일이므로 예조가 자의로 결정할 수 없어 주상의 재가를 기다린다고 하였다. 이후 마침내 "보고한 바와 같이 시행하라"는 하교를 받았다. 그러나 최종적인 결정은 능행(陵行) 때에 이루어졌다.

　　다음은 순조 17년 1817년 9월에 하사한 예천 임씨의 열녀 현판이다.

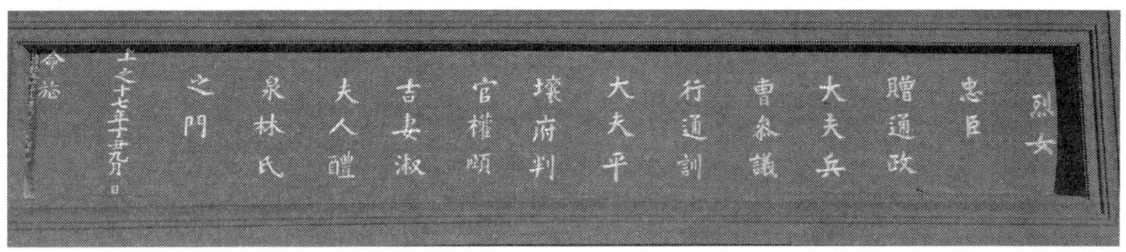

烈女 忠臣 贈 通政大夫兵曹參議行通訓大夫平壤判官權頤吉妻淑夫人醴泉林氏之門
上之十七年丁丑九月日
　　열녀 충신 증 통정대부 병조참의 행 통훈대부 평양판관 권이길 처 숙부인 예천 임씨의 정문. 상(순조)의 17년 정축 구월 일

　권중양(權中養)의《충신열녀정묘사적단》과 충신열녀 연정시의 기록을 보면, 능행을 맞아 원근의 선비들이 한목소리로 예천 임씨를 포상하고 정려해야 한다고 진정하였고, 주상은 그 요청을 윤허하며 특명으로 정려문을 하사했다고 하였다. 능행이라는 상징적 공간에서 집단적 진언이 더해지면서 이미 진행 중이던 청원은 마침내 국왕의 결단으로 이어졌다. 순조 17년(1817) 9월 26일《순조실록》과《일성록》에 "증 참판 권이길의 처 임씨의 열행에 대하여 아울러 정려하기를 청하니, 모두 그대로 따랐다"고 기록됨으로써 국가적 인정을 받게 되었다. 이어 정문 건립에 필요한 목재와 인력은 관청의 전례에 따라 지원하라고 명령하였다. 같은 해 10월 마침내 열녀문이 하사되었다. 이로써 전란 속에서 남편의 시신을 업고 돌아왔던 한 여인의 절개는 백여 년의 세월이 흐른 뒤 통문·상언·입계·회계 등의 공식 절차를 거치고, 능행 시의 진언이라는 극적인 과정을 통해 마침내 열녀문의 영예에 이르게 되었다.

13. 예천 임씨 시 속의 꽃이 되다

　예천 임씨의 정려에 맞추어 문중에서는 축하 잔치를 열었다. 숙종 대에 권이길에게 충신문이 하사된 이래, 순조 17년에 이르러 예천 임씨마저 열녀문을 받게 되었으니, 한 가문으로서 그 기쁨과 감회가 얼마나 컸겠는가.

　이 일을 주도한 이는 권이길의 5대손 권오응과 6대손 권중양 등이었다. 그들은 단지 잔치를 베푸는 데 그치지 않고, 선조의 충렬을 기리는 뜻을 글로 남기고자 하였다. 이에 1817년부터 1820년 사이, 문중의 직계와 방계 후손 뿐만 아니라 경기도 일대의 문인 사대부들의 시를 수집하였다. 잔치에 직접 참석하지 못한 이들은 인편으로 시를 보내왔고, 해를 넘겨서도 참여하였다.

　원운(原韻)은 '言·原·恩·孫'이고, 7언 8구의 율시였다. 원운과 차운시를 합해 모두 140편이다. 다만 한 사람이 여러 편을 보낸 경우가 있어, 실제 참여 인원은 대략 130여 명 안팎으로 추정된다. 시집의 명칭은《충신열녀연정시첩(忠臣烈女延旌詩帖)》이다.

　참여자는 권이길의 5대손에서 7세손에 이르기까지 폭넓게 분포하였으며, 직계와 방계를 넘어 화천군파의 부사공파를 비롯한 여러 지파의 인사들이 다수 함께 하였다. 또한 권씨 문중과 교유하던 여러 사대부들도 참여하여 교유 관계의 폭을 보여준다.

신분과 경력 또한 다양하여, 유학자에서부터 군수·도사 등을 역임한 관료에 이르기까지 폭넓은 인물층이 포함되었다. 참여 성씨로는 파평 윤씨, 성산 이씨, 풍천 임씨, 진주 강씨, 안동 김씨, 한산 이씨, 창산 성씨, 진천 송씨, 동래 정씨, 청송 심씨, 능성 구씨, 광산 김씨 등이 확인된다. 이들 가운데에는 예천 임씨의 열녀 정려문 지정을 요청하는 상소와 통문을 작성한 인물도 포함되어 있다. 시문 수집과 발간 활동이 단순한 문학적 교류를 넘어 현실적 문제와도 맞닿아 있었음을 보여준다.

정려문 시집에는 조선 후기의 대표적인 문인들이 참여하였다. 먼저 성해응(成海應, 1760~1839)은 1788년 규장각 검서관으로 발탁되어 규장각의 여러 편찬 사업에 종사하였다. 그는 북학파 인사들과 교유하며 경서와 시문에 대해 토론하고 다양한 서적을 두루 섭렵함으로써 학문적 역량을 쌓았다. 이후 벼슬에서 물러나 포천에 거주하며 학문 연구와 저술 활동에 전념하였고, 1825년에는《존주휘편》편찬에 참여하는 등 학자로서의 면모를 드러냈다.

또한 문장가 권복인(權復仁, 1770~1829)의 참여도 주목된다. 그는 자가 경증(景曾)이고, 호는 천유(天游)·천유생(天游生)·천유관(天游館)이다. 1809년 증광시에서 진사 2등으로 합격하였으나 관직에 나아가지는 않았다. 연행록《수사한필(隨槎閑筆)》을 남긴 문인이다.

연정 시집은 필사본으로 전하며, 필사에는 3,4명 가량이 참여한 것으로 보인다. 시의 하단의 시간 표기 중 가장 늦은 것으로 경신년 5월이 있는데, 이것을 미루어 보아 이 시집은 1820년 전후에 완성된 듯하다.

이 시집은 단순한 축하의 기록을 넘어, 19세기 전기 문인 사대부들의 교유 양상과 인적 네트워크를 살필 수 있는 귀중한 자료라 할 수 있다. 특히 한 집안의 충렬을 기리는 자리에서 창작된 시편들은, 백여 년의 세월을 넘어 다시 빛을 얻게 된 부부의 이름을 오래도록 전하고자 한 후손과 사림의 뜻이 어우러져 맺은 결실이라 하겠다.

아래에 이 시집에 참여한 인사들의 명단을 열거하였다. 이것을 통하여 19세기 전반기 권씨 가문과 연계된 지역 및 학문적 네트워크를 살펴볼 수 있을 것이다.

權五應, 權中養, 六世孫 權中益, 六世孫 權中大, 七世孫 權體仁, 七世孫 權遇仁, 七世孫 權輔仁, 知郡事 李憲圭, 族從 權丕應, 宗末 權以應, 全州 李惟一, 族孫 權善應, 光山 金埻, 李道豊, 尹穡, 宗末 權中傑, 趙順逵, 姜爌, 宗末 權中徹, 族弟 權中建, 趙榮獻, 李檍, 豊川 後人 任希泓, 晉山 柳重和, 星山后人 李箕模, 坡山 尹行範, 淳昌後人 趙泰華, 李喆煥, 李得濡, 尹行慶, 進士 尹行澈, 完山後人 崔弘海, 月城 李鎔, 月城 李鑛, 晉山 姜麟煥, 綾城 具龜秊, 完山後人 李樸, 星山後人 李箕材, 延安 李遇明, 柳得義, 族姪 權愚仁, 族姪 進士 權復仁, 平原後人 李明逵, 全城後人 李昇會, 宗末 權正仁, 終末 權純仁, 安東 金命起, 安東 金命熙, 完山 李靜遠, 星州后人 李敬容, 星州後人 李瑞容, 星山後人 李正容, 首陽 崔命龜, 沈命漢, 鄭瀗, 完城 李韶夏, 星州 李喜容, 宗末 權在仁, 族孫 權克仁, 韓山後人 李熙采, 李箕敍, 烏川後人 鄭海仁, 柳惠中, 尹穟, 尹○, 尹秬, 李時沆, 李時迪, 李時祐, 烏川人 鄭海稷, 金允龜, 金允龍, 尹榮世, 尹榮義, 鄭東永, 花山後人 金近恒, 完山後人 李秉淵, 朴英覃, 鎭川後人 宋鉉, 安成鎭, 李在耘, 鎭川 宋鍊, 安湜, 完山 後人 李烱, 姜在信, 全城後人 李有會, 淳昌後人 趙好謙, 趙敦謙, 趙存謙, 花山後人 金在錄, 新平人 李魯在, 柳本中, 文化 柳和用, 全州後人 李惟元, 李惟綱, 完山後人 李馨初, 星山後人 李憲周, 光山 金光鎬, 柳在恭, 坡山 尹穰, 李挺元, 全州後人 李漢晟, 昌山 成海應, 昌山 成海運 平昌後人 李在鉉, 完山 李有常, 崔觀範, 泗水後人 睦魯中, 花山後人 金聲振, 全州後人 李亨晋, 文城 柳本典, 姜在善, 江都後人 魯名國, 萊山 鄭漢東, 萊山 鄭憲東, 驪興 閔志爀, 義城 金持常, 義城 金持益, 義城 金持豊, 安東 金坤, 寧越後人 嚴兢, 延安 李存九, 完山後人 李濟東, 徐相一, 光山後人 金益敍, 西原 韓寅燮, 唐城 洪大和, 星山 李敎善, 西河 任百榮, 閔致性, 知郡事 趙吉源, 全州 李鳳慶, 靑松 沈樂洪, 昇平後人 金秀萬

14. 권이길을 부여 의열사에 추배해주소서

정조 19년 을묘년(1795), 부여현의 유림들은 주상에게 권이길을 부여 의렬사에 추배할 것을 청원하는 상소문을 올렸다. 현재 남아 있는 상소문은 두 가지 종류가 있다. 편폭이 짧은 것은 104cm×28cm(한지에 필사)이고, 편폭이 긴 것은 193cm×23cm(한지에 필사)이다. 완성분은 조정으로 올라갔고, 초고본만 남아 있다.

이 상소문은 부여현 유림들이 고을의 충절 인물 가운데 아직 의렬사에 함께 배향되지 못한 정득렬(鄭得說)과 권이길(權頤吉)을 추배(追配)해 줄 것을 청한 글이다.

상소의 핵심은, 역대 조정이 충성과 정렬을 기려 정려문을 세우고 추증(追贈)하거나 제향을 올리는 등 경중에 따라 예를 다해 왔음에도 불구하고 이 두 인물은 의렬사 배향에서 빠진 것은 옳지 않다는 주장에 있다.

상소문에서는 먼저 부여 고을이 백제·고려를 거쳐 조선에 이르기까지 모두 여덟 명의 충절 인물을 배출한 충의의 고장임을 강조한다. 그 가운데 조선조의 네 인물은 정득렬·권이길과 더불어 추증 지평 정택뢰(鄭澤雷), 추증 찬성 황일호(黃一皓)이다. 그러나 현재 의열사에는 뒤의 두 사람만 배향되어 있고, 정작 임진왜란 때 사천현감으로 28세의 나이에 장렬히 전사한 정득렬과, 정묘호란 때 평양판관으로서 "지금이 대장부가 절의를 세울 때이다"라고 외치고 평양에서 끝까지 싸우다 전사한 권이길은 제외되어 있음을 지적하였다.

정득열의 경우《선묘보감(宣廟寶鑑)》·《중흥지(中興誌)》·《사천읍지》등의 기록과 명신들의 평언을 인용하여, 전공과 백성들의 추모가 이미 널리 공인되었다고 하였다. 권이길의 경우《존주휘편》기록을 근거로 존주대의와 절의를 몸소 실천한 충신임을 상세히 밝혔다.

이어 상소는, 정득렬보다 그 아들 정택뢰를 먼저 배향하고, 병자호란 당시 인조의 강화도 몽진을 호종한 황일호를 먼저 모시고 정작 전장에서 순국한 권이길을 빠뜨린 것은 의리상 온당하지 않다고 주장하였다. 혹시 여러 인물을 한꺼번에 천거하기를 번거롭게 여긴 탓이 아니겠는가 하고 반문하였다. 그러면서 주자(朱子)가 남강군(南康郡)에서 공훈·절의 인물 13인을 한 번에 함께 배향한 백록동(白鹿洞)의 사례를 들어, 여러 충신을 함께 모시는 것이 예에 어긋나지 않음을 건의하였다.

결국 한 고을에서 배출된 충신 가운데 일부만을 모신 현 상황은 선례에도 맞지 않고, 공론에도 부합하지 않으며, 조정의 결례가 될 수 있음을 지적하였다.

따라서 이 상소의 요지는 분명하다. 이미 충절이 역사서에 기록되고 추증과 정려까지 내려진 정득렬과 권이길을 의열사에 추가로 배향하여, 백 년 동안 묻혀 있던 충혼을 드러내고 지역 유림의 공론을 존중해 달라는 것이다. 이는 단순한 인물 추가의 청원이 아니라, 한 고을의 역사적 정통성과 충의의 계보를 온전히 세우고자 하는 간절한 요청이라 할 수 있다.

15. 권이길 충신문과 예천 임씨 열녀문이 부여군 유산이 되다

권이길과 예천 임씨의 충절을 기리는 정려는 왕명으로 세워진 뒤 오랜 세월을 견디며 이어져 왔다.

숙종 7년 신유년(1681), 안산에 권이길의 충신문이 하사되었고, 영조 30년 갑술년(1754)에 부여에 충신문을 중건하였으며, 순조 17년 정축년(1817)에는 숙부인 예천 임씨의 열녀문이 안산 묘소 아래에 세워졌다. 그러나 세월이 흐르며 상전벽해가 거듭되었고, 무너졌다가 다시 세우기를 반복하는 사이 마침내 건물은 사라지고 현판만 전해지게 되었다.

1973년 팔순에 이른 권이길의 11대손 은상(殷相)은 큰 아들 병윤(炳允)의 주선, 넷째 아들 사봉(四鳳)과 손자 철중(喆重)의 재정적 부담으로 부여 정동리 옛터에 소박한 두 칸짜리 정문을 세우고, 안산에 남아 있던 현판을 옮겨 함께 모셨다.

군수 정찬경과 향교 유림들이 재원과 힘을 보탰으며, 중건을 알리는 축문에서 후손은 "두 개의 정려문을 완성하였다"고 하며 선영의 영령에 아뢰었다. 이는 단순한 건물의 복원이 아니라, 잊힐까 두려웠던 이름을 다시 세워 충렬을 부소산처럼 높고 금강처럼 길게 흐르게 하려는 정성이었다.

중건을 기념하는 시문들이 이어졌고, "충렬이 함께 빛난다"는 구절처럼 두 분의 이름은 나란히 기려졌다.

이후에도 정려는 여러 차례 보수를 거쳤으나 보존이 쉽지 않았고, 1987년에는 군비를 들여 계단과 담장을 수리하였다.

충렬문은 2016년에는 부여군 향토유산(제131호)으로 지정되었고, 가문의 전래 고문헌은 2024년 부여군 유산이 되었다. 한때는 가문의 정성과 유림의 공론으로 지켜지던 정려가 이제는 지방자치단체의 보호 아래 놓이게 된 것이다.

2025년에는 충청남도와 부여군, 그리고 안동권씨 화천군파 종중, 수사공파가 적극적인 후원으로 기와 교체와 단청, 협문 설치 등의 공사를 통하여 새롭게 단장하였다.

부여 정동리의 충렬문은 나라를 위해 목숨을 바친 권이길의 충절, 천 리 먼 길 평양보통문 전장을 찾아가 시신을 수습한 예천 임씨의 정절을 함께 기리는 공간이다. 세월 속에서 무너지고 다시 세워지기를 거듭했으나, 그 정신만은 사라지지 않았다. 가문의 추모에서 시작된 작은 정문은 이제 부여군의 역사와 기억을 상징하는 유산이 되어, 후손과 지역민 모두가 함께 지켜야 할 공동의 문화로 남게 되었다.

〈충신 권이길과 열녀 예천 임씨,
수사공 문중 문헌록〉

01. 판관 권공행장(判官 權公行狀), 정범조(丁範祖) 찬

표지 외 4쪽. 27cm×30cm, 성책

【번역】

　인조 정묘년(1627)에 투항했던 포로 강홍립(姜弘立, 1560~1627)이 북쪽 오랑캐를 이끌고 국경을 침범하였다. 여러 군이 붕괴되었고 막을 자가 없었다. 이때 조정은 공을 평양판관에 제수하고 방어하도록 보냈다. 공은 임명 소식을 듣고 즉시 나아가면서 가족들에게 "망건에 흰색 말총을 달고, 허리띠에 붉은 천을 꿰맨 자가 나이니, 이것을 가지고 내 시신을 찾으시오."라고 말하였다. 임지에 도착하여 수백 명을 소집하여 순안 지천원에서 적을 역습하였다. 힘을 지탱하지 못하고 퇴각하여 대동성을 거점으로 방어할 계책을 세웠다. 성에 도착하였지만 지원하는 사람들이 없어 마침내 전사하였다. 그날이 3월 6일이고 향년 41세였다. 부인 임부인은 남장을 하고 2명의 계집종을 데리고 샛길을 따라 평양에 도착하였다. 망건의 하얀 머리 묶음과 허리 띠의 붉은 천을 찾아 공의 시신을 수습하여 안산의 조상묘 옆에 안장하였다. 이 사건을 들은 인조는 관리를 파견하여 제사를 지내도록 하고 병조참의를 증직하였다.

　공은 벼슬을 하지 않았을 때 김응하 장군이 심하 전투에서 의롭게 전사한 소식을 듣고 탄식을 하며 "장수는 이와 같아야 한다."라고 말하고는 즉시 붓을 던지고 무오년에 무과에 급제하였다. 당시 서쪽 변방에 대한 우려가 깊어 조정에서는 공의 재략이 변방의 난리를 막기 위한 적임자라며 평양 판관으로 천거하였다. 아마도 공의 죽음은 과거에 급제할 때 정해졌을 것이다.

　공의 성은 권(權)이고, 휘는 이길(頤吉), 자는 자순(子順), (본관은) 안동이다. 시조는 고려 태사(太師) 행(幸)이다. 조선에 이르러 세상에 이름있는 사람이 있었는데, 권감(權瑊)은 성종 왕조를 모신 것으로 좌리공신이 되어 화천군(花川君)으로 책봉되었으며 병조판서 관직을 지냈다. 시호는 영평(襄平)이고 공의 5대조이다. 고조의 휘는 만형(曼衡)으로 감찰공(監察公)이었으며, 증조 용(鎔)은 부사(府使)였으며 좌승지로 증직되었다. 할아버지의 휘는 대훈(大勳)으로 현령이었는데 이조참판으로 증직되었다. 아버지의 휘는 곤(鵾)으로 동지중추부사였으며, 어머니 여흥(驪興) 민씨(閔氏)는 첨지 영(韺)의 딸이었다. 만력 무자(戊子 1588년, 선조21

년) 2월 4일에 공을 낳았다. 공은 이미 성장하여 재기가 탁월하였다. 어머니의 상을 당하자 장례와 제례의 예의를 다하여 모셨다. 부인 예천(醴泉) 임씨(林氏)는 선전관 정문(挺門)의 딸이고, 여성 군자로서 1남 1녀를 낳았다. 아들 희(曦)는 수군절도사, 딸은 현감 이명빈(李命賓)에게 시집갔다. 희의 아들은 후성(後成)이고, 딸은 부사(府使) 배상구(裵尙玖), 박두상(朴斗祥)에게 시집갔다. 명빈의 계자(繼子)는 진징(震徵)이다.

숙종은 신유년(1681)에 공을 정려하였다. 공의 5세손 권오응(權五應)이 공의 사적을 가지고, 재주 없는 나에게 행장을 요청하였기에 삼가 그의 죽음을 제법 상세하게 열거하여 공의 묘소에 새기니 찾아서 보길 바란다.

자헌대부형조판서 겸 지의금부춘추관사오위도총부도총관 금성(錦城) 정범조(丁範祖) 찬(撰)

【원문】
〈平壤判官 權公行狀〉[6]

仁祖丁卯[7] 降虜弘立[8] 誘北胡犯境 列郡崩潰 莫有敵者 於是授公平壤判官[9] 使往禦之

公聞 命卽行 屬家人曰 "網巾之總白 腰帶之緣紅者我也 以此求我尸". 旣抵任 召集得數百人 逆擊敵于順安之穉川院[10] 力不支 欲退據大同城爲守禦計 比至城無人 遂力

---

6 이 행장은 정범조의 《해좌선생문집(海左先生文集) 卷之三十六 / 行狀》에 수록되어 있다
7 인조 정묘(仁祖丁卯): 1627년(인조 5년). 이해 1월에서 3월 초까지 후금이 조선을 침략하여 정묘호란(丁卯胡亂)이 발발하였다. 후금(後金, 淸나라의 전신)은 조선이 명나라를 계속 지원하고 자신들에게 적대적이라는 이유를 들어 조선을 침입하였고, 군대가 의주·평양을 거쳐 한성 근처까지 진격하였다. 그러자 인조는 강화도로 피난하였다. 전쟁의 장기화의 부담을 가지고 있던 양국은 형제 관계를 맺는 조건으로 화의를 체결하였다. 이 정묘호란은 이후 조선과 후금·청의 관계가 근본적으로 변화하는 계기가 되었고, 1636년 병자호란으로 이어졌다.
8 강홍립(姜弘立, 1560~1627): 조선시대 한성부우윤, 순검사, 오도원수 등을 역임한 문신이다. 명나라가 후금을 치기 위해 원병을 요청하자 광해군은 강홍립을 오도원수로 임명하고 출병했으나 후금에 투항했다. '형세를 보아 향배를 정하라'는 광해군의 밀명에 따른 것이었다. 포로로 억류되었다가 정묘호란 때 후금군의 선도로서 입국해 화의를 주선한 뒤 국내에 머물렀다. 역신으로 몰려 관직을 삭탈당했다가 사후에 복관되었다.
9 공(公): 공의 휘는 이길(頤吉, 1588~1627), 평양판관(平壤判官, 종5품)으로 재직 중, 정묘호란이 발발하자 평양전투에 참전하였다가 순국하였다.
10 순안(順安): 서경(西京)에 속한 순화현(順和縣)이었는데, 조선 태조는 1397년에서 순화현의 치소를 평양의 안정참(安定站)으로 옮기고 순안이라 고치고 현령을 두었다. 조선시대에는 서북방면의 군사·교통상의 요지였다. 군사상으로는 평양을 방어하는 외곽지대로서, 의주 지방의 상황을 남쪽으로 전달하는 역할을 담당하였다.
지천원(穉川院): 순안의 역참 중의 하나이다.

戰死之 三月六日也[11] 時年四十有一. 妻林夫人 易服從二女奴 間道至平壤 求白總紅
緣者 而得公尸, 返葬于安山先墓傍[12] 事聞 上遣官致祭 贈兵曹參議. 公方布衣 聞將軍
金應河死義深河役[13] 歎曰 "丈夫當如是" 卽投筆 登戊午武科[14] 時西憂深 朝廷遷公 才
略宜扞邊難 遂判平壤 蓋公之死 登科時 講定也

　公姓權氏 諱頤吉 字子順 安東人 其先高麗太師幸[15] 至國朝 世有顯人 有諱瑊[16] 事
成宗朝 用佐理勳 封花川君 官兵曹判書 諡襄平 爲公五世祖, 高祖諱曼衡監察[17] 曾祖
諱鎔 府使 贈左承旨.[18] 祖諱大勳縣令 贈吏曹參判.[19] 考諱鷗同知.[20] 妣驪興閔氏. 僉知
諴女也. 萬曆戊子二月四日生公. 旣長. 卓犖有材氣. 母喪 葬祭能盡禮. 夫人醴泉林氏
宣傳官挺門女也. 有女士行 生一男一女. 男曦水使.[21] 女縣監李命賓.[22] 曦男後成[23] 女府

11　三月六日: 역사 기록에 의하면 정묘호란은 1627년 3월 3일에 조선과 후금 사이에 강화조약이 체결되면서
　　사실상 끝났다. 권공의 전사했다는 3월 6일은 이미 〈정묘약조(丁卯約條)〉가 끝난 이후가 된다. 이 문제에
　　관하여 정확한 사실 관계를 연구할 필요가 있다. 아마도 강화조약이 체결되었지만, 이 소식을 접하지
　　못하고 전쟁터에서는 싸움이 지속되었을 것으로 여겨진다.
12　안산(安山): 현재 시흥시(始興市) 하중동. 조선시대에는 안산군(安山郡) 광석촌(廣石村) 완곡(菀谷).
13　김응하(金應河, 1580~1619): 조선 선조·광해군 때 활동한 무신으로, 안동 김씨이며 무과에 급제해 여러
　　군직을 지냈고, 1619년 명나라의 요청으로 조선군이 참전한 사르후 전투[薩爾滸之戰, Battle of Sarhū]에서
　　전투에서 강홍립 휘하 좌영장으로 출전하여 끝까지 항전하다 전사하였다. 광해군 12년(1620) 명(明) 나라
　　신종(神宗)은 김응하를 요동백(遼東伯)으로 추봉(追封)하였고, 조선 조정에서도 그 충절을 높이 평가하여
　　영의정으로 추증하였으며 충무라는 시호를 하사하였다.
　　심하역(深河役): 만력 47년(1619)의 사르후 전투의 일부로서, 명나라 군대 가운데 남로군인 유정(劉綎) 부
　　대가 후금에 의해 격파당한 전투를 말한다.
14　무오무과(戊午武科): 광해군 10년(1618년, 萬曆46년) 무오년(戊午年)의 무과시험
　　권공의 무과 급제 교지(敎旨)에 이렇게 기록되어 있다.
　　충의위(忠義衛) 권이길(權頤吉)을 무과 병과(武科丙科) 제1379명 급제 출신자로 명한다. 만력 46년 월 일(忠
　　義衛權頤吉武科丙科 第一千三百七十九人及第出身者 萬曆四十六年 月　日)
　　역사 기록을 보면, 김응하가 심하 전투에서 전사한 해는 1619년이고, 권공이 무과에 급제한 것은 그 1년
　　전인 1618년이다. 권공이 김응하의 순국 소식을 듣고 붓을 던지고 무과에 도전했다고 하는 기록은, 시간
　　순서상 정확한 표현이 아니다.
15　고려태사행(高麗太師幸): 권행(權幸). 고려 개국공신으로 안동 권씨의 시조이며, 본래 김씨로서 930년 고창
　　전투에서 태조 왕건을 도와 큰 공을 세워 권씨 성을 하사받고 태사에 임명되었다. 이후 삼한벽상공신(三
　　韓壁上功臣) 등 최고 관직에 올랐다.
16　권감(權瑊, 1423~1487): 조선 전기(세종~성종)문신으로 본관은 안동, 자는 차옥(次玉)이며 화천군에 봉해
　　졌고 시호는 양평(襄平)이다. 1444년(세종 26) 음보로 관직에 들어간 뒤 사마시에 합격하였고, 세조 때
　　좌익원종공신으로 책봉되었으며 이후 도승지·의정부좌참찬·병조판서 등 여러 요직을 역임하였다. 남
　　이(南怡)를 제거하고 예종(睿宗)의 즉위를 도운 공으로 익대공신(翊戴功臣)에 책록되었으며, 1471년(성종
　　2) 순성명량경제홍화좌리공신(純誠明亮經濟弘化佐理功臣)으로 책봉되었다. 책록된 뒤 병조 판서(兵曹判書)
　　등을 지냈다. 성종(成宗)이 즉위했을 때 청승습사(請承襲使)로 명나라에 다녀왔다.
17　권만형(權曼衡): 자는 공준(公準), 사헌부감찰(司憲府監察), 종6품
18　권용(權鎔, 1503~1568): 자는 계진(季珍), 사헌부 감찰을 지낸 뒤에 산음현감, 경주판관, 한성판관, 선산부
　　사, 청송부사를 역임하였다. 좌승지로 증직되었다.
19　권대훈(權大勳): 자는 충경(忠卿), 군위현감과 진위현령. 이조판서로 증직되었다.
20　권곤(權鷗, ?~1620): 자는 시보(時甫), 호는 수죽(水竹), 동지중추부사를 역임하였다.
21　권희(權曦, 1618~1701): 경상좌도수군절도사를 역임하였다.
22　이명빈(李命賓): 내자시 봉사. 《승정원일기》 인조 18년 경진(1640) 4월 18일

使裵尚玖, 朴斗祥. 命賓繼子震徵.[24] 肅宗辛酉. 旌公閭.[25] 公之五世孫五應,[26] 以公事行, 請不佞爲狀. 謹列其死事狀頗詳. 俾銘公墓者. 觀探焉.

資憲大夫刑曹判書兼知義禁府春秋館事五衛都摠府都摠管錦城丁範祖[27]撰

【해설】

〈판관 권공행장(判官 權公行狀)〉은《해좌선생문집(海左先生文集)》[28]36권 / 행장(行狀)에 수록된 문장으로, 이것을 한지에 필사하여 책으로 만들었다. 표지가 있고, 내용은 4쪽이다. 크기는 가로 27cm, 세로 30cm이다.

이 행장은 정묘호란을 막기 위해 출정한 권이길과 그의 부인 예천 임씨의 절개를 서술하였다. 권이길은 평양판관으로 부임하여 전투에 투신하고 흩어진 군대를 수습해 분전하였으나, 지원군이 끊긴 가운데 대동성에서 끝내 순절하였다. 부인 예천 임씨는 남편의 죽음을 예감하고 시신을 알아볼 표식을 남길 만큼 결연한 태도를 보였다. 이후 그는 위험을 무릅쓰고 전장에 나아가 시신을 수습해 장례를 치렀다. 여인의 몸으로 천 리 길을 계집종 두 명만 대동한 채 표식을 통해 남편의 시신을 찾아 선영에 모신 정절이 특히 부각되었다.

또한 이 행장은 권이길의 5대조 화천군이 세운 가풍과 전통을 함께 강조하였다.

---

23 권후성(權後成, 1661~1725): 자는 집중(集仲), 관직은 부교위에 이르렀다.

24 이진증(李震徵): 동지중추부사《승정원일기》정조 14년 경술(1790) 6월 24일(계유)

25 숙종 신유(肅宗 辛酉): 숙종 7년 1681년

26 권오응(權五應, 1756~?): 자는 노은(老隱), 권이길의 5대손

27 정범조(丁範祖, 1723~1801): 조선 후기 형조판서, 예문관과 홍문관의 제학 등을 역임한 문신으로, 정조는 그를 당대 문학의 제1인자로 평가하였다.

28 《해좌집》: 정범조의 문집. 정범조는 조선 후기에 형조판서·예문관·홍문관 제학 등 요직을 역임한 문신으로, 시와 글을 잘 지었으며 풍류와 학문적 소양이 높은 인물이다. 그의 호(號)가 "해좌(海左)"이며, 문집 제목도 이 호에서 따왔다. 39권 19책(零本). 목활자본.권3~6에 시 609수, 권26·27에 묘갈명 39편, 권30~32에 묘지명 38편, 권33·34에 제문 45편, 축문 8편, 기우문 7편, 애사(哀辭) 15편, 권35·36에 행장 26편, 시장(諡狀) 3편, 권37·38에 제발(題跋) 22편, 설(說) 9편, 논(論) 7편, 잡저 15편 등이 수록되어 있다. 서울대학교 규장각한국학연구원 소장. 한국문집총간影印底本
《해좌집》번역본, 이성호,이채문,남종진 역, 가승, 2013

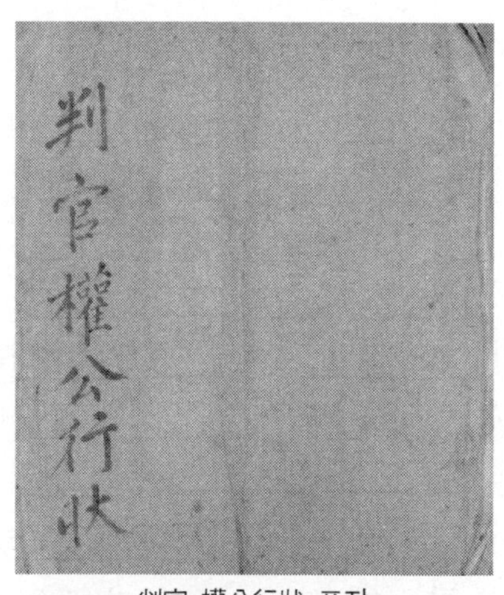

判官 權公行狀 표지

1

2

3

5

4

02. 평양판관 권공소장(平壤判官權公小狀)

찬자 이름 없음. 36cm×34cm

【번역】

공의 휘는 이길이고, 자는 자순이며, 좌리공신 좌참찬 화천군 권감의 5세손이다. 참봉 권곤의 아들로 만력 무자년(만력16년 1588)에 태어났다. 조금 성장하자 속박을 벗어나려는 의지를 품었다. 15살에는 책을 버렸고, 스무 살에 관례를 치루고 무과 과거에 합격하였으며, 기미년(1619)에 선전관 겸 비변사에 제수되었다. 병인년(1626)이 되어 평양판관을 제수하려고 했을 때, 북방의 경계가 매우 위급해지자 조정에서 재주와 용맹이 있는 인물을 발탁하여 대비하기 위해 공을 이 관직에 임명하였다. 이는 그가 오랫동안 관직에 있으면서 차례로 승진한 결과가 아니라, 마땅히 외방의 방비를 맡겨야 할 인물로 여겨졌기 때문이다.

이듬해 정묘(1627) 3월, 오랑캐가 과연 홍립의 유도에 따라 대거 국경을 침범하였다. 공은 흰색을 묶은 망건을 쓰고, 붉은 비단을 장식한 허리띠를 매면서 부인에게 말하였다.

"내 몸은 이미 내 것이 아니오. 들판에 쓰러져 쌓여 있으면 어찌 나를 알아보겠소. 이 망건과 띠로 나를 찾으면 될 것이오."

변고가 갑자기 일어나자 모두 성을 버리고 달아났으나, 공은 평소처럼 휘하의 병사를 독려하여 홀로 보통문 밖을 지켰다. 그러나 아주 미약한 구원조차 없었고, 화살이 떨어지고 힘이 다해 마침내 전사하였다. 이때 나이는 마흔이었다.

부인 임씨는 남자 옷을 입고 그 망건과 띠를 이용하여 시신이 쌓인 가운데서 남편을 찾아냈다. 이를 들은 사람들이 모두 슬퍼하였다. 그 해 11월의 일이었다.

(조정에서) 병조참의로 증직하고, 관리를 파견하여 제사를 지냈고, 그 후 충신문을 정려하라고 명하였다.

【원문】

公諱頤吉 字子順 佐理功臣左參贊 花川君瑊之五世孫 參奉鵾之子以 萬曆戊子[29]生

---

29 만력 무자(萬曆戊子): 공은 만력16년 1588년. 2월 초4일에 태어났다. 만력(萬曆, 1573~1620)은 명나라 신종(神宗) 주익균(朱翊鈞, 1563~1620)의 연호.

稍長 便有不羈之志 十五卽去書 旣冠 中武擧 己未

　除宣傳官兼備邊司 卽丙寅 除平壤判官時 北警轉急 朝廷擢才勇以備之 而公 除是
官 蓋非積仕 當外備而然也 翌年 丁卯三月 虜果爲弘立所誘 大擧犯境 公以白總結網
巾上邊 紅錦緣其腰帶 語其夫人曰吾身非吾有也. 原隰之衰 何以識之 必以巾與帶求
之可也 時變起倉卒 擧皆[30]棄城而逃 公舊然勒所部兵 獨守普通門外 無蜉蚍之援 而矢
盡力竭 遂死之 時年四十[31]夫人林氏着男服以巾與帶 求得於積屍中 聞者悲之 是年十
一月

　贈兵曹參議[32] 遣官致祭 其後又

　命旌閭

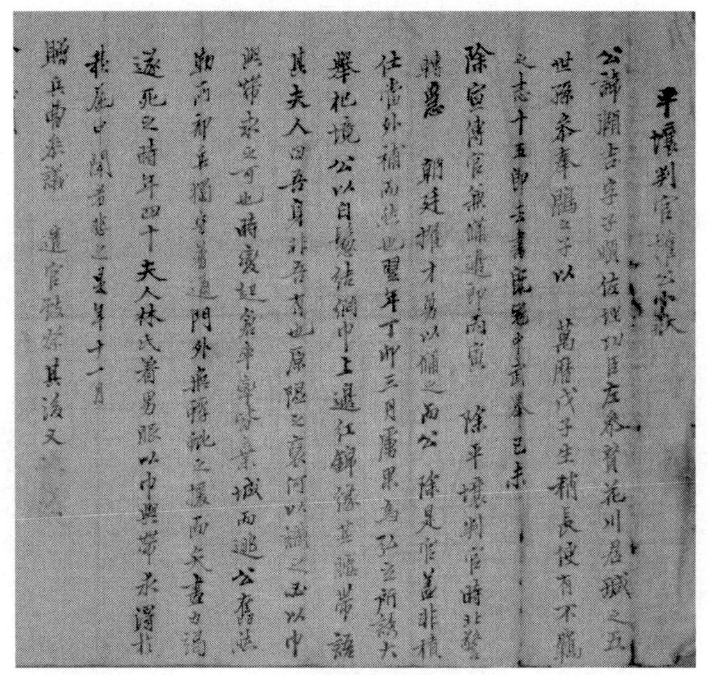

平壤判官權公小狀

---

03. 《충신열녀 정묘사적 단(忠臣烈女 丁卯事蹟單)》

편자 권중양(權中養, 1764~1824)
26쪽. 성책, 표지, 20.5cm×34cm

- 증병조참의 행평양부판관 권공행적(贈兵曹參議行平壤府判官權公行蹟)
- 《존주휘편》중 권공본전(《尊周彙編》中權公本傳)
- 평양부판관권공행장(平壤府判官權公行狀)
- 열녀숙부인예천임씨행장(烈女淑夫人醴泉林氏行狀)
- 통문(通文) 발문(發文) 진사 조순규(進士 趙順逵)
- 상언초(上言草) 도승지(都承旨) 김이교(金履敎) 入 啓
- 회계초(回啓草) 예판 김희순(禮判 金羲淳)
- 서시(序詩), 권중양(權中養)

2　　　　　　　1　　　　　　　표지

《忠臣烈女 丁卯事蹟單》원문은 영인 250쪽~221쪽 참고

공의 자는 자순(子順)이고 안동 사람이다. 5대조의 휘는 감(城)이고, 의정부 좌참찬 좌리공신 화천군이며 양평공으로 증직되었다. 고조부의 휘는 만형이고, 좌통례(左通禮)로 증직되었으며, 사헌부 감찰관(司憲府監察)을 지냈다. 증조의 휘는 용(鎔)이고 좌승지로 증직되었고 청송부사를 지냈다. 조부의 휘는 대훈이고, 이조판서로 증직되었으며 진위현령을 지냈다. 부친의 휘는 곤(鵾)이고 동중추부총관이며, 과거를 보지 않고 관리가 된 남대(南臺)로서 호는 수죽(水竹)이고, 마지막 직위는 여산부사였다. 어머니는 의정부 영의정으로 증직되었던 민영의 딸로서, 만력 16년 무자(1588) 2월 초 4일에 공을 낳았다. 공의 재주와 사람됨은 뛰어났고, 평소에 충직함과 용맹함을 쌓았다. 무오년(1618) 공의 나이 31살에 요동백이었던 김응하 공이 우모령에서 순국하자, 공은 탄복하며 흠모하였다. 마침내 붓을 던져버리고 무과에 급제하였다. 기미년(1619)에 선전관 겸 비변사가 되었다. 경신년(1620)에 부친상을 치루었고, 신유년(1621)에 모친상을 치루면서, 부인과 함께 슬픔과 아픔을 다하고, 아침 저녁 상식을 올리는 예의와 제사 의식을 합심하여 힘껏 정성과 공경을 다 바쳤다. 사람들은 모두 "그 남편에 그 아내다."라고 말하였다. 부인 예천(醴泉) 임씨(林氏)는 병조참의로 증직되었고, 선전관을 지낸 정문(挺門)의 딸이다. 부모의 상을 마치고 다시 비변랑에 제수되었는데, 병인년(1626)년 특별 추천이었다[별천(別薦)]. 정묘년(1627)에 투항했던 포로 강홍립 등이 금나라 오랑캐를 이끌고 노략질을 하였다. 의주가 함락되자 조야가 흉흉하였다. 조정은 공을 특별히 평양판관에 제수하였다. 공은 임명 소식을 듣고 즉시 출발하여 가족과 이별하면서 안색을 조금도 변하지 않고 "바로 남아가 절개를 세울 때이다"라고 말하였다. 부인 역시 공이 평소에 전쟁에 나가 목숨을 바칠 뜻을 가지고 있고, 이번 출정으로 반드시 살아 돌아오지 못할 것을 알고 옷 속에 붉은 비단을 붙이고 망건에 하얀 말총을 달아서 표시하였다. 공이 임지에 도착하니, 오랑캐의 기병들이 여러 고을에 가득하였고, 적을 보기만 해도 도망하곤 하였다. 사람들은 마음이 더욱 무서워하면서 어디로 달아날지를 몰랐다. 용천현령 이석달(李碩達)[33],

---

33 이석달(李碩達, 1603~1639): 조선 중기 문신. 자는 군민(君敏)이다. 본관은 전주(全州)이고, 효령대군(孝寧大君)7대손이다. 1624년(인조 2)에 문과(文科) 별시(別試)에 급제하였고, 1627년(인조 5)에 용강현령(龍岡縣令)으로 재직하면서 북쪽 변방의 토적(土賊)을 토벌하고 둔곡(屯穀)을 잘 보존한 공으로 품계가 올랐다. 1630년(인조 8)에는 부총병(副摠兵) 진계성(陳繼盛)의 접반사(接伴使)로 재직하면서 북쪽 변방의 정보를

대동찰방(大同察訪) 이준천(李俊天)과 함께 병사와 무기를 모집하였고, 여러 군대
가 오자 군세가 조금 살아났다. 공은 마침내 별장 정지한(鄭至罕) 등과 함께 기마병
500명을 이끌고 적을 추격하면서 순안의 치천원에 이르렀다. 깊은 골목에서 서로
싸우고 있는데, 적의 기마병이 등 뒤에서 갑자기 나타났다. 적에 대항할 병사의 수
가 부족하고 지원군이 당도하지 않았다. 공은 손에 칼을 들고 허리에 활을 차고는
한편으로는 싸우다가 한편으로는 퇴각하면서 보통문(普通門) 밖에 이르렀다가
전사하였다. 바로 3월 초 6일이었다. 관찰사 김기종(金起宗)이 달려가 조정에 보고
하였다. 임금은 놀라 애도하며 특별히 병조참의를 증직하고 제사를 하사하였다.

天啓七年丁卯十
月日
國王遣臣禮曹正郎
金瑬[34]
諭祭于贈兵曹參議權頤吉之靈. 증 병조참의 권이길의 영령에 제사를 올리노라

惟靈嗚呼.　　　　　오! 영령이시여
舍生取義. 君子所安.　생명을 버리고 대의를 취함이 군자가 지켜야 할 바이나
殉國忘死. 古人猶難.　죽음을 잊고 순국하는 것은 옛사람들도 어려운 일이도다
惟爾之中. 忠勇充之.　오직 그대의 마음속에는 충성과 용기로 가득하도다
國士之風. 熊虎之姿.　그대는 선비의 풍모와 무인의 자태를 겸비하고도
潛名郎署. 從事惟勤.　이름 없는 조그만 직책에도 근면하게 종사하다가
頃屬難危. 出佐西藩.　국가 재난의 경각에 미치자 서쪽 변경으로 출정하였구나

조정에 전달하는 임무를 수행하였다. 1635년(인조 13)에는 황해병사(黃海兵使), 1637년(인조 15)에는 황해
감사(黃海監司)를 지냈다. 1639년(인조 17)에 37세의 나이로 요절하였고, 예조판서(禮曹判書)에 추증되었
다.

34　김류(金瑬, 1588~1637): 1609년(광해군 1) 진사, 1615년 병과 급제, 인조반정 후 부안현감·예조정랑·병조
정랑·성균관사예(成均館司藝)·예빈시정(禮賓寺正)·장악원정 등을 역임, 1628년(인조 6)에 영천군수를
거쳐 성천부사가 되었다.
1636년 병자호란이 일어나자 성천부사로서 흩어진 관병을 정렬하여 관찰사 홍명구(洪命耉)에게 예속시키
고 의병을 모집하여 적의 진로를 막고 항거하다가 전사하였다. 그 뒤 이조판서로 추증 정려되었다. 그러
나 현종 때 허적(許積)이 성천부사를 지낼 때 행적이 모호하다고 하여 정표(旌表)를 환수하였다. 1680년(숙
종 6)에 허적이 처형된 뒤 아들 김세보(金世輔) 등 삼형제의 상소로 다시 정표문제가 제기되어 좌찬성에
추증되었다. 시호는 민숙(愍肅)이다.

狂胡匪茹. 鐵馬南牧.	미친 오랑캐가 분수를 모르고 철마를 몰고 남쪽으로 침범하니
重關失險. 列郡瓦裂.	첩첩 관문이 무너지고 여러 군이 와해되었구나.
望風奔潰. 智不及謀.	적을 보기만 해도 달아나니 지략이 미칠 수 있으랴
以賊遺君. 國恩誰酬.	적들을 그대에게 맡기니 임금의 은혜 누가 갚으랴
賊入腹內. 遊騎在後.	적들이 코앞으로 닥쳐오고 기마병들이 뒤에 접근하였도다
輕身奮義. 惟爾赴赴.	그대는 생명을 돌보지 않고 의로움에 떨치고 적진으로 가면서도
招我散亡, 穀乃甲冑.	나를 불러 망명하게 하고 그대는 갑옷과 투구를 입었도다.
腰弓手箭. 與賊相搏.	허리의 활과 손에 든 화살로 적과 대처하였지만
勢去援絕. 兵刃忽迫.	전세가 다하고 원군마저 끊기니 무기가 급격히 소진되어
身膏草野. 骨曝沙礫.	육신은 초야의 거름되고 뼈는 모래자갈 밭에 나뒹굴었다
予聞爾死. 中夜震驚.	한 밤중 그대 죽음 소식 듣고 깜짝 놀랐다
人人如爾. 何賊難平.	사람마다 그대와 같다면 어찌 적을 평정하기 어렵겠는가
常恨平日. 不識眞卿.	평소 그대의 진면목을 알아보지 못한 것이 원망스럽다
贈爵恤家. 曷爲爾榮.	벼슬 증직과 가족구휼이 어찌 그대에게 영광이 되리오
遣臣致祭, 庶知予誠	신하를 파견하여 제사를 올리게 하니 그대 나의 정성을 알아주기 바란다.

숙종은 신유년(1681)에 공에게 정려하여 절의와 순국을 높이 칭찬하였다. 임부인은 소문을 듣고 울면서 "공의 순절은 본래부터 알고 있었지만, 하나 있는 아들이 어리니 누가 시신을 수습할 수 있겠는가?"라고 말하였다. 그리고 남자의 옷을 입고 두 명의 여종을 데리고 천리를 걸고 넘어서 평양에 이르렀다. 산처럼 쌓여 있는데 시신을 손으로 뒤집어서 드디어 공의 시신을 보통문 밖에서 찾았다. 의건의 붉은 비단과 흰 망건은 여전하였는데, 3개의 화살이 몸에 박혀 있었다. 시신을 옮겨 선영에 안장하였다. 옷은 염습하는데 사용하였고, 망건은 집안에 보관하여 지금까지 전해지고 있다. 부인은 만력 갑오년(1594)에 태어나 현종 임자년(1672)에 작고하여 공과 함께 안산 완곡(莞谷)에 묻혔다. 1남 1녀를 두었는데, 아들 권희(曦)는 수군절도사였고, 딸은 현령 이명빈에게 시집을 갔다. 수군절도사는 아들을 하나를 두었는데, 통덕랑 후성(後成)이다. 그의 두 딸의 사위는 부사 배상구, 현감 박두상이다. 현손 이하는 전부 기록하지 않는다.

公諱頤吉 字子順 安東人 五代祖諱珹 議政府左參贊佐理功臣花川君 贈襄平公. 高祖諱曼衡 贈左通禮[35]行司憲府監察. 曾祖諱鎔 贈左承旨行青松府使 祖諱大勳 贈吏曹判書 行振威縣令[36]. 考諱鷗 同中樞副摠管[37] 南臺[38] 號水竹 末職礪山府使 妣贈議政府領議政閔馣之女也 生公於萬曆十六年戊子二月初四日 公才器卓犖 忠勇素所蓄積 歲戊午 公年三十一也 遼東伯金公立節於牛毛嶺[39]. 公慨然慕之. 遂投筆登第[40] 己未宣傳官兼備邊[41] 卽庚申丁外艱[42] 辛酉丁內艱[43] 與夫人 極其哀毀[44] 朝夕之禮 祭奠之節 幷心竭力 盡其誠敬 人皆曰有是夫 有是婦 夫人卽醴泉林氏 贈戶曹參議 行宣傳官 挺門之女也. 服闋[45] 又拜備邊 卽丙寅別薦 丁卯降虜姜弘立等 誘金虜入寇 陷義州 朝野洶洶 特拜公平壤判官 公聞 命 卽發與家人別 無幾 微色曰正是男兒立節之時也 夫人亦知公所有裹革之志[46] 是行必無生還 理以紅緞縫衣裡 白縐緣網巾上端 以識之矣. 公才赴任 虜騎充斥列郡[47] 望風奔潰[48] 人心益懼 不知所出 公與龍岡縣令李碩達 大同察訪李俊天, 收募諸軍兵 諸軍來集 軍勢稍振, 公遂與別將鄭至罕等, 領五百騎追賊, 至順安穉川院, 相搏於深巷中矣 賊之遊騎 自後突出 衆寡不敵 我軍四散 援兵不至 公手劍腰躬 且戰且退, 至普通門外, 死之. 卽三月初六日也. 觀察使金公起宗[49] 馳聞于朝

---

35 좌통례(左通禮): 통례원 정4품

36 진위현(振威縣): 고려시대에 수주(水州: 현 수원)로서, 현령(縣令)으로 승격되었다. 조선에서도 그대로 이어졌다. 1895년(고종 32)에 공주부 진위군으로 승격되었다가 바로 경기도에 소속되었다.

37 동중추부총관(同中樞副摠管): '동지중추부부총관'의 줄임말. 조선시대 중추부의 종2품 관직으로, 군사 및 국정 자문에 참여하며 왕을 가까이 모시는 명예직이자 원로 관료의 자리였다

38 남대(南臺): 남행(南行)이라고도 하는데, 과거 시험을 보지 않고 벼슬길에 오른 사람 및 관직

39 우모령(牛毛嶺): 현재 요령성(遼寧省) 본계시(本溪市)에 위치하고 있고, 심하전투[深河役]가 벌어졌던 곳이다.

40 등제(登第): 과거에 급제하다는 뜻이고, 권공은 만력 46년(서기 1618) 무과에 급제하였다.

41 기미(己未): 1619년. 선전관(宣傳官): 선전관청(宣傳官廳)에 속하여 왕의 시위(侍衛)·전령(傳令)·부신(符信)의 출납과 사졸(士卒)의 진퇴를 호령하는 형명(形名) 등을 맡아본 일종의 무직승지(武職承旨)의 구실을 한 무관(武官)이다. 9품부터 정3품 당상관(堂上官)까지 있었다. 비변(備邊): 備邊郞, 군무(軍務)의 기밀(機密)을 맡아보던 비변사(備邊司)의 관직

42 경신(庚申): 1620년. 정외간(丁外艱): 부친상

43 신유(辛酉): 1621년. 정내간(丁內艱): 모친상

44 애훼(哀毀): 부모의 상을 치루는 과정에서 과도하게 슬퍼하다가 몸을 상하는 현상을 말하는데, '슬픔이 지나쳐 몸이 상하고 뼈가 드러났다(애훼골입, 哀毀骨立)'라는 말이 있다.

45 복결(服闋): 상을 마치다

46 과혁(裹革): 전쟁에서 나아가 죽는다는 의미이다. 과시마혁(裹尸馬革)의 줄임말로서, 말의 가죽끈으로 시신을 묶는다는 뜻이다.

47 충척(充斥): ① 충만(充滿)하다 ② 많다(衆多): "寇盜充斥". "百果充斥."

48 망풍분궤(望風奔潰): 적을 보기만 하여도 달아난다는 뜻이다.

49 김기종(金起宗): 조선 후기, 당상관, 호조판서 등을 역임한 문신. 1618년(광해군 10) 증광 문과에 장원급제하여 정자(正字)가 되고, 이듬해 사은사(謝恩使)의 서장관으로서 명나라에 다녀왔다. 1624년(인조 2) 관서원수(關西元帥) 장만(張晚)이 이괄(李适)의 난을 평정할 때 종사관으로 종군하여 공을 세우자, 조정은 잘못을 용서하고 등용하여 양사(兩司)의 벼슬을 거쳐 진무공신(振武功臣) 2등에 책록되었다. 저서로《서정록

上震悼 特 贈兵曹參議 遣禮官致祭,[50] 曰

　惟靈嗚呼. 舍生取義. 君子所安. 殉國忘死. 古人猶難. 惟爾之中. 忠勇充之. 國士之風. 熊虎之姿.[51] 潛名郎署.[52] 從事惟勤. 頃屬艱危. 出佐西藩.[53] 狂胡匪茹.[54] 鐵馬南牧.[55] 重關失險[56]. 列郡瓦裂. 望風奔潰. 智不及謀. 以賊遺君. 國恩誰酬. 賊入腹內. 遊騎在後. 輕身奮義. 惟爾趑趄. 招我散亡, 穀乃甲冑[57]. 腰弓手箭. 與賊相搏. 勢去援絶.[58] 兵刃忽迫. 身膏草野. 骨暴沙礫. 予聞爾死. 中夜震驚. 人人如爾. 何賊難平. 常恨平日. 不識眞卿. 贈爵恤家. 曷爲爾榮. 遣臣致祭, 庶知予誠

　肅廟辛酉. 特爲旌閭 以襃節義 公之殉節也 林夫人聞以哭之日公殉節 固已知之 而一子尙幼誰能收屍 乃衣男子服 率二婢 跋涉千里 及至平壤 積屍如山 手自翻驗 果得公屍 於普通門外 衣巾之緞縶宛然 而三矢集其身 而返葬於先塋 衣用殯斂 巾藏于家 至今傳之. 夫人生於萬曆甲午 卒於顯廟壬子 與公窆于安山莞谷 有一男一女 男曦水使 女嫡縣令李命賓 水使生一男通德 卽後成 二女府使裵尙玖 縣監朴斗祥其婿也 曾玄孫以下 多不盡記

　🌀 《존주휘편》〈권공본전〉

　공의 자는 자순이고, 안동 사람이다. 어려서는 문장을 학업으로 삼아 이름이 났다. 충무공 김응하가 순절했다는 소문을 듣고 깊이 탄식하며 그를 흠모하더니 마

　(西征錄)》이 있다. 시호는 충정(忠定)이다.

50　이하의 제문은 충신 정려문 현판 후면에 새겨져 있고,《安東權氏花川君派世譜》卷之二(2002, 194쪽)에 수록되어 있다. 세보 속의 문장에 오자가 있어 현판을 기준으로 하였다. 조정에서 제사를 내린 해는 仁祖五年 丁卯, 명 천계 7년 1627년이다.

51　웅호지자(熊虎之姿): 곰과 호랑이의 자세. 무신의 자태를 이르는 말이다.

52　낭서(郎署): 중요(重要)하지 않은 공무(公務)에 종사(從事)하는 관리(官吏)를 말한다.

53　출좌(出佐): 보좌관으로 나아가다.

54　비가(匪茄): '비여(匪茹)'의 잘못인듯 하다. '匪茹'는 자기의 역량을 모른다는 뜻이다.《詩·小雅·六月》: "玁狁匪茹, 整居焦獲, 侵鎬及方, 至于涇陽." 鄭玄의 箋에 "匪, 非; 茹, 度也. 鎬也 方也, 皆北方地名。言玁狁之來侵, 非其所當度也, 乃自整齊而處周之焦獲, 來侵至涇水之北, 言其大恣也."에서 나왔다.

55　남목(南牧): 오랑캐들의 남침을 뜻한다. 가의(賈誼)의《過秦論上》의 "胡人不敢南下而牧馬"(오랑캐들이 감이 남쪽으로 내려와 말을 먹이지 못하게 하다)는 데에서 나온 말이다.

56　중관실험(重關失險): 험준한 요새가 위세를 잃다.

57　갑주(甲冑): 갑옷과 투구

58　세거원절(勢去援絶): 전세를 잃고 원조가 끊어지다.

침내 말타기와 활쏘기를 익혀 무과에 합격하였다. 인조 정묘년에 오랑캐가 의주를 함락하자 조정이 놀라고 떨었다. 이길(頤吉)은 비변사로서 평양판관에 제수되었다. 발령 소식을 듣고 즉시 부임하면서 "이것이 내가 국가에 보답할 수 있는 시간이다"라고 말하고 가족과 이별을 하였다. 아내 임씨는 그가 반드시 죽을 것을 알고, 손수 붉은 비단을 군복 안에 넣고 꿰맨 뒤, 흰 말총을 망건에 붙였다. 관아에 도착하고 보니, 오랑캐의 기마병 수가 많아 여러 군에 퍼지자, (아군)은 기세만 보고 도주하고 궤멸되었다. 이길이 용천부사 이석달, 대동찰방 이준천과 함께 흩어진 병사들을 모집하자 군세가 점점 살아났다. 마침내 별장 정지한 등과 함께 기마병 500명을 이끌고 순안의 치천원에서 오랑캐를 쳤다. 그러나 오랑캐의 기마병은 그들의 배후를 기습하였고, 지원군이 계속 오지 않아 마침내 궤멸하고 말았다. 이길은 한편으로는 싸우다가 한편으로는 퇴각하면서 보통문 밖에 이르렀다가 힘이 다하여 죽었다. 3월 6일이었다. 임씨는 남자 옷을 입고 두 명의 계집종을 데리고 보통문까지 걸어서 도착하여 이길의 시신을 쌓여 있는 시신 속에서 찾았다. 의건의 표식은 모두 남아있었지만 3개의 화살이 몸에 모여 있었다. 부인은 시신을 등에 지고 집으로 돌아왔다. 관찰사 김기종이 그 줄거리를 열거하여 조정에 보고하였다. 조정에서는 병조참의를 증직하고 제사를 하사하였다. 숙종 신유년에 정려하였다.(이 글은《尊周彙編》[59] 諸臣事實第二에 수록되어 있음)

《尊周彙編》 中權公本傳

公諱頤吉, 字子順, 安東人也. 少業文有名. 聞忠武公 金應河殉節, 深河慨然, 慕之, 遂習騎射, 中武科. 仁祖丁卯, 虜陷義州, 朝廷震駭. 頤吉以備邊, 卽除平壤判官, 聞 命卽赴 曰 "此吾報國之秋也" 與家人訣. 妻林氏知其必死, 手以紅錦縫戎服裏, 白鬃緣飾網巾以識之. 至官 虜騎充斥列郡, 望風奔潰. 頤吉與龍川府使李碩達 大同察訪李俊天, 收募散卒, 軍勢稍振, 遂與別將鄭至罕等, 將五百騎, 擊虜於順安穉川院, 虜騎襲其背, 而軍無繼援遂潰. 頤吉且戰且却, 至普通門外, 力盡死之 三月六日也. 林氏穿男子

---

59 《존주휘편(尊周彙編)》: 정조(正祖)의 명에 따라 춘추대의(春秋大義)를 선양하기 위한 여러 사례를 모아 1800년(정조24)에 간행한 책. 규장각(奎章閣) 소장

필사본. 15권 7책. 인조 연간(1623~1649)에 청(淸)나라가 명(明)나라를 대신함으로써 대외정책의 기본골격이 흔들리게 되었다. 이에 따라 화이관념(華夷觀念)을 부식시키기 위한 대책의 하나로 1800년 봄에 명나라 의종(毅宗)의 위령제를 지내고, 역대의 지사와 병자호란 때 척화순절한 사람들의 충국대절(忠國大節)을 추념하여 왕이 병조참의 이의준(李義駿)에게 명하여 편찬하였다. 황조기년(皇朝紀年)·본국기년(本國紀年)·황단지(皇壇志)·황단연표(皇壇年表)·제신사실(諸臣事實) 등이 수록되어 있다.

服, 從二婢, 步至普通門外, 得頤吉屍於積屍中. 衣巾表識俱在, 而三矢集其身, 負之而返. 觀察使金起宗, 列其狀於朝. 贈兵曹參議賜祭. 肅宗辛酉旌閭

🌀 평양부판관권공행장(平壤府判官權公行狀), 정범조(丁範祖) 찬〈앞의 행장과 동일〉

🌀 〈열녀숙부인예천임씨행장(烈女淑夫人醴泉林氏行狀)〉

숙부인은 고 평양판관이며, 병조참의로 증직된 권공 휘 이길의 배우자이다. 부인은 성품이 온화하고 지혜로웠다. 문장과 역사를 모두 통달하였고, 가정을 다스리고 일을 처리하는데 모두 절도가 있었다. 시부모의 상을 당하여 장례와 제사를 모심에 있어 참의공을 도와 마음을 합치고 힘을 다하였으며 정성과 예의를 다하였다. 문중과 이웃 마을에서 칭찬을 하지 않는 사람이 없었다. 인조는 정묘년에 오랑캐의 침입으로 흉흉해지자 특별히 공을 평양판관으로 제수하였다. 공은 명을 받고 즉시 출발하였다. 부인은 공이 충의롭고 평소에 전쟁에 나가 목숨을 받칠 뜻을 가지고 있음을 알고, 이번 출정으로 반드시 살아 돌아오지 못할 것이라고 말하고, 옷 속에 붉은 비단을 붙이고 망건에 하얀 말총을 달아서 표시하였다. 공이 가까스로 임지에 도착하니, 적의 기마병 오랑캐의 기병들은 승승장구하며 남하하자 험준한 요새와 여러 고을(사람들은) 적을 보기만 해도 도망하곤 하였다. 공은 흩어지고 달아날 군사를 모으고 충성과 의로운 병사를 격려하여 적과 서로 싸우다가 전사하였다. 부인은 소식을 듣고 통곡하며 "공의 순절은 본래부터 알고 있었지만, 하나 있는 아들이 어리니 누가 시신을 수습할 수 있겠는가?"라고 말하였다. 그리고 남자의 옷을 입고 두 명의 여종을 데리고 서쪽으로 향하였다. 창과 방패가 난무하는 가운데 천리를 걷고 넘어서 평양에 이르렀다. 산처럼 쌓여 있는 시신을 손으로 직접 뒤집어서 공의 시신을 보통문 밖에서 찾았다. 의건의 붉은 천과 흰 망건은 여전하였다. 그리고 나서 시신을 업고 옮겨 선영에 안장하였다. 옷은 염습하는 데 사용하였고, 망건을 집안에 보관하여 후손들이 지금까지 전하고 있다. 부인이 의건의 표식을 보고 알아차릴 것을 염두에 두었으니, 공이 사려가 깊고 원대함은 최고의 경지라고 할 수 있다. 하물며 말과 군사가 내달리며 돌진하던 때에 위험을 무릅쓰고 앞장서서 손수 뒤집고 살펴서 마침내 공의 유해를 찾아

내었고, 충성스럽고 의로운 사람을 모래 자갈과 풀숲 속에서 나뒹굴지 않도록 했다. 이는 부녀자가 할 수 있는 일이 아님에도 부인이 이를 해냈으니, 남보다 천백 배나 뛰어나지 않고서야 어찌 이와 같을 수 있겠는가? 아! 신하가 군주를 섬기는 것과 부인이 남편을 받드는 의리는 하나이다. 이제 공과 부인이 각각 자신이 하늘처럼 섬겨야 할 대상에게 마음을 다해 힘썼으니, 한 집안의 절의가 저토록 뛰어나고도 특출났다. 충성스럽고 현명한 사람을 선양하고 표창하는 것은 차별이 없어야 마땅하거늘, 노고에 대한 은전은 여러 차례 공에게만 미치고, 포상 조치가 부인에게는 아직 더해지지 않았다. 삼가 백 년 뒤에 그 행적이 사라져 전해지지 않게 될까 두려우니, 어찌 슬프지 않겠는가. 부인의 성은 임(林)이고, 본관은 예천이며, 만력 갑오년(1594)에 태어나 현종 임자년(1672)에 작고하여 향년 79세였다. 묘소는 안산 완곡(莞谷) 유좌(酉坐) 땅이고, 공과 함께 묻혀있다.

　　나는 일찍이 선배의 어른들로부터 부인의 절개 있는 행실을 들어 익히 알고 있었다. 이제 부인의 6대손인 중양이 와서 유사(遺事)를 보여주며 한마디 글을 청하였으나, 내 문장이 얕고 짧아 그 절의(節義)를 널리 드러내기에는 부족하다. 다만 그 대강을 삼가 서술하여, 언론을 수립할 군자들이 이를 가려 취하기를 기다릴 따름이다.

　　淑夫人 故平壤判官 贈兵曹參議 權公諱頤吉之配也 夫人性和而慧 兼通文史 治家處事 一有節度 舅姑之喪 殯葬祭奠 佐參議公 幷心竭力 盡其誠禮 宗黨隣里 莫不稱歎 仁廟朝丁卯 虜警悩悩 特拜公平壤判官 公聞 命 卽發 夫人知公忠義 素有裹革之志 謂是行必無生還 理遂以紅緞縫公衣裡 又以白纓緣網巾上端 以爲識. 公才到任 賊騎長驅南下 重關列郡[60] 望風奔潰 公招集散亡 激勵忠義 與賊相搏 戰而死之 夫人聞以哭之曰公之殉節 固已知之 而一子尚幼誰能收屍 返葬乎 乃衣男子服 率二婢 西行干戈槍攘之中[61] 跋涉千里 及至平壤 積屍如山 手自翻驗 果得公屍 於普通門外 衣巾之緞纓宛然 於是 負而返葬於先塋 衣用殯斂 巾藏于家 後孫至今傳之. 念夫人衣巾之識其識 公之深慮事之遠可謂至矣 況於戎馬馳突之際 挺身衝冒 手自翻驗 卒得公遺體 使忠肝義膽 得不暴露 於沙礫草莽之間 非婦人女子之所可辦者而夫人能之 非高於人千百等 則安能如是乎 嗚呼 人臣之事君父 婦人之奉君子 其義一也 今與夫人各盡心

60　중관(重關): 험준한 요새
61　창량(槍攘): 난무하다

於所天 一門節義 如彼卓異 顯忠褒賢 宜無異同 而 隱恤之典[62] 屢及於公身 旌別之
擧[63] 獨未加於夫人 窃恐百歲之後 泯滅無傳 豈不悲哉 夫人姓林氏本醴泉 宣 傳官 贈
戶曹參議 諱挺門之女也. 夫人生於萬曆甲午 卒於顯廟壬子 享年七十九 墓在安山莞
谷酉坐[64]之原 合公墓也. 余嘗從先輩長者 得聞夫人節行稔矣 今夫人六代孫中養來示
遺事 且求一言 余文辭淺短 不能宣揚節義 而謹敍梗概以俟立言[65]君子之採擇焉.

🍀 통문 발문(通文[66] 發文[67]) 진사(進士) 조순규(趙順逵)[68]

우측의 문장은 내용과 기교가 조화를 이루었고, 절개와 의리의 아름다움을 매
우 잘 표현하였습니다. 높다란 누대에 정려문을 포상하여 서로 빛나게 할 일이 아
니겠습니까? 아! 고 숙부인 임씨는 참의로 증직된 충신 권공 이길의 부인입니다.
부인은 예의를 몸소 실천하고 문장과 역사에 통달하였습니다. 시부모의 상을 당
하여 장례와 제사를 모심에 있어 정성과 효성을 다하여, 문중을 감동시켰습니다.

인조 정묘년에 오랑캐가 저돌적으로 침입하자 여러 고을(사람들은) 놀라서 도
망쳤습니다. 조정에서는 공을 특별히 평양판관에 제수하였사옵니다. 공은 명을
받자마자 출발하였습니다. 부인은 공이 충성스럽고 의로운 성정을 가지고 있어
이번에 출정하면 반드시 살아 돌아오지 못할 것을 알고, 옷 속에 붉은 비단을 붙
이고 망건에 하얀 말총을 달아서 표식으로 삼았습니다. 부인은 소식을 듣고 통곡
하며 "공의 순절은 본래부터 알고 있었지만, 하나 있는 아들이 어리니 누가 시신
을 수습할 수 있겠는가?"라고 말하고, 바로 남자의 옷을 입고 두 명의 여종을 데리
고 천리 길을 걷고 물을 넘어서 평양에 이르렀습니다. 산처럼 쌓여 있는 시신을
손으로 직접 뒤집어서 과연 공의 시신을 보통문 밖에서 찾았습니다. 붉은 비단 천
의 옷과 흰 말총을 달았던 두건으로 여전히 분간할 수 있었는데, 3개의 화살의 그

---

62 은휼지전(隱恤之典): 노고에 대한 은전
63 정별지거(旌別之擧): 포상 조치
64 유좌(酉坐): 좌(坐)는 서쪽, 향(向)은 동쪽
65 입언(立言): 언론을 수립하다.
66 통문(通文): 조선시대에 민간단체나 개인이 같은 종류의 기관 또는 관계자들에게 공동의 관심사나 특정
   사실을 알리기 위해 사용하던 문서이다. 계(契) 모임이나 문중(門中), 향교, 서원 등에서 소속원들에게
   특정 사안을 알릴 때 주로 사용된다.
67 발문(發文): 소식과 정보를 보내다.
68 조순규(趙順逵): 조선 순조 11년(1811) 진사

의 몸에 박혀 있었답니다. (부인은) 시신을 업어 옮겨와서 선영에 안장하였습니다. 여묘살이로 슬픔이 지나쳐 몸이 상하여 병이 들었고, 그로 인해 다시 일어나지 못하였습니다. 공의 묘에 합장되었습니다. 옷은 염습(殮襲)에 사용하였고, 두건은 집에 보관하여 후손들이 이것을 오늘날까지 보전하고 있습니다.

생각컨대 부인이 옷과 두건의 표식을 가지고 공을 식별하였으니, 깊이 헤아리고 멀리 내다본 것이 그토록 지극하다고 할 만합니다. 하물며 무기와 말이 가득한 와중에 몸을 곧게 세우고 맨발로 다니며, 충성스런 사람을 황량한 도깨비불과 묵은 풀 사이에 버려지지 않게 하였으니, 어찌 문약한 여인네가 해낼 수 있는 일이겠습니까!

진실로 정절을 지키는 굳은 마음과 고된 절개가 금석을 꿰뚫었고 그로 인해 남편의 혼이 신명을 감동시키지 않았다면, 어찌 이와 같은 일이 가능했겠습니까? 부인이 세상을 떠난 지 백여 년이 지났으나, 충신의 기개와 열렬함, 부인의 손길이 남긴 흔적이 여전히 또렷하여 마치 눈앞에서 보는 듯합니다. 이를 보는 사람마다 공손히 손을 모으고 얼굴빛을 가다듬어 그 아래에서 엄숙히 예를 올리지 않는 이가 없습니다. 진실로 절개와 의리는 이처럼 결코 닳아 없어지지 않는 것입니다.

옛날 구양자(구양수)가 왕응의 처 이씨의 고사를 기록하였습니다. 천 년 동안 이 글을 읽고 흐느껴 탄식하며 눈물과 콧물이 흐르는 것을 억제할 수 없게 만들었습니다. 만일 구양자가 오늘날에 살아 있다면, 반드시 부인의 절개와 행실을 찬양하여 세속의 풍조를 바로잡고, 수염 달린 사내를 죽도록 부끄럽게 만들었을 것입니다. 그 열성은 이씨(李氏)와 겨룰 만합니다. 한편 (부인은) 죽음을 무릅쓰고 외아들을 자립시키고자 아버지가 되고 스승이 되었고, 그가 명성과 품성을 갈고 닦아 나라를 지키는 인재로 만들었습니다. 이는 더욱이 도감과 칭송의 노래에도 보기 드문 일입니다.

아! 부인이 남편을 따름은 신하가 임금을 섬기는 것과 같으니, 이제 공과 부인이 국가를 위해 죽고 가문을 위해 죽음으로서 각자 의리를 완수하였습니다. 한 가문에 충성과 정렬이 탁월하고 찬란했건만, 조정에서 추앙하는 의전이 오직 공에게만 미치고, 부인에게는 선양하는 조치조차 더해지지 않았습니다. 삼가 두려웠습니다. 백년 뒤에 풀이 썩고 나무가 쓰러진다면 우리들의 잘못이기 때문입니다. 그래서 과감하게 기록을 모으고, 여러 원로들에게 널리 증거를 구하여, 온 고을의 여러 선비들에게 두루 알리고, 함께 소리를 내주길 바라는 바입니다. 관아에서는

이를 담당 관청으로 전달하고 보고하여 공문으로 조정에 아뢰어 백 년 동안의 군
건한 절개가 두 개의 정려문으로 빛날 수 있도록 성대한 예의를 베푼다면 더없이
다행한 일이 될 것입니다.

右文爲判珪合璋[69] 克著節義之媲美 崇臺綽楔[70] 詎無旌表之交輝[71] 嗚呼 故淑夫人林
氏 忠臣 贈參議 權公諱頤吉之配也. 夫人動遵禮儀兼通文史 舅姑之喪 殯葬祭奠 殫竭
誠孝 感動宗黨

仁廟丁卯 奴寇豕突 列郡鼠竄[72]朝廷特拜 公平壤判官 公聞 命 卽發 夫人知公忠義
必其死 綏遂以紅緞縫公衣裡 又以白鬊緣網巾上段 以爲識. 公才到任 招集散亡五百
騎激礪 忠義 與賊相搏 戰而死之 夫人聞以哭之曰公殉節 固已知之 而一子尚幼誰能
收屍 返葬乎 乃衣男子服 率二婢 跋涉千里 及至平壤 則積屍如山 手自飜驗 果得公
屍 於普通門外 紅緞之衣 白鬊之巾 宛然可辨 而三矢集其身, 於是負以返葬於先塋.
廬墓苦塊哀毀成疾因爲不起附藏於公墓 衣用殯斂 巾藏于家 後孫至今傳之.因念夫人
以衣巾表識者其識公之深慮事之遠可謂至矣 況於戎馬充斥之中 挺身蹇足 使忠肝義
膽[73]得免暴露 於荒燐宿草之間者 豈是文弱女婦所可辨哉 苟非貞心苦節貫金石 而夫
感神明 烏能如是乎 夫人之沒百餘年 忠臣風烈節婦手澤[74] 況然如在 觀者 莫不拱手斂
容 肅揖其下也. 信乎 節義不可磨滅如此也 昔歐陽子 書王凝妻李氏事[75] 千載下讀之,

---

69 판규합장(判珪合璋): 판합(判合)은 배합하다. 조화를 이루다. 규장(珪璋)은 본래 제후가 조회를 하거나 제사
를 지낼 때 사용하는 옥으로 만든 예기인데, 문학에서는 인격과 재능을 겸비한 작가나 작품을 말한다.
인격과 재능이 조화를 이룬 글을 말한다.

70 숭대작설(崇臺綽楔): 숭대(崇臺)는 웅장한 누각, 작설(綽楔)은 고대에 정문 양쪽에 세워서 충효를 선양하기
위한 나무 기둥으로, 패방 혹은 정려문을 의미한다.

71 정표(旌表): 공로를 표창하다.

72 서찬(鼠竄): 쥐처럼 놀라서 도망하다.

73 충간의담(忠肝義膽): 충성스런 마음. 충성스런 마음의 소유자

74 수택(手澤): 선대가 남긴 흔적과 유물

75 歐陽修《五代史記》(《新五代史》): 列傳: 雜傳第四十二 : 내가 일찍이 오대(五代) 시대의 소설 한 편을 얻었는
데, 거기에는 왕응(王凝)의 아내 이씨(李氏)의 일이 실려 있었다. 한 부인으로서 오히려 이와 같을 수 있었
으니, 세상에는 진실로 그러한 사람이 있었으나, 보지 못했을 뿐임을 알게 되었다. 왕응의 집안은 본래
청주(靑州)와 제주(齊州) 사이에 있었는데, 그는 곽주(虢州)의 사후참군(司戶參軍)으로 있다가 병으로 관직
중에 죽었다. 왕응의 집은 본래 가난했고 아들은 아직 어렸는데, 이씨는 그 아들을 데리고 남편의 시신을
짊어진 채 고향으로 돌아가고 있었다. 동쪽 개봉(開封)을 지나다가 여관에 머물게 되었다. 여관 주인이
부인이 홀로 아이를 데리고 있는 것을 보고 수상히 여겨 숙박을 허락하지 않았다. 이씨는 날이 이미
저물어 떠나려 하지 않자, 주인이 그녀의 팔을 잡아 끌어냈다. 이씨는 하늘을 우러러 크게 통곡하며 말하
기를, "내 여자의 몸으로 절개를 지키지 못하고 이 팔을 남에게 잡히고 말았구나! 이 한 팔 때문에 내
몸 전체를 더럽힐 수는 없다!"라고 하고는, 즉시 도끼를 당겨 스스로 그 팔을 끊어버렸다. 길을 가던
사람들이 이 광경을 보고 둥글게 모여들어 탄식하였으며, 어떤 이는 손가락을 퉁기며 안타까워하고 어떤
이는 눈물을 흘렸다. 개봉윤(開封尹)이 이 소식을 듣고 조정에 그 일을 보고하였다. 조정은 약을 내려

歔歐[76]涕泗 而不自禁 使歐陽子而在今世 襃揚夫人之節行 風礪流俗[77] 愧殺髯婦[78] 可
與李氏爭烈矣. 若夫忍死立孤爲父爲傅[79] 使之鏃礪名行[80] 爲國干城[81] 此尤圖頌之罕有
者也[82] 嗚呼 夫人從夫 猶臣事君 今公與夫人殉國殉家 各盡其義 一門忠烈 卓絶炳烺
崇獎之典[83] 獨及於公 表揚之擧 未加於夫人 竊恐百世之後 草腐木隕 則吾黨之過也
玆敢採其誌 怢徵諸耆老 遍告 一鄕諸君子 覆願齊聲.

　官府以爲轉報所司 啓聞[84] 朝廷使百年之苦節 賁雙闕之盛典 不勝幸甚

상언의 초안, 도승지 김이교(金履敎) 입계

　삼가 생각하건대, 충성을 위하여 몸을 바치고 정절을 나타내는 것은 인륜의 최
고의 경지이고, 선행을 표창하는 것은 왕도 정치의 근본입니다. 이에 신하로서 아
뢰옵니다. 신들이 들은 바, 만약 옛 충신 병조참의로 증직된 권이길과 이길의 처
숙부인 임씨를 본받는다면 어찌 충신과 열녀가 안 되겠습니까? 이길은 좌리공신
화천군이며, 양평공 시호를 얻은 신 권감의 5세손이고, 이조판서로 증직된 현령
대훈의 손자입니다. 이길은 인조 정묘년에 평양판관으로서 순절하였고, 이길의
처 임씨는 이길의 시신을 업고 돌아와 선영에 묻었습니다. 지금 이길이 떠난 지

상처를 싸매주게 하고 이씨를 후하게 보살폈고, 여관 주인을 매질하였다. 아아! 선비로서 자기 몸을 아끼
지 않고 부끄러움을 참으며 구차하게 삶을 도모하는 자들이 이씨의 풍모를 듣는다면, 조금은 부끄러움을
알게 되리라!

子嘗得五代時小說一篇, 載王凝妻李氏事, 以一婦人猶能如此, 則知世固嘗有其人而不得見也. 凝家青·齊之間, 為
虢州司戶參軍, 以疾卒於官. 凝家素貧, 一子尚幼, 李氏攜其子, 負其遺骸以歸. 東過開封, 止旅舍, 旅舍主人見其婦
人獨攜一子而疑之, 不許其宿. 李氏顧天已暮, 不肯去, 主人牽其臂而出之. 李氏仰天長慟曰: "我為婦人, 不能守節,
而此手為人執邪? 不可以一手並汙吾身!"即引斧自斷其臂. 路人見者, 環聚而嗟之, 或為彈指, 或為之泣下. 開封尹
聞之, 白其事於朝, 官為賜藥封瘡, 厚恤李氏, 而笞其主人者. 嗚呼, 士不自愛其身而忍恥以偷生者, 聞李氏之風, 宜
少知愧哉!

76　희허(歔歐): 탄식하는 소리
77　풍려유속(風礪流俗): 풍속을 바로 세우다
78　괴살(愧殺): 매우 부끄러워하다. 염부(髯婦): 수염이 난 남자지만 기개가 나약하여 나약한 아녀자와 다름
　　이 없다는 뜻이다.
79　인사입고(忍死立孤): 죽음을 무릅쓰고 어린 아들을 배양하다
80　촉려명행(鏃礪名行): 명성과 품행을 갈고 닦다. 촉려(鏃礪): 화살촉을 날카롭게 갈다는 뜻으로, 힘써 연마하
　　여 정진하는 것을 비유한다.
81　간성(干城): 나라를 지키는 방패와 성과 같은 인재를 말한다.
82　도송(圖頌): 칭송할 만한 인물과 행위를 그림으로 묘사하고, 여기에 붙인 찬사를 말한다.
83　숭장지전(崇獎之典): 조정에서 존숭하고 장려하는 의례를 말한다.
84　계문(啓聞): 조정에 사건을 진술하고 의견을 표시하는 관공서의 문서.

또 백여 년이 흘렀지만, 평소 군주에게 충성하고 국가에 보답하던 마음, 간과 쓸개를 바쳐 몸을 해치며 죽음에 이르렀던 당시의 광경, 그리고 임씨가 천 리 길을 가서 시신을 업고 돌아오며 겪은 온갖 험난한 일을, 사람이라면 차마 지난날의 일처럼 사소하게 말할 수 있겠습니까. 또한《존주휘편》의 〈이길본전(頤吉本傳)〉을 보면 이렇게 말하였습니다.

〈이길본전(權頤吉~贈兵曹參議,賜祭), 위의 번역으로 대신〉
〈치제문(其文曰~庶知予誠後), 위의 번역으로 대신)

숙종은 신유년에 정려문을 명령하였습니다. 이것이 이길과 임씨 부인의 충렬의 대략입니다. 아! 정묘년의 변란을 맞이하여 안으로 조정에서 깜짝 놀랐고 밖으로 고을이 함락되었습니다. 사람들은 관서(關西)지방을 마치 죽음의 땅과 같이 여기고, 만일 자신이 차출되면 곧바로 피하고 나가지 않는 자도 생겼습니다. 아내와 자식을 끌고 고을을 버려 적에게 맡긴 채 군주와 부모를 저버린 자도 있었습니다. 오직 이길(頤吉)만은 왜소한 한 몸으로 24개 고을을 위하여, 한 사람의 의로운 병사로서 칼날과 포위 속으로 용감히 뛰어들어 성의 외곽에서 목숨을 바쳤습니다. 우리 동방 오백 년의 인륜이 땅에 떨어지지 않토록 하였습니다. 얼마나 장엄한지요!

대개 그가 목숨을 버려 나라를 위해 바친 것은 이미 분연히 붓을 던지며 결단할 날에 결정한 것입니다. 평소에 갈고 닦은 것이 쌓여 무르익었으니, 갑자기 분발하려는 사람과는 다릅니다. 그래서 이렇게 공적을 세운 것입니다.

임씨 부인은 일개 여인이면서 남편이 반드시 살아서 돌아오지 않을 뜻을 알자마자 붉은 비단과 흰 망건을 가지고 후일에 표식할 자료로 삼았습니다. 명쾌하게 알아차리고 생각이 깊고 원대하기가 최고의 경지라고 할 수 있습니다. 하물며 걸어야 할 길이 광활한 땅이고, 방패와 창이 급박하게 부딪칠 때, 흉포한 칼날을 무릅쓰고 넘어지면서 걷고 넘어서 다다르니, 시체가 숲처럼 쌓여 있고, 최근에 죽은 원혼과 이전의 망혼에 대한 비통한 통곡이 뒤섞여 있는데, 따라간 사람은 두 계집종뿐이었습니다! 당시는 비록 대담한 남자라도 이것을 당하면 여전히 놀라고 공포스러워서 다른 틈이 없을 것입니다. 그리고 손수 시체를 뒤집고 살펴서 마침내 남편의 유해를 찾아냈습니다. 충성스럽고 의로운 사람을 모래 자갈과 풀숲 속에 묻혀 나뒹굴지 못하도록 했습니다. 이것이 어찌 규방의 연약하고 심약한 사람이 할 수 있는 것인지요?

부인 임씨는 충신 선전관으로서 참의로 증직된 정문(挺門)의 딸입니다. 친정집에 있을 때에는 충신을 아버지로 삼았고, 시집간 뒤에는 또한 충신을 남편으로 삼았으니, 이는 그의 타고난 기질에서 나온 것이며, 보고 느낀 것에 따라 얻은 것입니다. 모두 이와 같사옵니다. 아, 신하가 임금을 섬기는 일과 부인이 남편을 섬기는 일은 그 의미가 하나입니다. 지금 이길과 그 아내가 각각 하늘이 자신에게 준 충성과 정렬이 이처럼 마음을 다하였으니 조정에서 특별히 포상하는 은전을 내려 마땅히 극진하게 예우하지 않을 수 없습니다. 이길에게 죽은 뒤에 표창을 하고 증직한 일은 분명히 전무후무한 전례입니다.

아뢰옵니다. 임씨 또한 곧은 마음과 높은 절개에 대하여 마땅히 함께 표창해야 함에도 지금까지 시행하지 않으시니 이는 정말로 결례입니다.

이에 감히 서로 손을 잡고 주상의 가마 앞에 가서 호소하며 아뢰옵니다.

삼가 바라옵나이다. 천지의 부모이신 주상이시여, 드넓은 감은을 특별히 베푸시고, 속히 포상과 표창의 은전을 거행하소서. 충신으로서 참의에 증직된 신 권이길의 아내 숙부인 임씨에게 그 정려문을 하사하시어 곧은 절개를 표창하고 타락한 세속의 풍속을 바로잡게 하소서.

上言草[85] 都承旨 金履敎[86] 入 啓[87]

伏以殉忠效貞[88] 人倫之極 彰善旌淑[89] 王政之本 是白齊以臣矣 臣等所聞 若效故忠臣 贈兵曹參議 臣 權頤吉 及 頤吉妻 淑夫人林氏 其不忠且烈矣乎 頤吉卽佐理功臣 花川君 諡襄平公 臣城五代孫 贈吏曹判書行縣令大勳之孫也. 頤吉於仁廟丁卯 以平壤判官殉節 頤吉妻林氏 負頤吉屍 反葬先塋 今去頤吉之時 且百年有餘 而忠君報國之平日 肝膽損軀 立殣之當時光景 與夫林氏千里負屍 備嘗艱險之事 夫人而能言之 麼麼如前日事 且以尊周彙編中 頤吉本傳 觀之則有曰 權頤吉, 字子順, 安東人也. 少業文有名. 聞忠武公金應河殉節, 深河慨然, 慕之, 遂習騎射, 中武科. 仁祖丁卯, 虜陷

---

85 상언초(上言草): 청원서 초안. 상언은 조선시대 관리가 효자·열녀의 정려를 청원하는 글이다.

86 김이교(金履敎): 《조선왕조실록》 순조 29년(1829년)조, 김이교를 검교제학(檢校提學)로 제수하였다.

87 입계(入啓): 조선시대 관아가 업무에 관하여 국왕에게 보고하는 문서를 계(啓)라고 하고, 이 문서를 국왕에게 접수하는 것을 입계(入啓)라고 한다. 입계의 형식은, 대내에 간접적으로 전하는 것, 그리고 승지가 입시하여 직접 전하는 두 가지가 있다.

88 순충효정(殉忠效貞): 충정을 위해 죽고, 정절을 표현하다

89 창선정숙(彰善旌淑): 선량한 행위를 칭송하다. '彰善'은 《尚書·畢命》에 "선량한 행위를 표창하고 나쁜짓을 미워하여 풍속을 바로잡다(彰善癉惡, 樹之風聲)"에서 나온 말이고, '旌淑'은 《尚書·畢命》에 '선량한 행위를 표창하고 나쁜 행동을 변별하다(旌別淑慝)'에서 나온 말이다.

義州, 朝廷震駭. 頤吉以備邊, 卽除平壤判官, 聞 命卽赴 曰 “此吾報國之秋也” 與家
人訣. 妻林氏知其必死, 手以紅錦縫戎服裏, 白綮緣餙網巾以識之. 至官 虜騎充斥列
郡, 望風奔潰. 頤吉與龍川府使李碩達 大同察訪李俊天, 收募散卒, 軍勢稍振, 遂與別
將鄭至罕等, 將五百騎, 擊虜於順安稦川院, 虜騎襲其背, 而軍無繼援遂潰. 頤吉且戰
且却, 至普通門(外), 力盡死之 三月六日也. 林氏穿男子服, 從二婢, 步至普通門, 得
頤吉屍於積屍中. 衣巾表識俱在, 而三矢集其身, 負之而返. 觀察使金起宗列其狀于
朝. 贈兵曹參議 賜祭 其文曰 (惟靈嗚呼). 舍生取義. 君子所安. 徇國忘死. 古人猶難.
惟爾之中. 忠勇充之. 國士之風. 熊虎之姿. 潛名郎署. 從事惟勤. 頃屬艱危. 出佐西藩.
狂胡匪茹. 鐵馬南牧. 重關失險. 列郡瓦裂. 望風奔潰. 智不及謀. 以賊遺君. 國恩誰酬.
賊入腹內. 遊騎在後. 輕身奮義. 惟爾赴赴. 招我散亡, 穀乃甲冑. 腰弓手箭. 與賊相搏.
勢去援絶. 兵刃忽迫. 身膏草野. 骨暴沙礫. 予聞爾死. 中夜震驚. 人人如爾. 何賊難平.
常恨平日. 不識眞卿. 贈爵恤家 曷爲爾榮. 遣臣致祭, 庶知予誠後

　肅廟辛酉[90] 命 旌閭 此頤吉與林氏忠烈大略也 嗚呼

　當丁卯之變 內而朝著震駭 外而郡邑崩潰 人之視關西也 若死地肢一有差遣 輒避不
赴者有之矣. 挈妻拏棄城邑以賊遺君父者有之矣. 惟頤吉以眇然一身爲二十四郡 一箇
義士 勇赴於鋒鋿[91]之下 致命於城綏之中[92] 使吾東五百年 民彝臣綱[93] 不墜於地 何其
壯哉 蓋其舍生徇國之心 已決於慷慨投筆之日 蓄積有素講磨已熟[94] 與倉卒奮勵者有
異 故所樹立如彼也 林氏一婦人也 而能知其夫之必死無生還意 乃以紅緞白綮 爲日後
標識之資 其鑑識之明 慮事之遠 可謂至矣. 況於道塗踔遠之地[95] 干戈創勵之際 衝冒
兕鋒顚仆跋涉至 則積屍如林 新寃舊哭[96] 而從之者二婢子而已. 于斯時也 雖使男子大
膽者當之 尚且 震驚怖畏之不暇 而乃能手翻亂屍 辛得夫遺體 使忠肝義膽 得不暴露
於 沙礫草莽之間. 此豈閨閤中弱質柔腸所可辦者乎 夫人林氏忠臣 宣 傳官 贈參議 挺

90　숙종 신유년(辛酉年): 숙종 7년인 1681년, 이 해에 인현왕후(민씨)가 왕비로 책봉되었고, 문묘에 이이(李珥)
　　와 성혼(成渾)을 배향하는 등 중요한 역사적 사건들이 있었다.

91　봉고(鋒鋿): 칼날과 포위

92　성수(城綏): 고대에 도성의 외곽을 5백리를 하나의 구획으로 하고 거리에 따라 5개의 지대로 나누는데,
　　이것을 오복(五服)이라고 부른다. 오복은 후복(侯服)・전복(甸服)・수복(綏服)・요복(要服)・황복(荒服)이
　　라고 하였다. 여기서 복(服)은 천자에게 복종한다는 뜻이다.

93　민이신강(民彝臣綱): 백성이 지켜야 할 규칙과 기강. 인륜

94　강마(講磨): 갈고 닦다.

95　도도탁원(道塗踔遠): ‘道塗’는 길, 탁원(踔遠): 광활하다.

96　신원구곡(新寃舊哭): 杜甫 〈兵車行〉의 “막 죽은 원귀는 억울함에 시달리고, 오래된 귀신들은 울부짖는다(新
　　鬼煩冤舊鬼哭)”에서 나온 것으로, 전쟁으로 인하여 최근에 죽은 자의 원혼과 이전에 죽은 망혼이 계속
　　나타나는 애통한 장면을 묘사하였다.

門之女也. 在家以忠臣爲父 旣嫁而以忠臣爲夫 其生質之有由來 觀感之有所得 有如
此矣. 嗚呼 人臣之事其君 婦人之事其父 其義一也. 今頤吉與其妻各盡心於所天之忠
之烈 如彼卓絶 則朝家褒異之典 宜無所不用其極 而頤吉則隱卒㫌贈 前後曠絶 是白
乎矣. 林氏則貞心苦節 合施幷㫌 而尙今未表 實爲闕典 玆敢相率號籲於 法駕之前[97]
爲白去乎 伏乞

天地父母 特軫曠百之感 亟擧賞一之典故忠臣

贈參議 臣 權頤吉妻 淑夫人林氏 㫌其門閭 以彰貞烈以勵頹俗事云云

회계초(回啓草) 예판 김희순(禮判 金羲淳)

절목이 도착하여 예조에 조회하였고, 이에 대해 아뢴 뒤 임금이 도내의 유학 이
유일 등에게 하교하였습니다. 어가 앞에 올린 상언에 대하여, 해당 예조에 근거하
여 계목을 첨부해 아뢰었고, 이에 하교를 내렸다는 사실이 이미 이전에도 있었습
니다. 경기(京畿)의 유학 이유일(李惟一) 등은 기한 안에 직접 출두하여 호적을 직
접 제출하였는데, 사실이 분명하였습니다. 이를 살펴보건대, 이 상언은 바로 옛
충신으로서 참의로 증직된 권이길의 아내 임씨의 정렬을 표창하여 정려문을 세
워 달라는 일에 관하여 이러한 호소가 있었던 것이 분명하옵니다.

임씨는 남편 이길이 전장에 나가면 반드시 죽고 살아 돌아오지 못한 것을 알고,
옷과 두건에 장식을 달아 표시해 두었고 남편의 죽은 육신을 찾으려고 했습니다.
남자의 옷을 입고 적첩 쌓여 있는 시신 속에서 남편의 시체를 찾아 업고 돌아왔습
니다. 관찰사는 조정에 장계를 보내 보고하였고,《존주휘편》에 기록되어 있으니,
정렬이 분명하지 않습니까?

그 행위는 과거에도 드물만큼 탁월한데, 포상과 장려의 은전은 그 남편에게만 미
치고 그 부인에는 저절로 희미해져 소식초차 들리지 않습니다. 이것은 조정의 의
전이 누락된 것입니다. 이것을 애석하게 여긴 여러사람들이 정려문을 설치하는
것이 합당한 일이 아닐까 의견을 표명하지만 이 일은 은전과 관련되어 있으므로 예
조에서는 제 마음대로 처리하지 못하였습니다. 금상께서는 어떻게 재가하실지 회

계(回啓)에 의거하여 사안에 대한 하교에 따르고자 하였사옵니다. 아뢰신 대로 시행하라는 판결의 하교가 내려졌습니다. 판결문 안의 뜻을 받들어 살펴 그대로 시행하겠다는 뜻을 그 후손들이 도내 안산 지역에서 살고 있어서, 정문을 세울 때에 필요한 재목과 장인 인력은 전례에 따라 관에서 거행한다는 뜻을 말하였습니다. 해당 고을에 알려 주었으며, 정문을 세운 경과에 대하여 아뢰었습니다. 왕께 보고한 대로 시행하였습니다. 이전 일과 관련된 사항이고 또한 공문 안의 사유를 서로 대조하여 살펴보니, 정문을 세울 때에 재목과 장인 인력을 전례에 따라 도와서 지급하고, 세운 날짜를 상세히 보고하여 아뢰라고 하였습니다. 왕에게 보고했던 땅이며 공문이 도착한 날짜는 우선 첩보에 앞서 지난 일을 처리하는 것이 마땅할 것입니다.

回啓草[98] 禮判 金義淳[99]

節到付禮曹關內節 啓下敎[100] 道內幼學李惟一[101]等

駕前 上言據曹 啓目粘連[102] 啓下是白 有亦向前

京畿幼學李惟一等 限內現身[103] 戶口現納[104]親呈的實[105] 是白在果觀 此 上言則爲故

忠臣 贈參議 權頤吉妻林氏貞烈旌閭事 有此呼籲爲白有臥乎耶 林氏知其夫頤吉赴戰

必死無還 縫餙其巾服 以識之. 及負其夫之死身 穿男子服 躬至積屍中 搜出頤吉屍 負

而還來 觀察使 以其狀 陳于 朝 此載尊周彙編 不曾明白烈哉 其行卓矣罕古 而褒獎

---

98 회계초(回啓草): 회계(回啓)의 초안. 회계는 왕에게 보고한 일에 대하여 왕이 대신 혹은 관서에게 의견을 물었을 때, 의논을 거쳐 다시 보고하는 문서이다. 회달(回達)이라고도 한다.

99 김희순(金羲淳, 1757~?): 조선 정조 당시 이조판서, 경기도관찰사 등을 역임한 문신.본관은 안동이고, 자는 태초(太初), 호는 산목(山木). 그의 조부는 김교행(金敎行), 아버지는 군수 김이인(金履仁)이다.

100 절(節): 절목(節目). 임금의 명이나 결정 사항을 적은 문서를 말한다. 관내(關內): 조회문[關文]을 보내 안에 포함시키다. 절계(節啓): 절목에 따라 하뢰다. 하교(下敎): 임금이 명령하다.

101 이유일(李惟一): 순조 당시 유학. 권이길의 처 임씨의 정절에 대하여 열녀문을 하사할 것을 상소하였다. 다음은 이와 관련한 《일성록》(순조, 순조 17년 정축, 9월 26일)의 기록이다.
"경기의 유학 이유일(李惟一) 등이 증 참판 권이길(權頤吉)의 처 임씨(林氏)의 정조와 열행을 정려해줄 것을 청했습니다. 임씨는 지아비 권이길이 전장에 나가 반드시 죽게 되리라는 것을 알고, 건복(巾服)에 장식을 달아 표시해 두었습니다. 그러고는 지아비가 죽자 몸소 남자의 복장을 하고 직접 쌓인 시체 더미로 가서 권이길의 시신을 찾아내어 업고 돌아왔으니 이 일이 《존주휘편(尊周彙編)》에 기재되어 있습니다. 정절을 굳게 지킨 그 행동은 예로부터 드문 훌륭한 일입니다. 그러나 기리고 장려하는 은전이 그 지아비에게만 내리고 부인은 홀로 소멸되어 전하지 않으니 이는 조정의 은전이 누락된 부분입니다. 정려문을 내리는 것이 사의에 합당할 듯하나 은전에 관계된 일이니 주상께서 재결하시는 것이 어떻겠습니까?"

102 점련(粘連): 첨부하다.

103 한내현신(限內現身): 기한 내 직접 출두하다.

104 호구현납(戶口現納): 호적[호구]를 제출하다.

105 현정적실(親呈的實): 직접 제출한 것이 확실하다.

之典及其夫 而其婦獨自泯然無聞, 此爲朝家之闕典. 公議之嗟惜[106] 施以棹楔[107] 以表
恐合事宜 而事係

　恩典 臣曹不敢擅便[108] 上裁如何啓 依回啓 施行事 判下敎是置 判下內辭意 奉審施
行 爲白乎 其後孫屋在道內安山地云 旌門竪立時 材木匠手 依例自官擧行之意 知委
該邑爲旀[109] 竪立形止. 啓 聞[110]施行 向事關是置有亦關內辭緣[111]相考 旌門竪立時 材
木匠手 依例助給 竪立月日 消詳報來啓 聞 之地爲旀關到日時爲先牒報 宜當向事

🔖 서시(序詩), 권중양(權中養)

　승정 기원후 4번째 정축년(1817년) 10월 임진일은 바로 선조비 숙부인 예천 임
씨가 열려문을 하사받은 날이다. 아, 백여년 전의 정렬이 백여 년 후에야 정려되
었구나. 대개 하늘과 땅을 지탱하는 의리와 가을 서리와 뜨거운 태양 같은 절개는
결국 소멸되지 않는 법이다. 또한 정렬의 마음과 뛰어난 행실은 군자의 순수한 충
성심에 조금도 부끄러움이 없다. 이로써 한 시대에 부부가 짝을 이루어서, 백년만
에 함께 충렬이 드러났으니, 어찌 찬란하지 않으며, 어찌 위대하지 않겠는가!
　아! 인조 정묘년에 오랑캐의 난리가 일어났을 때, 나의 선조이고 참의로 증직된
공께서 새로 평양판관에 제수되었고, 명을 받자 즉시 부임하셨다. 선조비 숙부인
께서는 그가 반드시 죽어 다시 돌아올 마음이 없음을 알고서 붉은 비단과 흰 말총
으로 옷과 두건에 표식을 하여 전송하셨다.

　과연 공께서는 기병 5백을 거느리고 오랑캐를 공격하다가 힘이 다하여 보통문
밖에서 순절하셨다. 숙부인께서는 남자 옷을 입고 걷고 물을 건너 가서 손으로 어
지럽게 널린 시신들을 뒤져 옷과 두건의 표식을 가지고 공의 유체를 찾아내어 업

106　차석(嗟惜): 애석하다.
107　도설(棹楔): 본래 고대 건축 중 문 옆에서 세워 이 집의 성격이나 칭송을 표시하던 나무 기둥을 말하나,
　　　여기서는 정려문을 말한다.
108　신조(臣曹): 예조. 천편(擅便): 허락 없이 마음대로 일을 처리하는 것을 말한다.
109　위며(爲旀): 이두 문자. ~하며.
110　계문(啓聞): 왕에게 올린 보고
111　관내사연(關內辭緣): 조선시대 공문서에 쓰이는 관용구로서, 공문 안에 서술된 내용을 말한다. 주로 지방
　　　관청 상호 간 또는 상급 관청에서 하급 관청으로 내려보내는 관문(關文, 이문)에서 자주 보인다.

고 돌아와 선영에 장사지내셨다.

선조께서 순절하신 뒤에 조정에서는 그 주검을 칭송하였고, 전후로 증직과 정려를 두루 하사하였다. 그러나 선조비의 정절에 대해서는 당시 관찰사의 장계에 그 사실이 열거되지 않았고, 또한 가승을 살펴보니 여러 세대에 걸쳐 고아와 과부가 이어져 진정서를 작성하여 주상의 은전을 간청할 겨를이 없었다. 놀랍게도 불초한 나까지 육대가 지나갔다. 해가 갈수록 사적이 점점 미미해질까 염려하지만 매번 선열의 공적이 칭송을 받지 못하는 것을 지극히 한스럽게 여겨왔다. 그래서 올가을 능행 때에, 의로움를 추앙하는 원근의 선비들이 나의 선조비를 포상하고 정려할 일을 한목소리로 진정하였다. 상께서 그 요청을 윤허하시고, 특명으로 정려문을 하사하였다. 그리하여 옛날의 정렬이 하루아침에 찬란하게 빛나니, 옛사람들이 말하던 '백년을 기다린 것은 본래 오늘의 일을 생각한 것이다'이고, 또한 선조고와 선조비의 충렬이 함께 드러나 누추한 집 앞뒤로 두 개의 정려문이 있는 것은 천고에 드문 일이고, 사가의 커다란 영광이라고 생각한다.

나는 이에 슬픔과 기쁨을 이길 수 없어 망령되이 한 수의 시를 지어 옛일을 감회하는 뜻을 담았다. 이를 보는 이들은 그 졸렬함을 용서하고, 문장이 부족하다고 하여 그 뜻까지 버리지 않기를 바란다.

摻摻取骨普通門	가녀린 손으로 보통문에서 뼈를 추리면서
往事傷心尙忍言	지난 일로 마음이 괴로워도 말을 참는다
己料丹忠爲殉國	붉은 충성심으로 나라를 위해 죽을지 미리 알았고
卻敎紅段辨衰原	도리어 붉은 비단으로 풀밭의 시신을 분별하도록 했네
百年義烈寧淪蹟	백년의 의렬은 설령 유실될지라도
一體旌褒更荷恩	함께 표창을 받았으니 도리어 은혜를 입었구나
實賴同聲章甫力	실로 목소리를 같이한 선비들의 힘에 의지하여,
闡揚先美愧雲孫	선대의 미덕을 선양하였으니 후손으로서 부끄러울 뿐이다.

不肖孫 中養 謹識

崇禎紀元後四丁丑[112]十月壬辰 卽我先祖妣淑夫人醴泉林氏旌烈之日也 嗟乎 烈於百餘秊之前 而旌於百餘年之後 蓋撑天亘地[113]之義 秋霜烈日之節 終有不泯之理 又其貞

心卓行 無愧於君子之純忠 而于以匹休[114]於一時 同顯於百世者 豈不煥乎 偉乎哉 嗚乎 粤在

仁廟丁卯 虜難 余之先祖考 贈參議公 新 除平壤判官 聞命卽赴 先祖妣淑夫人知其必死, 無還心 以紅緞白鬃表識衣巾, 而送行矣 公果以五百騎擊虜力盡致命於普通門外 淑夫人身穿男服, 跋涉踔遠, 手翻亂屍, 以衣巾之表, 得公遺體 負而返葬于 先塋 先祖殉節之後 朝家之隱卒

贈旌前後備至 而至於先祖妣貞節其時道臣[115]之 啓 未及幷列其事 且以家乘考之 累世孤寡[116]未遑上陳本狀[117]仰乞 恩命而逮至余不肖居然六世矣 窃恐季代愈遠事蹟寢微 而每以先烈之不得揄揚爲至恨矣 乃於今秋 陵幸時 遠近慕義之士 以余先祖妣褒旌事齊聲陳章自

上允從其請 特命棹楔而昔時貞烈 一朝煥炳 古所稱百世以俟者定道[118]今日事 而且想先祖考妣之幷著忠烈 弊廬[119]前後之雙門閭 實是千載之稀有 而私門之大榮 余於是不勝悲喜 妄搆一律以寓感舊之懷 覽之者 恕其拙陋 而不以文廢其意焉

摻摻取骨普通門[120] 往事傷心尙忍言 己料丹忠爲殉國 卻敎紅緞辨衰原[121]
百年義烈寧淪蹟 一體旌褒更荷恩[122] 實賴同聲章甫力 闡揚先美愧雲孫

不肖孫 中養[123]謹識

---

112 숭정기원후사정축(崇禎紀元後四丁丑): 명나라 숭정(崇崇禎, 1628~1644) 원년인 1628년 이후 4번째 정축년 (丁丑年), 즉 1817년. 조선 순조 17년

113 탱천긍지(撑天亘地): 탱천주지(撑天柱地)의 뜻, 하늘과 땅을 지탱하는 작용, 국가의 중대한 책임을 부담하다. 《朱子全書》卷九 "聖人只是常欲扶持这个道理, 敎他撑天柱地"에서 나온 말이다.

114 필휴(匹休): 서로 짝을 이루며 어울리다.

115 도신(道臣): 관찰사(觀察使)'의 다른 명칭이다.

116 고과(孤寡): 고(孤)는 아버지가 죽은 고아, 과(寡)는 남편이 죽고 없는 과부를 말한다.

117 본장(本狀): 본인의 진술, 서면보고.

118 정도(定道): 말하자면 본래는, 원래는 그렇게 생각했는데

119 폐려(弊廬): 낡고 누추한 집

120 섬섬(摻摻): 가늘고 부드러운 여자의 손가락을 비유한다. 또한 성대한 모양을 묘사하기도 한다.

121 原隰(원습): 넓은 평원과 낮고 습한 땅을 가리키며, 일반적으로 황야를 말한다.
袞(부): 손으로 흙을 파서 시신을 수습해 광주리에 모은다는 뜻으로, 여기서는 야외에서 형제의 시신을 찾아 수습하는 행위를 가리킨다. 생사존망의 위기 속에서, 형제들이 자신의 안위도 돌보지 않고 광야를 헤매며 서로의 시신을 찾고 수습하는 모습을 그린 것이다.
이 문구는 《시경(詩經)·소아(小雅)·상체(常棣)》의 "넓은 들판과 습한 땅에서 형제들이 모여 땅을 파고 있으며, 서로를 찾고 있다(原隰袞矣, 兄弟求矣)"에서 나온 것이다.

122 하은(荷恩): 은혜를 입다.

123 권중양(權中養, 1764~1824): 판관공 권이길의 6대손. 자는 성호(聖浩)

04. 증 통정대부 병조참의 행통훈대부 평양부판관 권공 행장
(贈通政大夫兵曹參議行通訓大夫平壤府判官權公行狀) ·
증숙부인 예천임씨 행장(贈淑夫人 醴泉林氏行狀) ·
유학 김수형 소제 정문초(幼學金粹泂所製呈文草)

증 통정대부 병조참의 행통훈대부 평양부판관 권공 행장
(贈通政大夫兵曹參議行通訓大夫平壤府判官權公行狀)

145cm×29.5cm, 한지에 필사
〈번역, 앞의 것과 중복〉

【원문】

字子順安東人也 五代祖諱佐理功臣花川君 諡襄平公 高祖諱曼衡司憲府監察 祖諱
鎔贈左承旨行靑松府使 祖諱大勳贈吏曹判書 行振威縣令 考諱鷗嘉善大夫都摠府副
摠管 妣贈議政府領議政閔猷之女也 生公於萬曆十六年戊子二月初四日 公才器卓犖
忠勇素所蓄積 歲戊午 公年三十一也 遼東伯金公立節於牛毛嶺 公慨然慕之 遂投筆
登第 己未以宣傳官兼備邊 卽庚申丁外艱[124] 辛酉丁內艱[125] 與夫人 極其哀毀 朝夕之
禮 祭奠之節 幷心竭力 盡其誠敬 人皆曰有是夫 有是婦 夫人卽醴泉林氏 贈戶曹參議
行宣傳官 挺門之女也. 服闋[126] 又拜備邊[127] 卽丙寅別薦 丁卯降虜姜弘立等 誘金虜入
寇 陷義州 朝野洶洶特拜公平壤判官 公聞 命 卽發與家人別 ○無幾微色曰正是男兒
立節之時也 夫人亦知公素有裹革之志 是行必無生還 理以紅緞縫衣裡 白縻緣網巾上
段 以識之矣. 公纔赴任 虜騎充斥列郡 望風奔潰 人心益懼 不知所出 公與龍岡縣令李
碩達 大同察訪李俊天, 收募諸軍兵 諸軍來集 軍勢稍振, 公遂與別將鄭至罕等, 領五
百騎追賊, 至順安穉川院, 相搏於深巷中矣 賊之遊騎 自後突出 衆寡不敵 我軍四散
援兵不至 公手劍腰躬 且戰且退 , 至普通門外, 死之.卽三月初六日也. 觀察使金公起
宗, 馳聞于朝 上震悼 特 贈兵曹參議 遣禮官致祭, 曰

---

124 정외간(丁外艱): 부친상
125 정내간(丁內艱): 모친상
126 복결(服闋): 상을 마치다
127 비변(備邊): 비변랑(備邊郞), 군무(軍務)의 기밀(機密)을 맡아보던 비변사(備邊司)의 관직

惟靈嗚呼. 舍生取義. 君子所安. 殉國忘死. 古人猶難. 惟爾之中. 忠勇充之. 國士之
風. 熊虎之姿. 潛名郎署. 從事惟勤. 頃屬艱危. 出佐西藩. 狂胡匪茹. 鐵馬南牧. 重關
失險. 列郡瓦裂. 望風奔潰. 智不及謀. 以賊遺君. 國恩誰酬. 賊入腹內. 遊騎在後. 輕
身奮義. 惟爾赳赳. 招我散亡, 縠乃甲冑. 腰弓手箭. 與賊相搏. 勢去援絶. 兵刃忽迫.
身膏草野. 骨暴沙礫. 予聞爾死. 中夜震驚. 人人如爾. 何賊難平. 常恨平日. 不識眞卿.
贈爵恤家. 曷爲爾榮. 遣臣致祭, 庶知予誠

　　肅廟辛酉. 特爲旋閭 以褒節義 公之殉節也 林夫人聞以哭之曰公殉節 固已知之 而
一子尙幼誰能收屍 乃衣男子服 率二婢 跋涉千里 及至平壤 積屍如山 手自翻驗 果得
公屍 於普通門外 衣巾之緅緊宛然 而三矢集其身 而返葬於先塋 衣用殯斂 巾藏于家
至今傳之. 夫人生於萬曆甲午 卒於顯廟壬子 與公窆于安山莞谷 有一男一女 男曦水
使 女嫡縣令李命賓 水使生一男通德 卽後成 二女府使裵尙玖 縣監朴斗祥其婿也 曾
玄孫以下 多不盡記

🌀 증숙부인 예천임씨 행장(贈淑夫人 醴泉林氏行狀)

〈번역, 앞의 것과 중복〉

【원문】

　　淑夫人 故平壤判官 贈兵曹參議 權公諱頤吉之配也 夫人性和而慧兼通文史 治家處
事 一有節度 舅姑之喪 殯葬祭奠 佐參議公 幷心竭力 盡其誠禮 宗黨隣里 莫不稱歎
仁廟朝丁卯 虜警怐怐 特拜公平壤判官 公聞 命 卽發 夫人知公忠義 素有裹革之志[128]
謂是行必無生還 理遂以紅緞縫公衣裡 又以白鬚緣網巾上端 以爲識. 公才到任 賊騎
長驅南下 重關列郡 望風奔潰[129] 公招集散亡激勵 忠義 與賊相搏 戰而死之 夫人聞以
哭之曰公之殉節 固已知之 而一子尙幼誰能收屍 返葬乎 乃衣男子服 率二婢 西行 干
戈槍攘之中 跋涉千里 及至平壤 積屍如山 手自翻驗 果得公屍 於普通門外 衣巾之緅

128　과혁(裹革): 전쟁에서 나아가 죽는다는 의미이다. 과시마혁(裹尸馬革)의 줄임말로서, 말의 가죽끈으로 시
　　신을 묶는다는 뜻이다.
129　망풍분궤(望風奔潰): 적의 그림자만 보아도 혼비백산하다.

鬒宛然 於是 負而返葬於先塋 衣用殯斂 巾藏于家 後孫至今傳之. 念夫人衣巾之識其
識公之深慮事之遠可謂至矣 況於戎馬馳突之際 挺身衝冒 手自翻驗 卒得公遺體 使忠
肝義膽 得不暴露 於沙礫草莽之間 非婦人女子之所可辨者而夫人能之 非高於人千百
等 則安能如是乎 嗚呼 人臣之事君父 婦人之奉君子 其義一也 今與夫人各盡心於所
天 一門節義 如彼卓異 顯忠褒賢 宜無異同 而 隱恤之典 屢及於公身㫌別之擧 獨未
加於夫人 竊恐百歲之後 泯滅無傳 豈不悲哉 夫人姓林氏本醴泉 宣 傳官 贈戶曹參議
諱挺門之女也. 夫人生於萬曆甲午 卒於顯廟壬子 享年七十九 墓在安山莞谷酉坐之原
合公墓也. 余嘗從先輩長者 得聞夫人節行稔矣 今夫人六代孫中養來示遺事 且求一言
余文辭淺短 不能宣揚節義 而謹敍梗槪以俟立言君子之採擇焉.

🌥 유학 김수형 소제 정문초(幼學金粹泂所製呈文[130]草)

【번역】

삼가 생각하건데,

은덕에 대한 보답과 선한 자에 대한 표창은 통치의 가장 우선해야 할 바고,

의로운 죽음을 드높이는 것은 서둘러 해야 할 의무입니다.

그러므로 충절을 밝히는 것은《대례(戴禮)》의 말씀을 엄격히 따르는 것입니다.
교화의 수립과 사회 기풍을 선양하는《존주휘편》의 가르침을 분명하게 밝히는
것입니다.

만일 선과 악을 구별하지 못하면, 어찌 후세 사람들이 보고 느끼며 규범으로 삼
겠사옵니까?

그러므로 판관 권공(權公)은 나라를 방비하는 창과 성곽과 같은 재주를 가지고
있고, 관리로서의 전통을 계승하였지만 책을 버린 채 무술을 배워, 몸을 돌보지
아니하고 순국하였사옵니다.

항상 천리 밖을 걱정하는 마음을 품었으며, 비록 작은 일지라도 일찍이 정성을
다하였습니다. 어찌 알았겠습니까, 미친 오랑캐가 국경을 침범하여 여러 고을이

---

130 정문(呈文): 관청이나 상급자에게 사정이나 의견, 요청 사항을 글로 올려 아뢰는 문서를 말한다. 주로
하급 관청이나 개인이 상급 관청·임금·관원에게 사건의 경과를 보고하거나 억울함을 호소하거나 처리
를 요청할 때 사용되었으며, 조선시대 공문서·청원문서의 한 형식이다.
정문은 사실을 진술하고 판단이나 조치를 요청하기 위해 올리는 공식 문서라는 의미를 가진다.

참혹하게 무너지는 모습을 보게 될 줄을.

흩어진 병사를 거두어 성을 끼고 튼튼하게 지켰으며, 맨주먹으로 칼날을 맞서 싸우면서 어찌 해이했겠는지요? 절의를 다하려는 마음으로 화살은 없고 힘이 떨어지자 한 올의 새털이 되었고, 몸을 가볍게 생각하고 의리를 소중하게 여겨 칠 척 육신을 마치 기러기 털같이 가볍게 버렸습니다.

칼날이 가슴에 닿아 쓰러졌으나 순언(荀偃)처럼 눈은 끝내 감기지 못했습니다. 청평검을 손에 들고 죽은 선진(先軫)이 마치 살아 있는 듯 하였습니다.

버드나무에 기대어 쓴 국가에 충성한 맹세와 달리, 길가의 짓밟힌 풀 같은 마음을 가졌습니다. 수양성 안에서 장순(張巡)의 모습을 차마 말로 표현할 수 없습니다. 상산(常山) 앞에서 머리칼을 풀고 죽음을 맞이하였사옵니다.

그 의리의 진정한 마음만은 지금까지도 환히 빛나고 있었기에 죽음을 위로하는 조서를 내리고 제사를 통해 예의를 갖추었습니다. 이는 비록 성대한 시대의 은전이긴 하나 아직도 정려문을 통하여 표창하지 못한 흠결이 있사옵니다.

더구나 그가 일찍이 몸을 의탁하던 옛집은 남아 있을 뿐 잡초만 무성하여 안타까움에 탄식할 지경입니다. 공적이 파묻히고 칭송을 받지 못하여 누구도 유적을 알아보지 못하는 것은 귀와 눈으로 직접 보고 들은 기록이니 어찌 꾸며낸 빈 말이겠습니까?

이에 이 문서를 올려 감히 정문을 세워 정려해 주시기를 간청하옵니다.

각하에게 엎드려 바라옵니다. 공적인 판단으로 살피시되, 사적인 호혜를 베풀지 마소서.

특별히 이런 사람의 가문을 칭송한다면 친족들로 하여금 충절을 본받는 권면이 될 것입니다. 진실로 이와 같이 된다면, 열사는 마땅히 이와 같아야 할 것이며, 자손들 또한 부끄러움이 없을 것입니다.

이는 단지 이미 떠난 넋을 위로하는 데 그치지 않고, 장차 온 나라가 함께 기뻐할 일이 될 것입니다.

이와 같이 사연을 아뢰는, 무례를 범할 죄 죽은 죄를 지었사옵니다.

【원문】

伏以 酬德褒善 爲政所先 隱卒崇終 當務之急 **所以** 彰厥忠節 寔嚴戴禮之言[131] 樹之風聲[132] 昭載周牒之訓[133] 苟無㫌別之○[134] 焉有觀感之規 **故判官權公** 干城之才 簪笏[135]

餘緖 去書學釽 殉國忘身 常懷萬里之心 早著寸一之悃 誰知狂虜之入境[136] 慘見列郡之○風 收散卒而嬰城惟堅 張空拳而冒刃詎弛 死綏之志 效節之忱 矢盡力窮爲一髮於鳥○ 身輕義重損七尺於鴻毛[137] 向刃當胸 苟偃之目不瞑[138] 靑萍在手先軫之面如生[139] 可異倚柳之精忠 又作塗草之肝腸 睢陽城裏忍說張巡之○形[140] 常山陳前可恡○○委髮 惟其義烈之悃炳然至今 故用愍恤之章 祭以禮 是雖聖代之恩典 尙欠門閭之表㫌 幷○却望 曾是棲息之所 故家猶存 堪嗟草萊之○ 然湮沒不稱 誰認昔人遺址 以耳目所記 豈餙爾等之虛辭 玆進前○之文書 敢請門閭之㫌表 **伏願脚下** 丞從公○所在 毌閟頷下之旨 特㫌斯人之閭 俾族收來之勸 **夫如是則** 烈士當如是矣 愧孫其有收乎 不但慰長逝之魂 抑將爲相慶而○ ○陳如右 隕越于中[141]

---

131 《대례(戴禮)》:《예기(禮記)》의 해설서

132 수지풍성(樹之風聲): 교화를 수립하고 미풍양속을 선양하다. 이 말은《尚書·畢命》"彰善癉惡, 樹之風聲"에 나온다.

133 주첩지훈(周牒之訓): 여기에서는《존주휘편(尊周彙編)》을 이르는 것 같다. 이책은 정조(正祖)의 명에 따라 춘추대의(春秋大義)를 선양하기 위한 여러 사례를 모아 1800년(정조24)에 간행하였다.

134 정별(旌別): 선과 악을 구별하다. 이 말은《상서·필명(尚書·畢命)》"선과 악을 구별하여 그 마을에 분명하게 드러나도록 하라.[旌別淑慝 表厥宅里]"

135 잠홀(簪笏): 관리들이 비녀와 홀패. 관직을 의미한다.

136 광로지입경(狂虜之入境): 광로(狂虜)는 미치광이 오랑캐라는 뜻으로 금나라 군대를 말하며, 국경선을 침입했던 것은 정묘호란을 이른다.

137 홍모(鴻毛): 기러기의 터럭이라는 뜻으로 지극히 가벼운 물건을 비유할 때 쓴다. 사마천의《보임보경서(報任少卿書)》에 "경어홍모(輕於鴻毛)"라고 하여 허무하게 사라지는 생명을 비유하였다.

138 순언(苟偃, ?~BC554): 춘추시대 진(晉)나라 대부. 제나라를 정벌하면서 과거의 진나라의 도공을 시해한 일로 악몽을 꾸다가 죽었다. 시신을 수습하려고 하니 죽었는데도 눈을 감지 못했다(死不瞑目)고 한다.

139 청평(靑萍): 보검, 병권. 선진(先軫, ?~BC627): 춘추시대 진문공을 도와 진나라를 춘추오패로 만든 군사전략가. 자신이 잡아온 포로를 풀어준 군주를 행해 항의하고도 처벌을 받지 않자, 적(狄)과의 전투에서 투구를 벗고 적진으로 돌진해 전사했다. 그는 손에 칼을 든 채 죽었는데 마치 살아있는 사람과 같았다. 선진은 군신 관계의 절의(節義)를 극단적으로 실천한 인물이었다.

140 장순(張巡, 709~757): 당나라의 안록산의 난을 토벌하였으나, 지덕(至德) 2년(757년)에 윤자기(尹子奇)가 10만의 병력을 이끌고 수양(睢陽)을 포위하였다. 허원(許遠)은 스스로 자신의 재능이 부족하다고 여겨 군사와 정무의 대권을 장순(張巡)에게 맡겼다. 장순은 기묘한 계책을 써서 적을 격퇴하며 수개월 동안 성을 굳게 지켰으나, 끝내 구원군은 오지 않았다. 이후 수양성이 함락되자, 장순은 여러 장수들과 함께 절개를 굽히지 않고 끝까지 항전하다가 마침내 적에게 살해되었다.

141 운월(隕越): 상실, 실패, 실직,죽음. 여기서는 상소문 등의 끝에 쓰는 "무례를 범해 죽을 죄를 지었사옵니다"라는 상투어로 쓰였다.

전체

1

2

贈通政大夫兵曹參議行通訓大夫平壤府判官權公行狀

贈淑夫人醴泉林氏行狀

幼學金粹烔所製呈文草

05. 권이길 관련 역사 문헌 기록[142]

권이길 관련 문헌은《조선왕조실록》·《존주휘편》·《일성록》·《여지도서》·《승정원일기》·《일성록》등 관방의 기록과《응천일록》·《낙서집》등 개인 기록에 산재되어 있다. 아래에 그 문헌을 모아 정리하였다.

《승정원일기》仁祖 인조 3년 을축(1625) 7월 26일(임신) 비

호패청 낭청(號牌廳郎廳)의 아홉 자리 단망(單望)은 엄성(嚴惺), 김시양(金時讓), 최유해(崔有海), 이경용(李景容), 권도(權濤), 이중길(李重吉), 양만고(楊萬古), 심종직(沈宗直), 권이길(權頤吉)이었는데 계하하였다.

號牌廳郎廳九, 嚴惺·金時讓·崔有海·李景容·權濤·李重吉·楊萬古·沈宗直·權頤吉. 啓.

《승정원일기》인조 을축(1625) 9월 18일(계해) 맑음

이조가 박추(朴簹)를 장령으로, 이경의(李景義)를 병조 정랑으로, 정세구(鄭世矩)를 직강(直講)으로, 유시영(柳時英)을 사평(司評)으로, 이징(李澄)을 도화서 교수(圖畫署敎授)로, 엄성(嚴惺)을 평산 부사(平山府使)로, 민기(閔機)를 종성 부사(鍾城府使)로, 권이길(權頤吉)을 평양 판관(平壤判官)으로, 양홍무(楊弘茂)를 강화 교수(江華敎授)로 삼았다. 중화훈도(中和訓導)에 채홍수(蔡弘壽)를 차하(差下)하였다.

吏曹, 朴簹爲掌令, 李景義爲兵曹正郎, 鄭世矩爲直講, 柳時英爲司評, 李澄爲圖畫署敎授, 嚴惺爲平山府使, 閔機爲鍾城府使, **權頤吉爲平壤判官**

---

[142] 〈판관공 관련 역사문헌 기록〉 이하의 번역은 https: //db.itkc.or.kr(한국고전DB)을 옮긴 것이다.

평안 감사의 장계는, 평양 판관(平壤判官) 권이길(權頤吉)이 이달 5일 적을 만나 힘껏 싸웠지만 화살에 맞아 죽었고, 장교(將校) 정지한(鄭之罕)·이충백(李忠伯)·방경남(方敬男)·정대익(丁大翼) 등도 싸우다가 죽었다는 일이었다.

平安監司狀啓, **平壤判官權頤吉**, 今初五日逢賊力戰, 中箭身死, 將校鄭之罕·李忠伯·方敬男·丁大翼等, 亦爲戰死事.

《조선왕조실록(朝鮮王朝實錄)·인조실록(仁祖實錄)》

인조 5년 정묘(1627, 천계 7) 3월 15일(임오)
　　　김기종이 순안에서 청 군대와 싸워 쫓아냈다고 아뢰다

김기종이 치계하기를,
"적병 한 부대가 순안(順安)으로 달려갔는데, 삭주 부사(朔州府使) 이명길(李明吉), 평양 판관(平壤判官) 권이길(權頤吉)·좌척후장(左斥候將) 정지한(鄭之罕), 파총 이충백(李忠伯)·정대익(鄭大翼) 등이 추격하여 순안에 도착하니 적들이 정대익을 장수로 알고 모두 추격하였습니다. 이충백이 말에서 내려 활을 마구 쏘아 적 두 명을 맞히고 정지한이 적 한 명을 쏘자 나머지 적들이 점점 물러갔습니다. 지한과 충백도 3~4개의 화살을 맞았고 권이길은 화살을 맞고 바로 죽었습니다."
하였다. 정지한과 이충백은 모두 가자하고 방경남(方敬男)과 정대익은 실직을 제수하고 권이길은 포상 증직하고 그의 처자를 구휼토록 하였는데, 비국의 계사를 따른 것이다.

金起宗[143]馳啓曰: "賊兵一枝, 馳向順安路, 朔州府使李明吉·**平壤判官權頤吉**·左斥候將鄭之罕·把摠李忠伯·丁大翼等, 追之到順安, 賊疑以丁大翼爲將帥, 遂竝逐

143　김기종(金起宗, 1585~1635): 자 중윤(仲胤), 호, 청하(聽荷), 본관 강릉(江陵)

焉. 李忠伯下馬亂射, 中二賊, 之罕射一賊, 餘賊漸退. 之罕・忠伯亦中三四箭, 權頤吉中箭卽死云.” 命鄭之罕・李忠伯竝加資, 方敬男・丁大翼實職除授, 權頤吉褒贈, 恤其妻子. 從備局之啓也.

순조 17년 정축(1817, 가경 22), 9월 26일(정묘)

〈예조에서 많은 선비들의 상언으로 이소윤 등의 충렬에 대해 정려하기를 청하다〉

　예조에서 많은 선비들의 상언(上言)으로 인하여 고 호군 이소윤(李紹胤) 및 그의 처 박씨(朴氏)의 충렬(忠烈)과, 증 참판 권이길(權頤吉)의 처 임씨(林氏) 및 서울에 사는 액례(掖隷) 김창배(金昌培)의 처 조씨(趙氏)의 열행(烈行)에 대하여 아울러 정려하기를 청하고, 흥양(興陽)의 고 사인(士人) 우인동(禹仁東)의 효행에 대하여 증직하기를 청하니, 모두 그대로 따랐다. 이소윤과 권이길은 모두 강도(江都)에서 순절(殉節)하였는데, 그들의 처들도 따라 죽은 때문이었다.

【원전】48 집 122 면
　○丁卯/禮曹因多士上言. 請故護軍李紹胤及妻朴氏忠烈, **贈參判權頤吉妻林氏**, 京居掖隷金昌培妻趙姓烈行, 幷旌閭, 興陽故士人禹仁東孝行贈職, 從之. 紹胤・頤吉, 皆江都殉節, 其妻下從也.

　경기의 유학 이유일(李惟一) 등이 증 참판 권이길(權頤吉)의 처 임씨(林氏)의 정조와 열행에 정려해 달라고 청했습니다. 임씨는 지아비 권이길이 전장에 나가 반드시 죽게 되리라는 것을 알고, 건복(巾服)에 장식을 달아 표시해 두었습니다. 그러고는 지아비가 죽자 몸소 남자의 복장을 하고 직접 쌓인 시체 더미로 가서 권이길의 시신을 찾아내어 업고 돌아왔으니 이 일이 《존주휘편(尊周彙編)》에 기재되어 있습니다. 정절을 굳게 지킨 그 행동은 예로부터 드문 훌륭한 일입니다. 그러나 기리고 장려하는 은전이 그 지아비에게만 내리고 부인은 홀로 민멸되어 전하지 않았으니 이는 조정의 은전이 결여된 부분입니다. 정문을 내리는 것이 사의에 합당할 듯하나 은전에 관계된 일이니 상께서 재결하시는 것이 어떻겠습니까?

京畿幼學李惟一等爲贈參判 權頤吉妻林氏貞烈 請旌閭矣. 林氏知其夫頤吉之赴戰必死 飾其巾服表以識之. 及其夫之死身穿男子服 躬至積屍中 搜出頤吉屍 負而還來. 事載尊周彙編 烈哉其行卓矣罕古 而褒獎之典及其夫 而其婦獨自泯然無聞, 此爲朝家之闕典. 施以棹楔恐合事宜, 而事係恩典, 請上裁

《응천일록(凝川日錄)》[144] 凝川日錄[三] 自仁廟癸亥六月至戊辰三月 (未詳)

정묘 12월 26일 이조에서 계하하여 하교를 전하여 "순절한 사람으로 당시에 서울에 있었던 사람으로 장돈, 송도남, 권이길, 이완, 기협 등 부모 처자에게 각각 쌀 두말과 왕 소금 각각 한 석씩을 주어라."라고 말하였다.
(張暾 宋圖南 權頤吉 李莞 奇協 等 父母妻子. 各米二石太鹽各一石題給.)

丁卯 十二月 二十六日戶曹啓. 傳敎云云. 死節人. 時在京中. 張暾宋圖南權頤吉李莞奇協等父母妻子. 各米二石太鹽各一石題給.

장만(張晚), 〈오랑캐의 서신에 답을 보내는 올바른 방법을 논하면서 소회를 피력하는 차자(論胡書答送事宜. 仍陳所懷箚)〉(《낙서집(洛西集)》권3 소차(疏箚))

삼가 아뢰옵건대, 신은 선전관 권이길이 전한 승정원에서 전해온 유지를 받들었습니다. 서장 정응정 등이 소지하고 온 오랑캐의 편지[胡書]를 등사하여 송부하고, 제가 그에 대한 회답의 문구를 상의·검토하여 의견을 갖추어 올리고, 지체하지 말고 급히 달려가 계문하라는 명이었습니다. 신은 이미 국경으로 나가서 장수들에게 단단히 타일러 흩어지고 도망한 병력을 수습하고, 훈련을 실시하며 군비를 정비하여 싸우고 지키라는 명령을 받았습니다. 이것이 신의 직분이고, 오랑캐 편지에 대한 회답은 조정의 중대한 계획과 관련된 일로서, 변방의 일개 신이 비록 얕은 소견이 있다 하더라도 어찌 감히 경솔하게 아뢰겠습니까. 더구나 신은 어리석고 아둔하며 특히 여러 신하들의 아래에 있는 자가 무슨 기이한 계책이 있으며, 그 속의 논쟁에 낄 수 있겠습니까?

대신들이 자리에 있고, 비변사의 여러 관리들이 있으며, 나아가 육경과 삼사에 이르기까지 빠짐없이 갖추어져 있었습니다. 이는 신이 입시하여 대면하던 날에 거듭 성교를 받았으나, 감히 우러러 아뢰지 못한 이유입니다. 저들 오랑캐 도적은 이미 우리가 천조[天朝, 명나라]로부터 은혜를 입어 배반할 수 없는 의리가 있음을 알고 있으므로, 이에 사로잡은 포로들을 내세워 우리의 얕고 깊음을 시험하고, 병력의 위세로 협박하며, 간간이 유언비어를 퍼뜨려 사람을 손바닥 위에서 마치 갓난아이와도 같이 농락하고 있습니다. 고통스런 마음이 뼈에 사무쳐도 어떻게 하겠습니까. 우리나라는 예의(禮義)의 나라로 이름으로 천하에 알려져 있습니다. 차라리 나라가 망할지언정 '의(義)'라는 한 글자는 끝내 저버릴 수 없습니다. 신의 어리석은 소견으로는, 이번의 오랑캐 편지는 그 원문을 함께 명나라 황제의 조정에 아뢰되, 털끝만큼도 숨기거나 꺼림이 없이 그대로 보고하여 이 도적들의 협박과 우리나라가 입은 상처의 흔적을 통절히 진술하여, 그 지휘와 처분을 받아내십시요. 아울러 문서를 왕래하면서도 한편으로는 회유하여 얽어매는 방책으로 삼고, 다른 한편으로는 그 속내를 탐지하려는 뜻을 겸하십시오. 그리고 서쪽을 향하여 이에 답하기를, "천조가 우리나라에게 있어 마치 아버지와 자식 같습니다. 우리는 본래 그대들에게 털끝만한 원한도 없소이다. 천조가 군대를 징발하지 않으면 그만이고, 만일 징발한다면 이는 아버지의 명령이니, 자식이 어찌 감히 따르지 않겠습니까"라고 하십시오. 그 말의 표현을 완곡하게 하여 격노를 일으키는 데 이르지 않도록 하면, 비록 오랑캐가 인의는 부족하되 흉악하고 교활함은 넘치더라도, 어찌 우리 실정을 엿보지 않겠습니까. 대체로 천하의 일을 처리함에 있어서는 진실이 소중한 것입니다. 설사 불행한 일이 있더라도 마음에 부끄러움이 없을 것입니다. 이와 같이 하면, 천조가 재징발을 거행해도 스스로 준수할 겨를이 없다는 상황이 말하지 않아도 담기게 되며, 징발을 면해 달라고 청할 여지가 생깁니다. 미천한 신의 소견은 본래 조정의 계책을 보탤 만한 것이 못 됩니다. 그러나 이미 자문을 받은 이상 끝내 침묵하기도 어려워, 감히 눈먼 소견을 우측과 같이 아뢰옵고, 진퇴는 오직 조정에 달려 있을 뿐입니다.

그래서 우리나라의 수천 리 지방을 가만히 생각하니 임진년 이후 인구가 점차 늘어나 병력을 충원하기에도 또한 충분한 것 같습니다. 오직 사람들의 마음이 전란을 잊어버렸고, 규정은 지나치게 복잡하여 시간을 허비하며 해이하고 무기력해진 데 이르렀으며 도무지 수습할 수 없는 지경에 이르렀습니다. 변방의 소식이 들리기만 하면 오로지 도망칠 생각만 할 뿐, 책임지고 지켜 막아내려는 마음을 가지지 않습니다.

승패는 본래 군인에게는 항상 있는 일인데, 한 번의 패배로 스스로 낙담하여 끝내 다시 떨쳐 일어서지 못한다면, 예로부터 패배를 계기로 공을 이룩하고 위태로움을 안정으로 바꾸는 사람은 모두 하늘의 도움과 귀신의 보살핌에 의한 것이겠습니까. 이는 다만 스스로를 강하게 만들었을 뿐입니다.

옛날 삼국이 대치하던 시기에는 각각 수십만의 병력을 모집했고, 그 뒤 고려 말엽에 몽골의 침입과 거란의 침공, 홍건적의 난이 있었을 때에도 모두 수십만의 병력으로 마침내 오랑캐의 티끌을 쓸어내고 국토를 회복할 수 있었습니다. 그런데 유독 오늘날의 우리나라는 해를 넘겨 병력을 소집하고도 군사가 만 명에도 차지 못하며, 농민을 통제하지 못해 전장에 배치하기 부족하고, 곳곳에서 군량이 부족한 형편입니다. 당사자인 신하들은 손을 놓고 앉아 모든 일을 실제에 착수하지 못하고 어쩔 수 없다고 치부하고 있습니다. 만일 적이 남쪽으로 침입해 온다면, 장차 무엇으로 이를 막아내겠습니까.

무신배는 금과 옥처럼 조정에 가득하지만 모두 세금을 빼먹거나 뇌물로 얻은 장수로서 일이 닥치면 교묘히 회피하고 머뭇거리며 살아남기만을 꾀합니다. 이러한 무리들은 비록 수레에 싣고 와 말로 달만큼 많아도 쓸 수 없는 자들입니다. 무너진 기강을 떨쳐 세우고, 사람들의 마음을 새롭게 하며, 인재를 거두어 등용하십시오. 시대의 어려움을 널리 구제하는 일은 오직 성상의 한 번의 결단에 달려 있을 뿐입니다. 삼가 바라건대 성상께서는 이 점에 깊이 유념하시기를 바라옵니다.

장만(張晚)[145], 《洛西集》卷之二 疏箚 〈論胡書答送事宜. 仍陳所懷箚〉

伏以臣伏奉宣傳官權頤吉所傳承政院有旨[146]書狀鄭應井等持來胡書[147]謄送. 卿其所
答之辭. 商度獻議. 急速馳啓者. 臣旣受命疆場.[148] 則申飭[149]將領. 收聚散亡. 訓鍊修繕.
以戰以守. 是臣職分. 胡書之答. 係是廟堂莫重規畫. 一介外臣. 縱有淺見. 豈敢唐突.
況臣愚魯特在諸臣之下. 有何奇計. 齒論於其間哉. 大臣在焉. 備局[150]多官在焉. 以至
六卿三司. 無不畢具. 此臣登對之日. 再承聖敎. 而不敢仰達者也. 念彼伊賊. 旣知我受
恩於天朝.[151] 有不可背之義. 而因此俘虜. 試我淺深. 劫以兵威. 間以飛語. 愚弄掌上.
有同嬰兒. 其痛心切骨. 爲如何哉. 我國以禮義之稱名. 聞於天下. 寧以國斃. 一箇義
字. 終不可負. 臣愚之意. 今此胡書. 並其原文. 而敷奏帝庭. 無一毫隱諱. 因痛陳此賊
之鴟張.[152] 我國之創殘. 請得其指揮. 而兼及文書往復. 一爲羈縻之計. 一爲探詗之意.
而西向而答之曰. 天朝之於我國. 猶父之於子也. 我本無纖芥於爾. 而天朝不徵則已. 徵
則父之有命. 子敢不從乎云云. 婉曲其辭語. 不至於激怒. 則虜雖仁義不足. 兇狡有餘.
豈不覷我情實. 凡天下之處事. 貴乎眞實. 縱或不幸. 心無愧怍. 夫然則脫有天朝再徵
之擧. 自守不暇之狀. 在於不言之中. 而欲請免徵. 有餘地矣. 微臣之見. 本不足以裨補
廟筭. 而旣承詢及. 亦難終嘿. 敢陳瞽說如右. 唯在廟堂進退. 因竊惟念我國地方數千
里. 壬辰之後. 生聚之多. 亦足充伍. 唯是人心忘亂. 文具太繁.[153] 一向玩愒.[154] 以至於

---

145 장만(張晚, 1566~1629): 자는 호고(好古), 호는 낙서(洛西), 본관은 인동(仁同), 시호는 충정(忠定)이다. 검열
(檢閱)·도승지(都承旨)를 거쳐 팔도도원수(八道都元帥)·병조 판서(兵曹判書)를 역임하고, 이괄(李适)의 난
을 진압한 공로로 진무공신(振武功臣) 1등에 영의정이 추증되었다. 저서에는 《낙서집(洛西集)》이 있다.
146 유지(有旨): 조선시대 승정원의 담당 승지를 통하여 명령을 받는 이에게 전달된 왕명서(王命書).교서는
대개 문신이 제진(製進)하여 왕의 열람 또는 청문을 거쳐 하자가 없으면 이를 서사(書寫)하고 보인(寶印)을
찍은 다음 송부(送付)한다. 하지만 유지는 담당 승지가 왕으로부터 명령을 받고 그 내용을 직접 써서
자신의 직함과 성(姓)을 쓰고 수결(手決)한 다음 명령을 받는 이에게 송부하여 주는 중요한 왕명서이다.
〈한국민속대백과사전〉
147 호서(胡書): 조선시대에 여진족(후금)이 보낸 외교 문서나 편지를 뜻하며, 《조선왕조실록》과 《비변사등록》
등에서 누르하치가 보낸 편지를 의미한다.
148 강장(疆場): 국경 또는 변방.
149 신칙(申飭): 단단히 타이르고 경계하다.
150 비국(備局): 비변사(備邊司)의 약칭. 조선의 의결 기관으로, 본래를 전쟁을 대비한 비상 기구였으나 임진왜
란 때 국무 수행 기능을 이양받았고 전쟁이 끝난 뒤에도 계속 유지되면서 이후 의정부를 제치고약 350년
간 조선의 최고 국가 의결 기관이 되었다. 비변사의 회의록과 각종 중요 처결 사항을 요약 정리한 것으로
《비변사등록(備邊司謄錄)》이 있다.
151 천조(天朝): 명나라. 중화사상에 기반하여 고대 동아시아 조공 책봉 체제에서 중국의 역대 왕조가 스스로
를 지칭하던 명칭이다.
152 치장(鴟張): 솔개가 날개를 펼치는 모습으로, 군사와 정치 투쟁을 묘사할 때 사용한다. 적의 완강한 태세와
협박 자세를 비유한다.
153 문구(文具): 법문(法文)만 갖추어져 있다.
154 완게(玩愒): 시간을 허비하다.

急惰委靡.[155] 莫可收拾. 一聞邊報. 唯思竄走.[156] 不以擔當捍禦爲心. 勝敗固兵家之常道.
一敗而自沮. 終難振作. 則自古因敗爲功. 轉危爲安者. 是皆天佑而鬼助之耶. 不過自
强而已. 昔在三國鼎峙. 擁兵.[157] 各數十萬衆. 厥後高麗末葉. 蒙古之來. 契丹之侵. 紅
巾之變. 皆有兵累十萬人. 終能掃淸虜塵. 復其邦域. 獨我今日經年調集. 兵不滿萬. 而
農民無制. 不堪於上陣. 在在缺糧. 當事之臣. 束手而坐. 事事皆未着實. 付之於無可奈
何. 賊若南牧. 將何以制之. 武弁[158]輩雖金玉滿朝. 率皆繭絲債帥.[159] 臨事巧避. 首鼠偸
生.[160] 若此之輩. 雖車載斗量. 不可用也. 振起頹綱. 作新人心. 收用才能. 弘濟時艱.
只在於聖明一轉移之間. 伏願聖明. 留神焉.

《존주휘편(尊周彙編)》의 기록

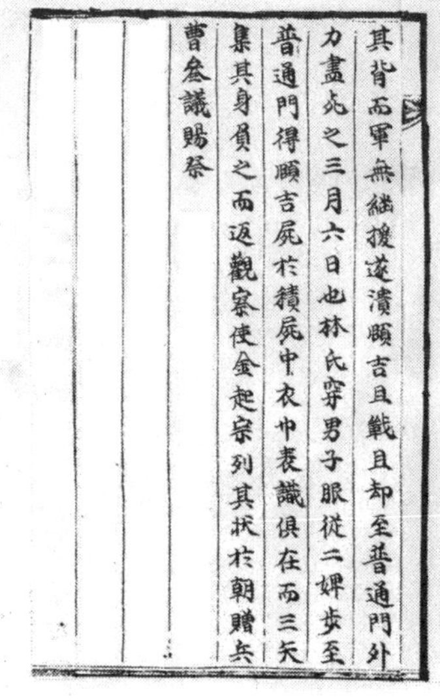

尊周彙編卷之　　　　　　　諸臣事實第二

李希建　權顧吉　俊信

權顧吉字子順安東人少業文有名間忠武公金應
河殉節深河慨然慕之遂習騎射中武科仁祖丁
卯虜陷義州朝廷震懼顧吉以備邊卽除平壤判官
聞令卽赴日此吾報國之秋也與家人訣妻林氏知
其必死手以紅錦縫戎服裹白鬚綠歸網巾以識之
至官虜騎充斥列郡望風奔潰顧吉與龍川府使李
碩建大同察訪李後天扐募散卒軍勢梢振遂與別
將鄭至窐等將五百騎擊虜於順安揮川院虜騎襲
其背而軍無繼援遂潰顧吉且戰且却至普通門外
力盡死之三月六日也林氏穿男子服從二婢步至
普通門得顧吉屍於積屍中衣中表識俱在而三矢
集其身員之而返觀察使金起宗列其狀於朝贈兵
曹叅議賜祭

존주휘편(尊周彙編)

卷之 諸臣事實第二

---

155 위미(委靡): 의기소침하다. 무기력하다.

156 찬주(竄走): 서둘러 달아나다.

157 옹병(擁兵): 군대를 장악하다. 군대를 모으다.

158 무변(武弁): 무관

159 견사채수(繭絲債帥): 견사(繭絲): 세금을 뽑아내다. 책수(債帥): 거액의 뇌물로 오른 장수

160 수서(首鼠): 진퇴를 결정하지 못하고 주저하다. 관망하다. '首鼠兩端'이라는 성어가 있다.

〈전략〉권이길(權頤吉)은 자(字)가 자순(子順)이고 안동(安東)사람이다. 어려서는 문장을 학업으로 삼아 이름이 났다. 충무공(忠武公) 김응하(金應河)가 순절(殉節)했다는 소문을 듣고 깊이 탄식하며 그를 흠모하더니 마침내 말타기와 활쏘기를 익혀 무관(武科)에 합격하였다. 인조(仁祖) 정묘(丁卯)에 오랑캐가 의주(義州)를 함락하자 조정이 놀라고 떨었다. 이길(頤吉)은 비변사(備邊司)로서 평양판관(平壤判官)에 제수되었다. 발령 소식을 듣고 즉시 부임하면서 "이것이 내가 국가에 보답할 수 있는 시간이다"라고 말하고 가족과 이별을 하였다. 아내 임씨(林氏)는 그가 반드시 죽을 것을 알고, 손수 붉은 비단을 군복 안에 넣고 꿰맨 뒤, 흰 말총을 망건에 붙였다. 관아에 도착하고 보니, 오랑캐의 기마병 수가 많아 여러 군에 퍼지자, (아군)은 기세만 보고 도주하고 궤멸되었다. 이길(頤吉)이 용천부사(龍川府使) 이석달(李碩達), 대동찰방(大同察訪) 이준천(李俊天)과 함께 흩어진 병사들을 모집하자 군세가 점점 살아났다. 마침내 별장 정지한(鄭至罕) 등과 함께 기마병 500명을 이끌고 순안(順安)의 치천원(稺川院)에서 오랑캐를 쳤다. 그러나 오랑캐의 기마병은 그들의 배후를 기습하였고, 지원군이 계속 오지 않아 마침내 궤멸하고 말았다. 이길(頤吉)은 한편으로는 싸우다가 한편으로는 퇴각하면서 보통문(普通門) 밖에 이르렀다가 힘이 다하여 죽었다. 3월 6일이었다. 임씨는 남자 옷을 입고 두 명의 몸종을 데리고 보통문까지 걸어서 도착하여 이길(頤吉)의 시신을 쌓여 있는 시신 속에서 찾았다. 의건의 표식은 모두 남아있었지만 3개의 화살이 몸에 모여 있었다. 시신을 등에 지고 집으로 돌아왔다. 관찰사(觀察使) 김기종(金起宗)이 그 줄거리를 열거하여 조정에 보고하였다. 조정에서는 병조(兵曹參議)를 증직하고 제사를 하사(賜祭)하였다.(후략)

〈前略〉權頤吉, 字子順, 安東人. 少業文有名. 聞忠武公 金應河殉節, 深河慨然, 慕之, 遂習騎射, 中武科. 仁祖丁卯, 虜陷義州, 朝廷震懼. 頤吉以備邊, 卽除平壤判官, 聞命卽赴 曰 "此吾報國之秋也" 與家人訣. 妻林氏知其必死, 手以紅錦縫戎服裏, 白鬃綠餙網巾以識之. 至官 虜騎充斥列郡, 望風奔潰. 頤吉與龍川府使李碩達 大同察訪李俊天, 收慕散卒, 軍勢稍振, 遂與別將鄭至罕等, 將五百騎, 擊虜於順安稺川院, 虜騎襲其背, 而軍無繼援遂潰. 頤吉且戰且却, 至普通門外, 力盡死之三月六日也. 林氏穿男子服, 從二婢, 步至普通門, 得頤吉屍於積屍中. 衣巾表識俱在, 而三矢集其身, 負之而返. 觀察使金起宗, 列其狀於朝. 贈兵曹參議賜祭.(後略)

《여지도서(輿地圖書)》 충청도 부여현(忠淸道 扶餘縣)

【해제】

《여지도서(輿地圖書)》는 1757년(영조33년)~1765년(영조41년)에 각 읍에서 편찬한 읍지를 모아 편집한 지방지의 총집이다. 총 55책이며 필사본으로 295개의 읍지와 17개의 영지, 진지 1개 등 313개의 지지를 수록하고 있다(39개 읍의 읍지가 누락).

이 책은《신증동국여지승람》을 수정하고 보충하기 위해 왕명으로 읍지를 수집하여 정리한 것이다. 읍지마다 대축척지도가 첨부되어 있고, 면·리 또는 읍별로 가구의 수와 남녀 인구수를 상세하게 기록하였다.

이 책은 당시 충청도에 속한 부여현(扶餘縣)의 정보를 수록하였는데,〈인물〉편 중의〈충의(忠義)〉조를 배치하였다.

〈충의〉에서는 백제의 삼충신으로서 성충, 계백, 흥수, 그리고 백제 부흥 운동을 펼쳤던 복신, 흑치상지, 지수신(遲受信)을 열거하였다. 고려의 충의의 인물로는 유일하게 이존오를 지목하였다.

이어서 조선시대에는 모두 6명의 인사를 열거하였는데, 정득렬(鄭得說), 판관 권이길(權頤吉), 황일호(黃一皓), 민여준(閔汝俊), 유명(柳蓂), 학관 장응기(張應起), 사노 개동질(介同叱)의 이름을 올렸다.

이것을 근거로 보면, 현재 부여 의열사가 배향하고 있는 충의 인물과는 차이가 있다. 의열사가 배향하고 있는 인물은 백제 삼충신, 고려 이존오, 조선 시대 황일호, 정택뢰 등 모두 6위이다.

정택뢰의 경우《여지도서》에서는 〈효자〉로 분류되어 있고, 반면에 〈충의〉에 이름이 오른 정득렬, 권이길, 민여준, 유명, 장응기, 개동질은 의렬사에 배향되지 않았다.

《여지도서》의 권이길과 관련한 기록은 다음과 같다. "판관 권이길. 정묘호란을 막다가 전사하였다. 증직하고, 정려하였다(判官權頤吉. 當丁卯胡亂, 戰亡. 贈職,

이 기록은 보면, 1757년(영조33년)~1765년(영조41년)에 부여에 이미 권이길의
정려문이 있었고, 현재의 정동리의 정려문은 영조 30년 갑술년(1754)에 중건임
을 알 수 있다.

【원문】
人物 〈忠義〉

〈百濟〉
成忠. 義慈王荒淫耽樂. 成忠極諫, 王怒囚之, 死獄中.
階伯. 蘇定方伐百濟也, 階伯與羅兵戰於黃山, 力屈而死.
興首. 義慈王時, 以罪流古馬彌知縣. 及唐兵至德物島, 興首陳戰守之策. 大臣皆曰:
"久在縲絏, 怨國, 其言不可用." 王然之. 遂至於敗.
福信. 武王之子. 義慈王旣降, 福信據周留城, 迎王子扶餘豐, 立以爲王. 引兵圍唐將
劉仁願於都城. 及劉將與羅兵合力解圍, 退保任存. 後爲豐所殺. 任存, 今大興郡也.
黑齒常之. 西部人也. 長七尺, 驍毅有謀略. 及義慈王亡, 常之與十餘人逃去, 依任存
山城, 不旬日, 衆至三萬人. 蘇定方攻不克. 唐高宗遣使招諭, 乃詣劉仁願降.
遲受信. 劉仁願至白馬江. 倭人救扶餘豐者敗, 豐脫身走, 王子與倭人皆降. 獨遲受
信據任存城, 及城陷, 奔高句麗.

〈高麗〉

李存吾. 恭愍王時, 以正言上書, 論辛旽事, 貶長沙. 後寓居于縣東石灘上, 自號石
灘, 以終其年. 忠臣旌門.

〈本朝〉

鄭得說. 麟趾之孫. 當壬辰倭亂, 以泗川縣監, 與兵使柳崇仁等出屯城外, 力戰以死.
時年二十八. 贈訓正. 萬曆間復戶. 丁酉, 肅廟溫泉幸行時, 旌閭.
判官權頣吉. 當丁卯胡亂, 戰亡. 贈職, 旌門.

<u>**(판관 권이길. 정묘호란을 막다가 전사하였다. 증직하고, 정려하였다)**</u>

黃一皓. 文敏公愼之子. 號芝所. 仁廟乙亥登文科. 丁丑, 爲義州府尹, 以尊周之義, 被害虜使. 肅廟屢贈左贊成. 諡忠烈公. 享義烈祠.

閔汝俊. 當鴻山賊李夢鶴之亂, 以討除叛民安職鄕人之功, 贈戶曹正郎, 載錄卷. 後又贈左贊成.

柳葂. 當鴻山賊李夢鶴之亂, 沈舟毀橋, 塞江路, 錄三等功.

主簿尹翊. 以忠有旌.

學官張應起. 丁酉倭亂, 蒼黃入文廟, 奉位板, 藏于櫃中, 埋於潔處. 亂定, 告官奉還. 而其後誤以校生朴種事登聞, 贈判決事. 今乙亥, 重臣以張應起事筵奏, 削朴種職, 贈張應起事判下.

私奴介同叱. 以忠奴有旌門.

〈學行〉

黃愼. 號秋浦. 早歲師事牛溪成渾, 栗谷李珥兩先生. 宣廟戊子, 登科壯元. 壬辰亂, 使日本, 有《誓海文》, 名於世. 官至戶曹判書. 光海時, 謫瓮津, 卒于配所. 仁廟贈右議政. 諡文敏公. 獨享公州滄江書院, 仍賜額.

尹揁. 八松煌之從孫. 號癡菴. 受業於從叔魯西宣擧. 姿性仁孝. 學問造詣, 與文成公拯一時齊稱. 爲親赴擧, 早登上庠. 三十而夭. 參判李選贊曰"奇花異草, 祥麟瑞鳳".

〈孝子〉
高麗

徐恭. 父得狂疾, 割脂和藥以進, 疾愈. 有旌閭.

本朝

鄭澤雷. 乙卯之禍, 抗疏極言, 謫于南海. 其母隨往謫所, 及病, 斫脂和藥. 肅廟癸巳,以孝有旌閭.

鄭千世. 澤雷之子. 年十一, 其父沒於謫所. 返櫬之日, 收其父筆札, 且割壁上手跡以歸. 隨喪一如成人. 及還舊宅, 見父遺跡, 號泣不食, 未及一旬而天. 癸巳復戶.

黃璡. 忠烈公一皓之子. 痛父非命, 廢業讀書. 從尤菴宋時烈受業. 徵拜齋郎. 號蛾述堂. 肅廟, 以孝行贈持平.

閔鎭翼. 汝俊之孫. 以孝名世. 仍廢擧業. 道臣申聞, 贈官.

柳承春. 以孝行有旌閭.

朴世龜. 母病求雉. 飛雉入懷, 歸供其母. 事聞復戶.

尹光殷. 以孝有旌.

金必能. 以孝行復戶.

金運新. 以孝行復戶.

〈烈女〉

鄭氏. 持平鄭澤雷之妻. 遭夫喪, 不釋衰麻, 頭髮斷去. 其夫所斫脂節, 未及入棺, 故衣領頃刻不離. 枕薰啜粥, 一如初喪, 終其年. 肅廟癸巳復戶.

嘉林趙氏. 判書李師命之妻也.

延日鄭氏. 李喜之妻也. 壬寅之禍, 俱沒江中. 其後自營門狀請, 旌門.

李氏. 甲士朴元亨妻. 夫疾, 斷指和藥以進, 疾愈. 事聞旌門.

良女潤德. 騎兵李順立妻. 年未二十喪夫. 及葬自決. 康熙七年旌門.

良女鵲達. 尹時雲妻也. 有旌門.

俞大儞. 光海時, 下鄉旌門. 癸巳改立. 後官至僉正. 贈左承旨.

06. 《충신열녀연정시첩(忠臣烈女延旌詩帖)》 전(全), 권오응(權五應) 편

편자 권오응(1756~1812)은 권이길의 5대 손.
표지 외, 총 82쪽, 21cm×30cm

이 시집은 권이길의 충절과 예천 임씨의 정절을 칭송하는 시를 모은 것이다.

숙종 대에 권이길에게 충신문이 하사된 이래, 순조 17년에 이르러 예천 임씨마저 열녀문을 받게 되었으니, 한 가문으로서 그 기쁨과 감회가 남달랐다. 예천 임씨의 정려문 하사에 맞추어 문중에서는 축하 잔치를 열었다.

권이길의 5대손 권오응과 6대손 권중양 등이 주도하여 가문의 후손, 경기도 일대의 문인 사대부 인사들을 초청하여 잔치를 열고 시를 모았다. 원운은 言, 原, 恩, 孫이고, 이에 화운 한 시를 합해 모두 140편이다. 시는 모두 7언 8구로 이루어진 율시이다. 잔치에 참석하지 못한 사람들은 인편으로 시를 보내왔고, 해를 넘겨서도 참여하였다.

시집은 필사본으로서, 3~4명이 필사에 참여한 것 같다.

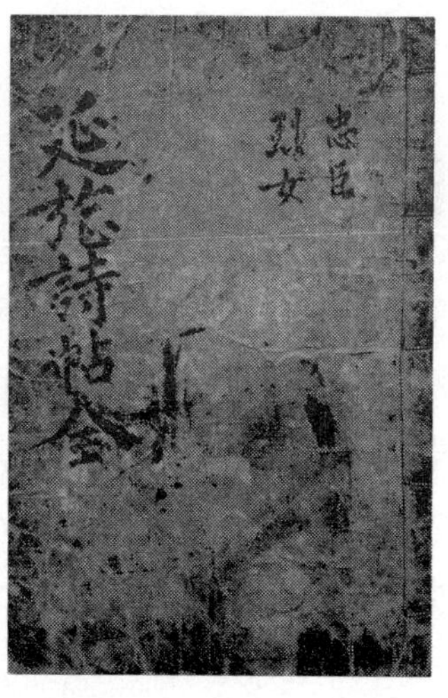

시	서문	표지

《忠臣烈女延旌詩帖》 원문은 영인 342쪽~253쪽 참고

001 무릇 위급한 때에 생명을 바치는 것은 신하의 큰 의리요, 자기 몸을 내던져 절개를 다하는 것은 부인의 정렬이다. 만약 백세에 전할 규범을 세우고 한 시대에 이름을 떨치는 일이 대의와 절개의 실천에서 비롯되지 않은 것이 없다. 그러니 천지 끝까지 만고에 이르기까지 퇴색되지 않는 자는 나라를 위해 순국한 신하와 절개를 실천한 부인뿐이다.

아아, 참의공으로 증직된 나의 5대조만은 정묘호란에 위용을 떨치셨고, 그 숙부인 임씨는 그 순절 소식을 듣고 남자 옷으로 갈아입고 길을 물어 몸소 변방의 전쟁터에 이르렀다. 그곳에는 시신이 산처럼 쌓이고 피가 흘러 몽둥이가 떠다닐 정도였다. 부인은 손으로 어지럽게 널린 시신을 헤쳐 마침내 공의 유해를 찾아냈다. 과연 이전에 작별할 때에 미리 표식으로 달아 두었던 의건의 장식이 그대로 남아 있었다. 이에 시신을 수습하여 선영에 돌아와 장사지냈다. 아, 부인은 공이 반드시 살아서 돌아오지 못할 것을 미리 헤아려 비단 장식과 말총을 표식으로 달아 두었다. 순절의 소식을 듣자 천 리 길을 걷고 넘어서 끝내 공의 유해를 찾아냈다. 이것은 탁월하고 찬란하게 빛나는 절의로서, 옛날의 남자도 해내지 못할 바이며, 역사서에도 일찍이 보지 못하였다.

그 정렬을 상상해 보면, 가을 서리와 타오르는 태양도 그 정렬보다 더하기 부족하고, 굳센 쇠와 단단한 돌도 그 절개에 비길 수 없다. 관찰사 김기종이 공의 순국을 장계로 올리니, 조정은 놀라고 애도하여 마침내 정려하고 표창하였다. 다만 부인에게는 직위를 올렸지만, 미처 정려하고 표창하는 의전이 미치지 않았으니 자손된 자로서 오래도록 한이 되었다. 정축년 가을에 이르러 도내의 젊은 학자들이 공론을 발의하여 어가 앞에서 진정하였고, 즉시로 윤허를 받아 정려의 포상을 받게 되었다. 이에 앞선 참의공의 정려와 함께 좌우에 나란히 걸리게 되었다. 참으로 당대에 보기 드문 성대한 은전이라 하겠다. 후손들은 하늘 같은 은혜에 감동하였고 지극히 다행이라고 여겼다. 국사와 야사를 차례차례 살펴보면, 충심을 다한 충신 열녀는 끝이 없이 많지만, 부부가 함께 정려를 받아 한 집안의 충신과 열녀가 함께 표창을 받은 경우는 결코 들어본 바가 없다. 공자께서 말씀하시기를, "열 개의 가구가 사는 고을에도 반드시 현명하고 능력있는 사람이 있다"고 하였거늘, 하물며 이곳 본향은 비록 지극히 작은 고을이지만, 한 집에 충신과 열녀가 함께 모여 있다. 조정의 은전과 포상으로 마침내 정려의 현판이 쌍으로 걸렸으니, 어찌 아름답지 않은가, 어찌 경사롭지 않은가! 주자께서 "이 상도를 지켜 만고에도 쇠퇴하지 않길 바란다"라고 말했으니, 신하로서 아내로서 각각 충절과 정절을 다해야 윤리가 무너지지 않았다. 태사 사마천이 이소경(이릉)의 억울함을 변호하며 말하기를, "그가 꺾이고 패한 일 또한 천하에 충분히 드러낼 만하다"고 하였다. 아아! 참의공은 충성으로 조정에 이름을 드러냈고, 숙부인은 열렬한 절개로 세상에 이름을 남겼다. 옛사람이 말하기를 "효자의 가문에서 충신을 찾는다."고 하였으니, 임씨의 정렬 또한 과연 충신의 집안에서 길러진 것이 아니겠는가. 불초한 손자 오응은 선조의 높은 덕과 절개를 추모해 보니, 그 절개는 사라지지 않고 성은은 더욱 찬란하게 빛난다. 이에 앞뒤의 일을 간략히 적고 남은 유적을 기록하여 사당을 우러러보며 조상을 그리워하는 마음을 부치고자 한다. 삼가 한 수의 율시(律詩)를 지어, 선비들로 하여금 화답 시를 짓게 하는 서문으로 삼을 뿐이다.

충신문과 열녀문이 한 가문에 빛나고	忠烈幷旌耀一門
임금의 총애를 받들어 역사에 이름이 남았네	承天寵命史垂言
정렬의 마음은 이미 유해를 거두며 나타났고	貞心已著收遺體
절의는 거친 들판의 시신 수습과 견줄만하네	節義堪論衷隰原
삼품의 청함으로 함께 증직되었고,	三品淸啣同贈秩
두 개의 현판이 걸려 임금의 은혜 독차지 했네	雙懸棹楔獨偏恩
충신 열녀의 당당한 의지	忠臣烈女堂堂意
윤리와 상도를 일켜 세우고 후손에게 전하네	扶植倫常詔後孫

夫臨危授命臣子之大義也. 委身致節婦女之貞烈也. 若乃樹風聲於百世[161] 塗身目於一代者, 莫非大義貞烈中所由行也. 則窮天地 亘萬古[162]而不墜者 知是爲臣殉國爲歸效烈者而已, 嗚呼 我五代祖贈參議公 立懂於丁卯胡亂[163] 而其淑夫人林氏聞其殉節 換着男服從問道 躬赴楡塞[164]戰場之所 則積屍如山 流血漂杵[165] 夫人手翻亂屍 識得公之遺體 果是前日臨別之時 有所衣巾表餙者而返葬於先塋 噫夫人預料公之必死不還

---

161 수풍성(樹風聲): 수지풍성(樹之風聲). 교화하다. 미풍양속을 널리 선양하다. 도덕 규법을 수립하다. 《尙書·畢命》《尙書·畢命》의 "彰善癉惡, 樹之風聲"에서 나온 것이다.
162 궁천지, 궁만고(窮天地 亘萬古): 천지 끝까지, 만고에 이르기까지
163 입근(立懂): 위용을 떨치다.
164 유새(楡塞): 유관(楡關), 산해관(山海關)의 별칭, 여기서는 북쪽 변방 요새를 가리킨다.
165 유혈표저(流血漂杵): '杵' 는 몽둥이. 피가 많이 흘러 몽둥이가 떠다닐 정도라는 뜻이다.

乃以表飾段縈 及聞殉節 跋涉千里 必得公之遺體, 節義之卓越炳烺 節義之卓越炳烺, 而史乘之所未嘗見也.

想像其貞烈則秋霜烈日 不足以加其烈也, 剛金勁石[166], 不足以比其節也. 新伯金起宗公狀 聞公之殉國 而朝家驚悼, 竟爲旌褒. 贈秩夫人[167], 則未遑褒揚之典[168]. 爲子孫者飮恨久矣. 逮至丁丑之秋 道內章甫[169] 純動公議 陳章於 駕前 卽獲蒙 允旌褒 與前人 參議公之旌閭 雙懸左右 眞曠世盛典也[170] 後裔之感頌 天恩 慶幸[171]無地矣 噫 歷稽國乘野史 忠臣烈女何限其效節[172], 而至若夫婦幷旌一門忠烈褒揚者 絶無聞也 孔夫子曰「十室之邑必有忠信」[173]顧此本鄕 最爾小邑. 忠烈幷萃於一室 朝家之恩褒 竟至於雙懸棹楔 豈不休哉 豈賦哉 朱夫子曰幸玆秉彝 極天罔墜[174] 爲臣爲婦 各盡忠烈者 彝倫之不墜也 太史氏訟李少卿之寃[175]曰其所摧敗亦足暴於天下 嗚呼 參議公以忠顯於 朝 淑夫人以烈名於世 而古人云求忠臣於孝子之門 林氏之烈 其果培養於忠臣之家乎 不肖孫五應追感 先德之烈 烈不泯而 聖恩之爀爀愈光 略敍前後 遺蹟 以寓羹墻之慕焉[176] 謹構一律 俾作章甫 賡和[177]之序耳

---

166 강금근석(剛金勁石): 굳고 단단한 금석.

167 증질(贈秩): 직급을 올리다.

168 미황(未遑): 돌아볼 겨를이 없다. 미치지 못하다.

169 장보(章甫): 은상(殷商) 시기 남자가 쓰던 갓. 성년 남자의 신분을 드러내는 표식

170 광세(曠世): 당대에 비교할 수 없다. 당대에 보기 드물다.

171 경행(慶幸): 의외로 얻은 결과로 기뻐하다.

172 하한(何限): 얼마나. 무한하다.

173 십실지읍(十室之邑): 겨우 10개 가구가 사는 작은 고장.《論語语·公冶長》“열 개 가구가 사는 고장에도 반드시 현명하고 능력이 있는 사람이 있다(十室之邑, 必有忠信)”에서 나온 말이다.

174 병혁(秉彝): ‘혁(彝)’은 상도(常道), ‘秉’은 지키다. 상도를 지키다.《詩經·大雅·烝民》: “民之秉彝, 好是懿德”에서 나온 말이다. 주자(朱子) 四言詩 “다행히 상도를 지키는 것을 만고에도 잃지 않았다. 옛 전언을 모았으니 후손들이 깨우치길 바란다.(幸玆秉彝, 極天罔墜. 爰輯舊聞, 庶覺來裔)”

175 태사씨(太史氏): 한나라의 사마천(司馬遷). 이소경(李少卿, ?~BC74): 이릉(李陵)의 자. 이릉을 한무제 때 감숙성에 파견되어 흉노족을 방어하던 장수였다. 흉노군과 전투하며 1만여 명을 사살하였으나, 끝내 군량이 떨어지고 화살이 다하며 구원군마저 이르지 않아 항복하고 말았다. 무제는 이릉이 선우에게 한나라의 군사 대비책을 가르쳤다는 유언비어를 잘못 믿고 그의 일족을 멸하였다. 무제는 처음엔 이릉이 전사한 줄 알았다가 항복 소식을 듣고 분노하여 진보락을 문책했고, 진보락은 자살하였다. 조정의 대신들이 이릉을 비난하자, 태사령 사마천은 이릉을 변호하며 그의 충성과 용맹을 극찬하였다. 그러나 무제는 이를 이광리를 헐뜯는 말로 여겨 사마천을 옥에 가두고 궁형에 처하였다. 흉노의 왕 선우는 이릉의 재능을 높이 평가하여 딸을 그에게 시집보내고 우교왕(右校王)으로 삼아 흉노의 귀족이 되게 하였다. 한 소제가 즉위한 뒤, 흉노에 사신으로 보내 이릉을 불러들이려 하였으나, 이릉은 “대장부는 다시는 치욕을 당할 수 없다”는 이유로 이를 거절하였다. 이릉은 흉노에서 병으로 사망하였다.(《한서(漢書)·이릉전(李陵傳)》요약)

176 갱장(羹墻): 선현을 향한 지극하고 깊은 사모(思慕)의 정을 비유하는 말이다.《후한서(後漢書)·이고전(李固傳)》에 기록한 전고(典故)에서 나온 것이다. 순임금은 요임금의 덕을 그리워하여 “앉아 있으면 담장에 요임금이 보이고, 밥을 먹으면 국물 속에서 요임금이 보인다(坐則見堯于墻, 食則睹堯于羹)”는 환영을 떠올렸다고 한다.

177 갱화(賡和): 다른 사람이 지은 시의 원문이나 제의(題意)를 따라 화답하며 지은 시를 말한다.

忠烈幷旌耀一門 承天寵命史垂言 貞心已著收遺體 節義堪論衰隰原[178]
三品淸啣同贈秩 雙懸棹楔獨偏恩 忠臣烈女堂堂意 扶植倫常詔後孫

五代孫五應[179]謹稿

002 숭정 기원후 4번째 정축년(1817년) 10월 임진일은 바로 선조비 숙부인 예천 임씨가 열녀문을 하사받은 날이다. 아, 백여 년 전의 정렬이 백여 년 후에야 정려되었구나. 대개 하늘과 땅을 지탱하는 의리와 가을 서리와 뜨거운 태양 같은 절개는 결국 소멸되지 않는 이치를 가지고 있고, 또한 정렬의 마음과 뛰어난 행실은 군자의 순수한 충성심에 조금도 부끄럽지 않다. 이로써 한 시대에 부부가 나란히 백년 후에 함께 선양이 되었으니, 어찌 찬란하지 않으며, 어찌 위대하지 않겠는가!

아 인조 정묘년에 오랑캐의 난리가 일어났을 때, 나의 선조이고 참의로 증직된 공께서 새로 평양판관에 제수되었고, 명을 받자 즉시 부임하셨다. 선조비 숙부인께서는 그가 반드시 죽어 다시 돌아올 마음이 없음을 알고서 붉은 비단과 흰 말총으로 옷과 두건에 표식을 하여 전송하셨다.

과연 공께서는 기병 5백을 거느리고 오랑캐를 공격하다가 힘이 다하여 보통문 밖에서 순절하셨다. 숙부인께서는 남자 옷을 입고 길을 걷고 물을 건너 도착하였다. 손으로 어지럽게 널린 시신들을 뒤져 옷과 두건의 표식을 가지고 공의 유체를 찾아내어 업고 돌아와 선영에 장사지내셨다.

선조께서 순절하신 뒤에 조정에서는 그 주검을 칭송하였고, 전후로 증직과 정려가 두루 갖추어졌다. 그러나 선조비의 정절에 대해서는 당시 관찰사의 장계에 그 사실이 열거되지 않았다. 또한 가승을 살펴보니 여러 세대에 걸쳐 고아와 과부가 이어져 진정서를 작성하여 주상의 은전을 간청할 겨를이 없었다. 놀랍게도 불초한 나까지 육대가 지나갔다. 해가 갈수록 사적이 점점 미미해질까 염려하였지

---

178 원습부(原隰裒): 원습(原隰): 넓은 평원과 낮고 습한 땅을 가리키며, 일반적으로 황야를 말한다.
　부(裒): 손으로 흙을 파서 시신을 수습해 광주리에 모으다는 뜻으로, 여기서는 야외에서 형제의 시신을 찾아 수습하는 행위를 가리킨다. 생사존망의 위기 속에서, 형제들이 자신의 안위도 돌보지 않고 광야를 헤매며 서로의 시신을 찾고 수습하는 모습을 그린 것이다.
　이 문구는 《시경(詩經)·소아(小雅)·상체(常棣)》의 "넓은 들판과 습한 땅에서 형제들이 모여 땅을 파고 있으며, 서로를 찾고 있다(原隰裒矣, 兄弟求矣)"에서 나온 것이다.
179 권오응(權五應, 1756~?): 권이길의 5대손.

만 매번 선열의 공적이 칭송을 받지 못하는 것을 지극히 한스럽게 여겨왔다. 그래서 올가을 능행 때에, 충절을 추앙하는 원근의 선비들이 나의 선조비를 포상하고 정려할 것을 한목소리로 진정하였다. 상께서 그 요청을 윤허하시고, 특명으로 정려문을 하사하였다. 그리하여 옛날의 정렬이 하루아침에 찬란하게 빛나니, 옛사람들이 '백년을 기다린 것은 본래 오늘의 일을 생각한 것이다'이다 또한 선조고와 선조비의 충렬이 함께 드러나 누추한 집 앞뒤로 두 개의 정려문이 있는 것은 천고에 드문 일이고, 사가의 커다란 영광이라고 생각한다.

나는 이에 슬픔과 기쁨을 이길 수 없어 망령되이 한 수의 시를 지어 옛일을 감회하는 뜻을 담았다. 이를 보는 이들은 그 졸렬함을 용서하고, 문장이 부족하다고 하여 그 뜻까지 버리지 않기를 바란다.

摻摻取骨普通門	가녀린 손으로 보통문에서 뼈를 추리면서
往事傷心尚忍言	지난 일로 마음이 괴로워도 말을 참는다
己料丹忠爲殉國	붉은 충성심으로 나라를 위해 죽을지 미리 알았지만
卻教紅段辨衰原	도리어 붉은 비단을 가지고 풀밭의 시신을 분별하도록 했네
百年義烈寧淪蹟	백년의 의렬은 설령 유실될지라도
一體旌褒更荷恩	함께 표창을 받았으니 도리어 은혜를 입었구나
實賴同聲章甫力	실로 목소리를 같이한 선비들의 힘에 의지하여,
闡揚先美愧雲孫	선대의 미덕을 선양하였으니 후손으로서 부끄러울 뿐이다.

불초손 중양 삼가 쓰다.

崇禎紀元後四丁丑十月壬辰卽我　先祖妣淑夫人醴泉林氏旌烈之日也　嗟乎　烈於百餘季之前　而旌於百餘年之後　蓋撑天亘地之義　秋霜烈日之節　終有不泯之理　又其貞心卓行　無愧於君子之純忠　而于以匹伍於一時同顯於百世者　豈不煥乎　偉乎哉　嗚乎　粤在　仁廟丁卯　虜難　余之　先祖考　贈參議公　新除　平壤判官聞　命卽赴　先祖妣淑夫人知其必死, 無還心　以紅緞白襪表識, 衣巾而送行矣. 公果以五百騎擊虜力盡致命於普通門外　淑夫人身穿男服, 跋涉蹄遠, 手飜亂屍, 以衣巾之表, 得公遺體　負而返葬于　先塋　先祖殉節之後　朝家之隱卒[180]　贈旌前後備至　而至於　先祖妣貞節其時道臣之　啓未及倂

---

180 숭종은졸(崇終隱卒): 의로운 죽음을 애도하고 숭배하다.

列, 其事且以家乘考之 累世孤寡 未遑上陳本狀仰乞 恩命而逮至余不肖居然六世矣
竊恐秊代愈遠事蹟寢微而而每曰先烈之不得揄揚爲至恨矣 迺於今秋陵幸時 遠近慕義
之士 以余 先祖妣褒旌事齊聲陳章自

上允從其請 特命棹楔而昔時貞烈 一朝煥炳 古所稱百世以後者定道今日事 而且想
先祖考妣之併著忠烈弊廬前後之雙門閭 實是千載之稀有 而私門之大榮 余於是不勝
悲喜 妄搆一律以寓感舊之懷 覽之者 恕其拙陋 以不以文廢其意焉

掺掺取骨普通門
往事傷心尚忍言
己料丹忠爲殉國
卻敎紅段辨衰原
百年義烈寧淪蹟
一體旌褒更荷恩
實賴同聲章甫力
闡揚先美愧雲孫

不肖孫 中養[181]謹識

003

선현의 아름다운 인품은 이 가문과 어울리고	先賢令德配斯門
열녀 부인 충신 남편은 대중의 칭송을 받는다	婦烈夫忠採衆言
시운이 위태롭고 쇠약한 순국의 땅	星日危衰殉國地
추상 같은 기세와 절개로 시신을 등에 진 풀밭	秋霜氣節負屍原
두 개의 현판이 걸리니 사사로운 분수 넘치고	雙懸棹楔侈私分
삼품의 특별한 영예로 성은을 입은 것이네	三品殊榮荷聖恩
태산과 북두 같은 훌륭한 명성이 역사에 기록되어	山斗芳名登竹帛[182]
천년동안 썩지 않고 후손에 전해지네	千年不朽詔雲孫

---

181 권중양(權中養, 1764~1824): 권이길의 6대손. 자는 성호(聖浩), 순응(順應)의 친자이나, 백부 건응(健應)에게
　　출계.
182 산두(山斗): 태산과 북두의 합칭. 명망이 있거나 탁월한 성취를 이룬 인물을 비유한다. 죽백(竹帛): 죽간과
　　비단의 기록이었으나, 나중에 역사책이라는 의미로 변화하였다.

육세손 중익 삼가 쓰다   六世孫 中益 謹稿

004

두 개의 정려문이 천년동안 찬란히 빛나고	千秋炳烺兩旌門
현판에 당당하게 충렬이 기록되어 있네	忠烈堂堂橡筆言
성이 무너질만한 절개와 의리가 짝을 이루었고	貞節匹休城崩杞
근심 걱정에도 굴하지 않고 황무지로 뛰어들었네	危忱不下汨投原
비단과 말총을 달면서 순국을 감지하였지만	緞鬃縫飾知殉國
전후로 표창을 받으니 은전에 감축을 드리네	前後褒揚感頌恩
여사편 속에 들어가서 명성이 높아졌으니	女史編中名價重[183]
아 영원토록 후손에게 전해지리라	猗歟永世且傳孫[184]
6세손 중대 삼가 쓰다.	六世孫 中大 謹稿[185]

005

한폭의 서신이 닫힌 문을 두드렸고	一幅琅函叩閶門[186]
황공하게도 신하 어떤 사람 상소를 올렸네	誠惶臣某上其言[187]
슬픔을 감내하며 남자 옷을 입고 천리를 거쳐	堪悲男服經千里
충성스런 영혼을 거두어 무덤에서 위로했네	好返忠魂慰九原[188]
상자 속의 흰 말총 두건은 절개를 남겼고	在笥白鬃留苦節
빛나는 정려문의 붉은 난간에 특수한 은전이 넘치네	耀閭丹楯侈殊恩
백년만에 다시 선조의 미덕이 널리 드러나니	百年復見揚先美
옛일을 생각하며 현실을 통탄하는 칠대손이여	感古傷今七世孫[189]
7세손 체인	七世孫 體仁[190]

---

183 《여사편(女史篇)》 동한 시기 채옹이 편찬한 여자 계몽서
184 의여(猗歟): 찬미의 감탄사
185 권중대(權中大): 화천군파 부사공지파 31세, 자는 화지(化之), 오응(五應)의 아들
186 낭함(琅函): 책상자. 전적, 서신
187 성황(誠惶): 진실로 황공하옵니다. 상소문의 상투적인 말. 誠惶誠恐의 줄임말.
188 구원(九原): 무덤. 구천황천(九泉黃泉)
189 상금(傷今): 오늘의 현상에 대하여 불만을 가지다. 현실에 대하여 통탄하다.
190 권체인(權體仁, 1789~1853): 자는 낙원(樂元), 권중양의 아들

006

안개 구름이 여전히 옛 성문을 휘감고	愁雲尙結古城門[191]
처음 종군인지라 거듭 두려운데 오랑캐는 말할 수 조차 없네	復恐初從虜難言
정령 옷속의 붉은 비단을 기억하는데	記取丁寧紅緞服[192]
시신을 업어 돌아와 유좌(酉坐)의 백양원에 모셨다	負歸酉坐白楊原
이미 5대가 지나도 유물이 남았으니	已過五世餘遺澤
멀리 구천을 향해 은혜에 감사를 드린다.	遙向九天拜感恩
다행히 백년 후에 충신과 열녀 현판이 걸렸으니	自幸百年雙美揭[193]
감히 충효가 후손에게 이어졌다고 말하네.	敢云忠孝繼來孫
7세손 우인.	七世孫 遇仁[194]

007

불행하게 보통문에서 천수를 다하였으니	天時不幸普通門
세 개의 화살이 심장을 뚫을 것을 차마 다시 말로 할 수 없네	三矢傷心復忍言
선조의 정렬과 충정은 동국의 역사에 남고	先祖貞忠東國史
부인의 대의는 무사와 (버금가네)	婦人大義武夫○
흰 말총이 우리 문중의 보물로 남아 있고	白鬃留作吾宗寶
붉은 정려문은 두루 주상의 은전을 입었네	丹楔徧蒙聖主恩
한 자리에 애환이 뒤섞여 있으니	一席悲歡交集至
옛 가문 풍채가 못난 후손을 부끄럽게 만드네	故家飄采愧屛孫[195]
7세손 보인	七世孫 輔仁[196]

008 삼가 차운하다 　敬次

충신과 열녀가 당당하게 한 가문을 찬란하게 만들었다고	忠烈堂堂耀一門
관서지방의 군사와 여인은 지금까지 칭송하고 있네	關西士女至今言
의건을 증거로 삼고자 미리 옷깃에 꿰메었고	衣巾驗得曾縫領

---

191 수운(愁雲): 근심을 불러 일으킬 안개구름.근심어린 얼굴 빛
192 기취(記取): 기억하다 정령(丁寧): 정성스럽게.
193 쌍미(雙美): 두 가지의 미덕. 여기서는 충신과 열녀를 이른다.
194 권우인(權遇仁): 권중양의 아들.
195 잔손(屛孫): 못난 후손
196 권보인(權輔仁, 1797~?): 자는 우이(友而), 생부 권중용(權中龍), 재종숙 중근(中謹)에게 출계

옛 전장의 들판에서 육신과 혼백을 거두어 돌아왔네　　　　　體魄收來舊戰原

그날의 사건으로 절의가 한꺼번에 칭송을 받았으니　　　　節義倂稱當日事

영령도 주상의 은전에 응당 감사하리니　　　　　　　　英靈應感九天恩

두 개 정려문이 걸리는 결말에 이르렀으니　　　　　　雙懸棹楔成始終

놀랍게도 업적이 육세손에 쌓였구나　　　　　　　　積累居然六世孫

지군사 이헌규 삼가 쓰다　　　　　　　　知郡事 李憲圭[197] 謹稿

009 금상(순조) 정축년 겨울, 집안 조카 중양이 선조비 임씨의 열녀문의 은전을 받았다. 참의공에 증직된 그 선조의 정려문에 이어서 함께 정려되었다. 감사를 표시하는 의도를 가지고 7언 율시를 짓고 화답시를 구하였다. 병 때문에 시를 지으며 노는 것을 그만두었지만, 사안이 성대한 행사와 관계가 있고 또한 간절하게 바라기에 형편없는 능력을 잊고 응하였다.

今上丁丑冬族姪中養 蒙受其 先祖妣林氏棹楔之典與其 先祖 贈參議公閭後先共旌
也 以識感之意 賦七律求和 病廢吟弄 事係盛擧 且爲力懇 忘拙而應之

한 가문에 충신과 열녀와 모두 있으니　　　　　　　烈女忠臣共一門

정려와 포상이 연속되었다며 나라 사람들이 칭송하였네　　旌褒仍用國人言

죽음을 미리 알고서 바느질로 특수하게 만들었으니　　殉身已料裁殊製

시신을 업고 고향으로 돌아가는 것도 가능했네　　　負屍猶能返古原

포상과 장려 예전보다 적었다고 말할 수는 없으며　　酬獎非云前日少[198]

올해의 은전은 숨은 공적을 보다 더 드러낸 것이로다　　幽潛益彰是年恩

어질고 현명한 사람은 결국 사라지지 않으니　　　仁賢未有終陵替[199]

보답을 받은 훌륭한 명성이 후손을 힘쓰도록 만드네　　受報令名勉後孫

족종 비응 올리다　　　　　　　　　族從 丕應[200]拜

---

197 이헌규(李憲圭, 1759~?): 조선 정조 당시 관리, 목사. 知郡事는 군수에 해당

198 수장(酬獎): 장려하고 상을 주다.

199 능체(陵替): 퇴락하다. 사라지다.

200 권비응(權丕應, 1754~1831): 이조참판, 대사헌 등을 역임. 안동권씨 화천군파 정헌공지파 30세

010 집안의 조카 중양의 집안에서 충신문을 받은 것은 옛날 일이었는데, 또 금년 10월에 새로 임씨의 열녀문이 옛 충신문의 좌측에 걸렸다. 바로 참의로 증직된 공의 배우자이고, 중양의 6대조비이다. 그녀는 위험과 어려움을 피하지 않고 하늘이 부여한 것에 마음을 다하였다. 뛰어난 절개로 백년 후에 마침내 포상과 은전을 입어 참의공의 충절과 함께 밝게 빛나게 되어 효손에게는 유감이 없고 우리 종중으로는 대단히 다행이다. 중양이 시를 지어 슬픔과 기쁨을 표현하니 원근의 선비들이 모두 여기에 화답하여 훌륭한 시가 시축에 가득찼다. 대개 이는 특별히 뛰어난 절개로서, 세대를 뛰어넘어 서로 호응하였고, 사람의 감정을 대대적으로 발견할 수 있다. 나는 중양과 함께 화천(군)파 출신이고 친족이 가깝게 9대가 함께 살았다. 비록 옛 의리에 비추어보면 부끄럽지만, 평소 우러러보며 사모하는 마음은 다른 사람들과는 비교할 수 없다. 지금 축하의 시에 대해 화답함에 있어 거칠고 부족함 때문에 노래하지 않고 침묵할 수는 없었다. 이에 능력이 부족함을 잊고 따라 화답한다.

族姪中養之家表閭以忠古也　又於是歲十月新揭烈女林氏之門　祔于舊楔之左　寔是贈參議公之配　而在中養爲六世　祖妣也　其不避危難　盡心所天　固有卓絶之烈　而百年之後　竟蒙褒典　得與　參議公忠節　同爲彰明　在孝孫無憾　而吾宗之幸大矣　中養有詩以志悲喜　遠近章甫率皆和之　瓊韻盈軸　蓋特異之節　曠世相感　而人情大可見也　余與中養俱出花川派同　而族近九世同居　雖愧古誼　平日景慕非比他人　今於賀詩之賡韻　不可以荒蕪　廢吟一例泯默　兹以忘拙追和

산세가 약해지고 물이 고갈된 옛 군막의 깃발	山衰水咽古牙門[201]
나의 조심스런 생각에 감히 말을 할 수 없다.	我思急急未敢言[202]
어찌 울음이 천리 멀리 퍼졌던 땅이	豈謂鳴方千里地
도리어 유골을 수습하는 이릉원(二陵原)이었다고 말하랴	反成收骨二陵原
여인은 목숨을 바쳐 절의를 다할 수 있었고	婦人出死能殫節[203]
국가의 열사는 목숨을 바쳐 은혜를 갚았네.	國士損生己報恩[204]
옛 충신문과 새 열녀문으로 두 미덕을 갖추었고	舊楔新旌雙美具

---

201 아문(牙門): 장군의 장막 앞에 세운 기치.
202 각각(急急): '悋'과 같은 글자. 조심하고 공경하다.
203 출사(出死): 목숨을 바치다. 탄절(殫節): 절의를 다하다.
204 국사(國士): 한 국가에서 용기가 뛰어난 인물

밝게 드러난 충절과 열의가 후손에게 길이 전해지리라　昭垂忠烈永貽孫

종말 이응 삼가 쓰다.　　　　　　　　　　　　　宗末　以應[205]　謹稿

011 삼가 집안 선조 내외 충신 열녀 시에 차운하다　敬次　族祖內外忠烈韻

충신과 열녀가 한 가문에 함께 빛냈고　　　　　　　　忠烈幷爲爀一門

흰 말총과 붉은 비단이 세상 사람들의 입에 전해진다　白鬃紅緞世傳言

의로움을 선택하여 오랑캐 장수의 소굴을 찾아갔고　熊魚辦取胡酋窟[206]

전쟁터에서 육신과 혼백을 거두어 왔네　　　　　　　體魄收來士馬原[207]

당시의 사건이 소멸되어 탄식 뿐이었으나　　　　　　泯沒當時嗟美事[208]

오늘에 이르러 표창을 받아 임금의 은전에 감격하노라　褒揚今日感君恩

5대 후에 영예를 얻은 것이 이 누구의 정성인가　　　追榮五世伊誰悃[209]

우리 문중의 이런 가문에 이런 후손이 있네　　　　　有是吾宗有是孫

무인년 늦은 봄 3월 상순 족손 선응 삼가 쓰다　戊寅暮春上浣族孫　善應　拜稿[210]

012 삼가 차운하다　　　　　　　　　　　　　　　敬次

명문가에서 성장하여 인품 있는 가문으로 들어왔고,　養在名家入德門

일찍이 경서와 사서를 통달하여 아름다운 가르침을 받들었네. 早通經史服徽言

연약한 몸이 위험을 마주하고도 강철처럼 굳세었고　柔腸遇險成剛鐵

하늘에 가득한 큰 절개를 가지고 길과 들판으로 나섰다.　大義彌天出道原

절개를 다하고 충성을 다함이 둘이 아니었으며,　　效烈效忠非二致

전후로 정려문을 받으니 특별한 은전이었네　　　　旌前旌後摠殊恩

벼슬의 옛 고을에 명성이 드날리니,　　　　　　　王官古里風聲振

205　권이응(權以應1, 760~1822): 자는 재심(在心). 안동권씨 화천군파 참봉공지파 30세

206　웅어(熊鱼): 가치 균형과 도덕적 선택을 말한다. "물고기와 곰 발 바다은 같이 얻을 수 없다.(魚與熊掌不可
　　得兼)"라는 말에서 온 것으로 함께 획득할 수 없는 사물을 비유한다. 《孟子·告子上》 "물고기는 내가 바라
　　는 것이다. 곰 발바닥 역시 내가 바라는 것이다. 두 가지는 겸할 수는 없다. 물고기를 버리고 곰 발바닥을
　　선택해야 한다. 생명은 내가 바라는 것이고, 의리 역시 내가 바라는 것이다. 이 둘을 겸할 수는 없다.
　　생명을 버리고 의리를 선택해야 한다(魚, 我所欲也; 熊掌, 亦我所欲也. 二者不可得兼. 舍魚而取熊掌者也. 生,
　　亦我所欲也; 義, 亦我所欲也. 二者不可得兼, 舍生而取義者也)"에서 나온 전고이다.
　　호추(胡酋): 오랑캐 장수

207　사마원(士馬原): 병마(兵馬), 군대의 들판. 전쟁터

208　민몰(泯沒): 소실되다. 사라지다. 차(嗟): 탄식하다. 미사(美事): 칭송할 사건

209　곤(悃): 진실로 간절하다.

210　권선응(權善應, 1739~?): 안동권씨 부사공지파 30세

그가 우리 문중의 맏장손이로다.　　　　　　　　　　　爾是吾宗老長孫

족손 복응 삼가 짓다　　　　　　　　　　　　　　　　族孫 福應 拜稿[211]

013 삼가 차운한다　　　　　　　　　　　　　　　　謹次

6대 후의 추가 정려는 충렬의 가문을 빛냈고　　　　六世追旌卓烈門

비단과 망건은 여전히 전송할 때의 말을 기억하고 있다.　緞緅猶記送行言

육신으로 패수를 지난 길마다 구름이 처량하고　　　身經浿上雲凄路

상여가 관서에서 돌아오는데 달이 들판을 애도한다.　櫬返關西月弔原

전쟁을 만나 서로 천고의 절개를 바치고　　　　　　臨亂互成千古節

곧은 지조를 표창하신 두 왕조의 은전을 받았네.　　褒貞持荷兩朝恩

흥망성쇠로 시간이 지나도 감회가 더욱 깊어지고　　衰榮終始知多感[212]

붉은 정려문이 이렇게 찬란하게 후손에게 존경을 표시하네　丹楔斯煌拜後孫

성상 즉위 18년 정축 전주 이유일 삼가 짓다

　　　　　　　　聖上卽祚十八年丁丑 全州 李惟一 拜稿

〈참고〉《일성록》순조, 순조 17년 정축(9월 26일)

경기의 유학 **이유일(李惟一)** 등이 증 참판 권이길(權頤吉)의 처 임씨(林氏)의 정조와 열행에 정려해 달라고 청했습니다. 임씨는 지아비 권이길이 전장에 나가 반드시 죽게 되리라는 것을 알고, 건복(巾服)에 장식을 달아 표시해 두었습니다. 그러고는 지아비가 죽자 몸소 남자의 복장을 하고 직접 쌓인 시체 더미로 가서 권이길의 시신을 찾아내어 업고 돌아왔으니 이 일이《존주휘편(尊周彙編)》에 기재되어 있습니다. 정절을 굳게 지킨 그 행동은 예로부터 드문 훌륭한 일입니다. 그러나 기리고 장려하는 은전이 그 지아비에게만 내리고 부인은 홀로 민멸되어 전하지 않았으니 이는 조정의 은전이 결여된 부분입니다. 정문을 내리는 것이 사의에 합당할 듯하나 은전에 관계된 일이니 상께서 재결하시는 것이 어떻겠습니까?

京畿幼學李惟一等爲贈參判　權頤吉妻林氏貞烈請旌閭矣林氏知其夫頤吉之赴戰必死餙其巾服表以識之及其夫之死身穿男子服躬至積屍中搜出頤吉屍負而還來事載尊周彙編烈哉其行卓矣罕古而褒奬之典及其夫而其婦獨自泯然無聞此爲朝家之闕典施以棹楔恐合事宜而事係恩典請上裁

---

211 권복응(權福應, 1767~?): 안동권씨 부사공지파 30세
212 쇠영(衰榮): 흥망성쇠(盛衰), 고영(枯榮). 終始: 시작과 끝, 사물의 변천

014 친구 권성호 군 6대조 할머니 열녀문 축하시에 받들어 화답하다

奉和權友聖浩甫²¹³六世祖妣 旌門賀詩韻

충신 가문에 부끄럽지 않은 아내가 있어	有妻不愧忠臣門
《존주휘편》은 역사를 기록하였다.	彙編尊周史載言
황량한 변방으로 굳은 살 박힌 발걸음을 옮기고,	關塞蒼黃繭足步²¹⁴
옷과 두건이 또렷이 남아있는 시신이 들판에 쌓여 있네	衣巾明白積骸原
여러 고을사람들은 함께 추모하며 공론을 제시하였고	列州同慕看公議
옛 마을은 추배의 특별한 은전을 맞이하네	故里追旌仰特恩
이것을 따라 행인들은 다시 전철을 본받으며,	從此行人重式轍
선대의 아름다운 행적을 가지고 오늘의 후손을 격려한다네	先休以勖在今孫²¹⁵
광산 김준 삼가 짓다	光山 金墫(김준) 謹稿

015 권성호의 정문 시에 받들어 화답하다   奉和權聖浩 旌門韻

별과 태양처럼 충렬문이 나란히 빛나고	星日雙輝忠烈門
당당한 유적은 말로 표현할만 하도다	堂堂遺蹟正堪言
성을 무너뜨릴 만한 눈물이 망건을 모두 적시고	鬃巾濕盡崩城淚
의연한 혼백은 전쟁터에서 수습되어 돌아왔네	毅魄收歸裹革原
절개라는 명성이 영원히 드리우고	孤節芳名垂永世
전후의 정려와 표상은 큰 은전을 받은 것이네.	前旌後表荷洪恩
오늘의 성대한 잔치로 선조의 유지를 받들고	于今盛擧遵先志
현명함과 효성이 전래되어 훌륭한 후손으로 이어지네.	賢孝傳來克肖孫
친구 이도풍 삼가 짓다.	友人 李道豊 謹稿

016 삼가 차운한다   敬次

우리 동쪽 나라에서 누가 이 가문을 칭송하지 않으랴	吾東孰不式斯門
열녀 부인과 충신 남편은 모두 언급할 가치가 있네.	婦烈夫忠兩足言
지혜로운 안목으로 미리 예측하고 씩씩한 의지를 취해	慧鑑先推取熊志²¹⁶

---

213 권성호(權聖浩): 성호는 권중양(權中養)의 자.
214 견족(繭足): 굳은살 박힌 발
215 선휴(先休): 선대의 훌륭한 업적. 선왕의 훌륭한 공적. 욱(勖): 권면하다. 격려하다.
216 혜감(慧鑑): 지혜를 비추는 거울, 통찰력.

까마귀 들판에서 마침내 옷에 꿰멘 비단으로 증거삼았네　　縫衣竟驗啄烏原
세월이 지나도 은전을 받을 틈이 없었던지　　得非四甲靡遑典[217]
금년까지 기다려서 전례에 없는 은혜를 입었네　　留待今年曠感恩
광석촌 앞에 두 개의 정문이 걸리니　　廣石村前雙揭閭
행인들은 훌륭한 후손을 가리키며 칭찬하네　　行人指點說賢孫
윤색 삼가 짓다.　　尹穡 謹稿

017 삼가 차운한다　　敬次
행인들은 그저 예를 표하며 정려문을 지날 뿐,　　行人只解式過門
당당한 정절을 나는 다시 칭송한다.　　貞節堂堂我且言
고통스럽게 몸을 일으켜 천 리 길을 가서,　　辛苦挺身千里地
침착하게 유해를 만년의 선산으로 옮겼네　　從容返骨萬年原
대동강의 봄물은 한을 품고 아득히 흐르고　　大同春水悠悠恨
광석 마을의 정려문은 거대한 은혜를 입었네　　廣石鄕閭卓卓恩
이것을 대하면 자연스레 효심이 솟아나는지　　對此油然應起孝[218]
조상의 미덕을 계승하는 후손을 기다리네　　繼承前美待後孫
종말 중걸 삼가 짓다　　宗末 中傑 拜稿[219]

018 삼가 차운하다　　謹次
태평성대 그 명성이 정려문에 가득하고,　　昭代風聲棹楔門
백 년동안 한 마을에 공론이 지속되었네　　百年公議一鄕言
망건은 과연 전쟁터의 증거가 되어　　鬃巾果驗衰平野
말안장에 쌓인 시신은 마침내 수습되어 고향 들녘으로 돌아왔네
　　革裹終收返故原
훌륭한 업적은 장부의 절재와 같이 빛났으니　　懿蹟齊光夫子節[220]
흥망성쇠 속에 성군의 은전을 거듭 받았네　　衰榮重荷聖朝恩

---

217 득비(得非): 설마 …이 아닌가?'. 사갑(四甲): 네 갑자, 즉 240년. 과거시험의 5등급 중 4등급. 미황(靡遑):
　　미칠 틈이 없다.
218 유연(油然): 자연스럽게 생겨나다.
219 권중걸(中傑, 1758~?): 안동권씨 화천군파 화룽군지파 31세.
220 의적(懿蹟): 훌륭한 업적. 부자(夫子): 스승, 장부

지금 6대손이 선조의 미덕을 칭송하니   于今六世揚先美

충신과 열녀의 음덕으로 효손이 생겨났네   忠烈餘庥有孝孫[221]

  양산인 조순규 짓다   楊山人 趙順逵[222] 稿

019 권 석사 중양 댁 정려일 시에 삼가 차운 하다.

謹次 權 碩士中養宅 旌門日韻

충신 열녀 두 정려문에   忠臣烈女雙旌門

행인들은 존경을 표하면서 또 칭송하네   敬式行人亦有言

남편을 위해 목놓아 울었던 기량의 처 같다고 했을 뿐 아니라   不但梁妻稱善哭[223]

표식을 달아 평야의 유해 수습을 칭송하네   爲緣果髮拾平原

당시에 이미 공로 포상을 논의할 수 있었는데   當時已可襃功議

오늘에야 거듭 새롭게 절개에 대하여 은전을 베풀었네   今日重新表節恩

천고의 명성이 여기에 남았으니   千古風聲留在此

오랫동안 지켜온 전통 가문이 훌륭한 후손을 격려하네.   故家長守勖賢孫[224]

숭정 4년 무인 초봄 전도사 강관 당시 나이 70

崇禎四戊寅[225]孟春前都事 姜儇 時年七十六[226]

020 정려문 시운에 받들어 화답하다   奉和 旌門詩韻

양나라를 지나면서도 여전히 이문에 얽힌 일을 묻듯이,   過梁猶尙問夷門[227]

---

221 여휴(餘庥): 음덕

222 조순규(趙順逵): 조선 순조 11년(1811) 진사

223 양처(梁妻): 춘추 시대 제(齊)나라 대부 기량(杞梁)의 아내로 《좌전(左傳)》양공(襄公) 23년 기록이 보인다. 기원전 550년, 기량이 제장공(齊莊公)을 따라 거(莒)를 공격하다 전사하자, 그의 아내는 예법에 따라 장공에게 교조(郊弔)를 가조(家弔)로 바꾸도록 요청하여 장례 의식의 존엄을 지켰다. 이 이야기가 《예기·단궁(禮記·檀弓)》, 《열녀전(列女傳)》 등으로 확장되어 "남편을 위해 10일간 울었다(哭夫十日)" "성벽이 그녀의 울음 때문에 무너졌다(城爲之崩)" 등 이야기의 극적 요소가 보태졌다. '남편의 죽음에 통곡하여 성이 무너졌다(哭夫崩城)'라는 성어가 되었고, 나중에는 맹강녀(孟姜女)가 남편을 위하여 장성(長城)에서 통곡했다는 고사와 연결되었다.

224 욱(勖): 격려하다

225 숭정사무인(崇禎四戊寅): 숭정 원년(1628)에서 4년째 무인년, 서기 1818(조선 순조 18년)에 해당한다

226 도사(都事): 조선시대 종5품 관직. 관찰사를 보좌하여 수령을 규찰하고 문부를 처결하는 역할을 맡았다.

227 이문(夷門): 전국시대 위(魏)나라의 도성 대량(大梁)의 동문, 일반적인 성문의 의미로 쓰인다. 전국 시대 위나라 은사(隱士)인 후영(侯嬴)은 집이 워낙 가난하여 일찍이 이문의 문지기로 있었는데, 위 공자(魏公子) 무기(無忌)가 후영이 어질다는 말을 전해 듣고 그를 후히 대우하고자 몸소 수레를 몰고 이문으로 가서 매우 공손한 태도로 후영을 맞이하여 상객(上客)으로 삼았다. 그 뒤에 조(趙)나라가 진(秦)나라의 공격을 받고 위나라에 구원병을 요청했을 때, 공자 무기가 구원병을 조나라에 보내려고 하나 마음대로

우리 고을의 충절은 말할 만하도다 忠節吾鄉事足言

열사는 정묘의 난리에 몸을 바쳤고 烈士殉身丁卯亂

부인은 보통문 들녘에서 유해를 수습했네 婦人收骨普通原

백년동안 감동스럽게 공론을 보존하였기에 百年激感存公議[228]

휘황찬란한 두 개의 정려문으로 특별히 은전을 받았네 雙揭輝煌荷特恩

지초의 뿌리와 단 샘물의 원천은 얼마나 심원한지를 아니 芝醴根源知有遠[229]

나중에 후손들이 선조의 미덕을 계승하길 바란다 後來繩美望諸孫

종말 중철 삼가 짓다. 宗末 中徹 謹稿[230]

021 삼가 차운하다 敬次

광석촌 동쪽에 다시 정려문이 서니 廣石村東再式門

한 부인의 절개를 수많은 사람이 칭송하네 一夫人節萬人言

만약에 미리 알아채지 않았더라면 그의 충정을 如非揣得熊魚志

누가 온통 전쟁터에서 판별해낼 것인가 誰辨盡爲猿鶴原[231]

앞선 사건 당시에 뒤의 사건을 알았던지 先事當時了後事

오늘 새로운 은전이 이전의 은전을 계승했네. 新恩此日繼前恩

대대로 내려온 미덕이 끊어지지 않기를 바라고 好將世德期無替

우리 열사 집안 후손에게 길이 이어지리 烈士吾宗長幾孫

족제 중건 삼가 짓다 族弟 中建 拜稿[232]

되지 않자, 그 계책을 후영에게 물어서 마침내 진비(晉鄙)의 군대를 탈취하러 떠나게 되었다. 그때 후영이 말하기를 "신이 의당 따라가야 하나 늙어서 갈 수 없으니, 공자께서 떠나는 날짜를 헤아려 진비의 군에 당도할 때쯤이 되면 북향(北向)하고 자살하는 것으로써 공자를 전송하겠습니다." 하였는데, 과연 공자가 진비의 군에 당도할 때쯤에 북향하고 자살해서 은혜를 갚았다. 《史記 卷77 信陵君列傳》

228 격감(激感): 감개롭다, 감동스럽다.

229 지례(芝醴): 지(芝)는 영지(靈芝)를 말하고 약초이고 예천(醴泉)은 맛이 단 샘물이다. 삼국 시대 오(吳)나라 우번(虞翻)이 〈여제서(與弟書)〉에서 뛰어난 인재는 가문이나 출신에 상관없이 나오는 법이라는 뜻으로 "양웅의 재주는 공자의 문하에서 나온 것이 아니다. 지초는 뿌리가 없고, 예천은 근원이 없다.(揚雄之才, 非出孔氏之門. 芝草無根, 醴泉無源.)"라고 하였다. 그러나 나중에 송나라 시대 정자(程子)가 〈체설(禘說)〉에 서 "혹자가 이르기를 '영지는 뿌리가 없고 예천은 근원이 없다.'라고 하는데, 물건에 어찌 뿌리가 없을 수 있겠는가.(或謂: 靈芝無根, 醴泉無源. 物豈有無本?)"라고 하였다. 《太平御覽 卷510》《二程文集 卷上 附錄》

230 권중철(權中徹, 1760~1832): 자는 계명(季明), 안동권씨 화천군파 화릉군지파 31세

231 원학원(猿鶴原): 전쟁터

232 권중건(權中建, 1779~1846): 자는 인원(寅元), 호는 완암(莞菴), 호조참판에 증직되었다. 안동권씨 화천군파 문순공지파 31세

022 삼가 친구 중양의 선조비 열녀 임씨 정려문 은전을 환영하는 시에 차운하다

謹次 權友中養 先祖妣烈女林氏 旌閭 迎恩 詩韻

성이 무너질 듯 울며 대동문으로 향하니	崩城哭向大同門
남편 잃은 여인의 정렬은 차마 말로 하기 어렵구나	嫠婦貞心尙忍言[233]
촘촘히 옷을 꿰매어 바느질 자국을 숨기고	密密縫衣藏線襵
투구가 떨어진 들판에서 여린 손으로 유골을 수습하였네	摻摻收骨落鍪原
순수한 충심과 의연한 정렬로 절개를 보전하였고	純忠懿烈雙全節[234]
이전의 포상과 새로운 정려문은 동일한 의전이네.	舊表新旌一體恩
상자 속의 말총 망건은 아직도 선명하니	篋裏鬃巾猶自白
남겨진 유물을 어루만지며 현손이 눈물 짓는다	摩挲遺蹟泣玄孫[235]
조영헌 짓다	趙榮獻 稿

023 삼가 권씨 선대 정려문 시에 차운하다　　謹步 權氏先世棹楔韻

충신과 열녀 두 정려문을 가진 명문가	雙旌忠烈是名門
《존주휘편》 속에서 이루 다 칭송하지 못하였네	周史編中未盡言
구슬같은 눈물이 붉을 옷을 적시며 연성군으로 가는 길	珠淚濕紅蓮郡路[236]
흙 위의 이끼가 푸르게 엉기고 버드나무 들판을 이루었네.	土花凝碧柳成原
부인이 남편의 혼령을 위로하며 선산으로 모셨고,	夫人祝靈歸先壟
통판은 옷깃에 글을 새긴 채 국가의 은혜에 보답하였네	通判書襟報國恩[237]
이전에 없던 은전을 백년 만에야 거행하니	曠典百年今始擧[238]
가문의 명성이 추락하지 않는 것은 어진 후손 덕분이라.	家聲不墜賴賢孫
전도사 이억 삼가 짓다	前都事 李檍 奉蒿

---

233 좌부(嫠婦): 남편 상을 당한 여인의 상투
234 전절(全節): 절개를 보존하다. 부녀가 정절을 지키다.
235 마사(摩挲): 손을 가볍게 누르며 이동하거나 어루만지는 동작
236 주려(珠淚): 구슬 같은 눈물 습홍(濕紅): 붉은 옷을 적시다. 연군로(蓮郡路): 조선시대 안산의 관곡지(官谷池)에 연꽃이 피어 연성(蓮城)으로 불렸다. 강희맹(姜希孟, 1424~1483)이 1467년 사절단의 일원으로 명나라를 방문하고 돌아오면서 연꽃씨를 가져와 이 연못에서 재배하였다. 이 연꽃을 '전당홍(錢塘紅)'이라고 부른다. 이 연꽃이 자라는 연지는 강희맹의 사위 감찰공 권만형(權曼衡, 자는 公準)에게로 계승되어 오늘날에 이르고 있다.
237 서금(書襟): 옷깃에 글을 새기다.
238 광전(曠典): 이전에 없었던 혜택

024 삼가 차운하다   敬次

의사 가문에 열녀문이 있고   義士家中烈女門

영원히 수립된 기풍이 사서의 기록으로 남았네.   風聲永樹汗靑言[239]

흰 두건과 붉은 옷깃으로 알아차릴 줄 알았고   白巾紅領知神會[240]

붉은 피로 붉게 감싼 것이 근저에 드러났네   赤血丹裹見本原

천고의 윤리강령은 세상의 이치를 지탱하고   千古倫綱扶世道

동시에 세워진 정려문은 천자의 은혜일세.   一時棹楔荷天恩

황천길에도 이날 새 빛이 비추어,   泉塗是日回新照[241]

사후의 응보로 후손의 번성을 지켜보리라.   冥報從看裕後孫[242]

풍천 후인 임희홍 삼가 쓰다   豐川 後人 任希泓 謹稿

025 충신 권공과 열녀 부인의 정려문 축하 잔치연 시에 화운한 보잘것없는 시

拙詩敬副 權公忠臣夫人烈女 旌閭宴韻

나라를 지키는 인재의 억울한 기운이 부인과 함께 하고   干城寃氣倂閨門[243]

우리 고장 충신과 열녀는 영원히 칭송을 받네.   忠烈吾鄕不朽言

기량의 아내처럼 거곽에 기대어 통곡하고   善哭杞梁臨莒郭

난백처럼 몸을 바쳐 진나라 들판으로 들어갔도다.   殉身欒伯入秦原[244]

비단과 망건이 도리어 생사의 증거가 되어   緞鬃猶驗幽明迹

정려문은 전후로 두 번의 은혜를 입었네   棹楔重逢新舊恩

백년동안 교목에 비와 이슬이 내려도   喬木百年添雨露

태사 후손은 가문의 명성을 버리지 않으리.   風聲毋替太師孫[245]

무인 4월 진산 유중화 삼가 짓다   戊寅淸和[246] 晋山 柳重和拜稿[247]

---

239 한청(汗靑): 본래 고대에 죽간(竹簡)을 제작할 때 푸른 대나무를 불에 구워 습기를 제거하고 벌레 먹음을 방지하던 공정을 가리키는 말이었으니, 이후에는 사서(史書)의 의미로 쓰이고 있다.

240 신회(神會): 정신적으로 터득하다.

241 천도(泉塗): 음간(陰間), 사후에 돌아갈 곳. 황천

242 명보(冥報): 죽은 뒤에 서로 보답하다

243 규문(閨門): 궁원(宮苑)이나 내실(內室)의 문.여성의 거처, 여성이나 아내를 상징하기도 한다.

244 난백(欒伯): 난서(欒書, ?~BC 573) 춘추시대의 진(晉)나라 대신으로, 전략가이자 정치가였다. 난무자(欒武子)라 불린다.

245 태사(太師): 고려 개국 공신 태사 권행(權幸)을 말한다.

246 청화(淸和): 음력 4월의 별칭

247 유중화(柳重和): 정조 12년 무신(1788, 건륭), 안산 지역의 유학

<table>
<tr><td>

026</td><td>敬次</td></tr>
</table>

청렴하고 위대한 절개로 늠름한 명문가	淸忠大節凜高門[248]
역사서에 찬란하게 빛나면서 영원히 칭송받고 있네	照耀靑編永有言
머리 끈 비단이 선명하게 여지 장군에게서 돌아오니	括帛分明歸呂祉[249]
칼을 꾸짖듯 의분에 차서 평원을 거부하였네	罵刀慷慨拒平原
윤리도덕은 영원히 굳건한 의지이고	綱常萬劫純剛志
의렬은 빛나기 어려워도 그 은덕은 광대하다.	義烈難輝浩蕩恩
천고의 명성은 이로부터 수립되었으니	千古風聲從此樹
영광은 어찌 공손(公孫)에게만 그치겠는가	榮光豈止在公孫
성산 후인 이기모 삼가 짓다	星山后人 李箕模 拜稿

027 우리나라는 절의를 숭상하였다. 충신과 열부는 예부터 무한히 많았지만 옛날 서윤 권공은 절의를 위해 분연히 순절하였고, 부인 임씨(林氏)는 침착하게 의리를 결행하였으니, 이를 '그 남편에 그 부인'이라고 말할 만하지 않은가? 옛날 국운이 쇠락하던 시절[용사년(龍蛇年)] 적군이 대대적으로 침입했을 때, 권공은 기성(箕城: 평양)의 판관으로서 몸을 돌보지 않고 북쪽 전선에서 죽음을 각오하며 싸웠다. 부인은 남편이 운이 없음을 알고, 시신을 찾을 표식으로 두건에 흰 말총을 달고 옷에 붉은 비단을 바늘질하여 표시로 삼았다. 권공은 결국 전사하였고, 부인은 그 표식을 따라 시신을 수습하여 선산에 장사 지내고 예법을 다하였다. 그 위대한 정절과 탁월한 행적은 과거의 기록을 살펴보아도 견줄 이가 드물다. 그러나 사건이 가려지고 정려도 여전히 지체되었지만, 성상 17년 정축년, 성상은 상소를 받아들여 포상과 의전을 갖추도록 하였다. 선비들은 감탄하고, 고향 사람들도 이를 영광으로 여기며 모두 시 한 수를 지었다. 삼가 그 운율을 따라 짓는다.

---

248 청충(淸忠): 청렴하고 충정한 인격

249 여지(呂祉, 1092~1137): 남송 초기의 관료로, 지방에서 도적을 평정하며 능력을 인정받았다. 이후 중앙에 들어와 군사·행정 요직을 맡았고, 금(金)의 침입에 맞서 항전할 것을 주장하였다. 특히 그는 강북을 포기해서는 안 된다고 상소하며 황제의 친정을 주장했고, 실제로 금군이 물러나는 성과를 거두었다. 그러나 회서(淮西) 지역에서 장수들 간의 갈등을 조정하던 중, 부장 역경(酈瓊)의 반란에 휘말렸다. 역경은 군사를 이끌고 괴뢰 정권인 유예(劉豫)에게 투항했고, 여지는 끝까지 항복을 거부하다가 살해되었다. 당시 여지가 머리를 묶었던 비단을 오중(吳中)으로 가져간 자가 있었다. 그의 아내 오씨(吳氏)는 그 비단을 들고 스스로 목을 매었다. 남송 경원(慶元) 시기에 황제는 조서를 내려 사당을 세우고 편액을 하사하여 그의 충절을 기렸다.

我東尚節義 忠臣烈婦 從古何限 而至若 故庶尹[250] 權公之慷慨殉節 夫人林氏之從
容決義 可謂有是夫子有是婦人哉 曩在龍蛇之歲敵兵大至[251] 權公是尹箕城 奮不顧身
將北首爭死 夫人必知其無幸 思所以復矢 巾之以白綜 衣之紅緞 約爲標識 公果戰歿
夫人以其標 而收屍蹟屍之中返葬先山 極盡禮制 其偉烈卓行 考之往牒 罕有其儔. 而
事在幽隱 棹楔尚遲 幸於聖上十七年丁丑 上達天聽 褒典備至 士林興嗟 鄉隣與榮 皆
有一言之賦 謹步其韻

붉은 비단과 흰 망건을 한 남편을 문 앞까지 배웅하였지만,	紅緞綜白送臨門
아득한 죽음의 이별을 어찌 차마 말로 하랴	死別茫茫詎忍言
억울한 눈물은 은밀히 스며 변방의 흙에 엉기고	冤淚潛滋凝塞土
유해를 홀로 수습하러 황야로 향했네.	殘骸獨拾向荒原
어느 누가 성이 무너지도록 눈물을 흘린 한을 알겠는가?	人間誰識崩城恨
저승에서는 부부의 사랑을 불쌍히 여길 것이다.	地下應憐結髮恩[252]
충절과 열정은 영원히 해와 달처럼 빛나	雙節千秋懸日月
가문에 전해진 충렬은 후손에게 감응하리.	傳家忠烈感遺孫
파산 윤행범 삼가 짓다	坡山 尹行範 拜

028 삼가 광석촌의 정문 시에 화운하다	敬和廣石 旌門韻
만고의 윤리도덕이 이 두 정려문에 있으니	萬古綱常此兩門
관서의 미담을 차마 말로 다할 수 없구나	關西美蹟不勝言
연약한 체질을 감내하며 모래 날리는 변방을 뚫었으니	甘將弱質穿沙塞
어찌 충신이 자갈밭에 버려지질 원했더냐?	肯使忠肝委礫原
한 집안에서 각각 빛나는 명성과 충절을 이룩하였으니	一室各成名節炳
백 년 동안 앞뒤로 은혜를 함께 누린다	百年同侈後前恩

---

250 서윤(庶尹): 조선시대 한성부(漢城府)·평양부(平壤府)의 종4품 관직.

251 용사지세(龍蛇之歲): 수명이 다하다. 5년 봄, 정현(鄭玄)의 꿈에 공자(孔子)가 나타나 이렇게 말했다.
  '일어나라, 일어나라! 올해의 해는 진(辰)이고, 내년의 해는 사(巳)다.' 꿈에서 깬 뒤, 이를 점괘와 맞추어
  보니, 자신의 운명이 다함을 알게 되었다(《後漢書 . 卷三五 . 鄭玄傳》五年春, 夢孔子告之日: '起, 起!今年歲在
  辰, 來年歲在巳.' 旣寤, 以讖合之, 知命當終) 후대에는 '해가 용과 뱀에 있을 때'라는 말을 수명이 다할 것을
  가리킨다는 뜻으로 해석하였다.

252 결발(結髮): 젊어서 맺은 부부를 뜻하며, 결혼으로 두 사람이 한 마음된 것을 상징한다. 소무(蘇武) 시
  구 중 "머리를 묶고 부부가 되었으니 둘 사람은 사랑을 의심을 하지 말아야 한다(結髮爲夫妻, 恩愛兩不疑)"
  이 있다,

보통교 가의 소나무 소리가 늙어가도록   普通橋上松聲老

영령을 오래토록 지키내는 효손이 있구나   長護英魂有孝孫

순창 후인 조태화 짓다   淳昌後人 趙泰華 稿

029 삼가 정려문 시에 차운하다   謹次 旌閭韻

전쟁터를 멀다 하지 않고 규방을 나섰는데,   沙場無遠出閨門[253]

《존주휘편》의 기록도 미처 다 말을 하지 못하였네   書在尊周未盡言

붉은 비단은 색이 빠지지 않은 채 풀밭을 수놓았고   錦不渝紅塗草野

말총 두건으로 백골을 수거하여 고향 들녘으로 돌아왔네   鬃能收白返楸原[254]

마침내 충신과 열녀문으로 미덕을 완성하고   始終忠烈成雙美

전후의 정려와 포상은 백년에 보기 드문 은전일세   新舊旌褒曠百恩

광석촌의 행인은 두 정려문을 우러러 바라보니   廣石行人瞻兩楔

그대 자손들은 장차 무엇으로 나라에 보답할 것인가?   將何報國爾孫孫

이철환 쓰다   李喆煥 稿

030 삼가 차운하다   敬次

훗날에도 권씨 가문은 길이 창성할 것이니,   後世其昌崔氏門[255]

험난한 성에서 서로 울면서 채희를 언급했네   危城相泣蔡姬言[256]

---

253 사장(沙場): 전쟁터. 무원(無遠): 아무리 먼 곳이라도. 끝이 없고 헤아릴 수 없다

254 추원(楸原): 고향 들녘. 진(晉)·반악(潘岳)《회구부(懷舊賦)》에서 "저 개오동나무 보니 마음 깊이 감회가 일어난다.(望彼楸矣, 感于予思)"라고 읊었다.

255 최씨문(崔氏門): '權氏門'의 오기일 가능성이 있다. 참고로 최씨문에 대한 소개를 다음과 같다. 최씨는 서주(西周) 시기 齊나라에서 기원하였으며, 제태공 강자아(姜子牙)의 후손이다. 제정공(齊丁公) 급(伋)의 적장자 계자(季子)는 왕위를 동생 숙을(叔乙)에게 양보하고, 자신은 최읍(崔邑, 지금의 산동성)에 식읍을 받았다. 그 후손들이 '崔'를 씨로 삼았다. 이러한 양위(讓位)의 행위는 고상한 덕을 보여줄 뿐 아니라, 최씨 가문의 흥기의 기초를 마련하였다. 한대 이후, 최씨는 유교 경학을 가문 대대로 전하는 전통을 바탕으로 점차 산동 지역의 명문 망족이 되었다. 북위(北魏) 시기에는 최씨가 북방 사족(士族) 가운데 최고 문벌이 되었다.

256 이 구절은 해석이 불가능하다.
다만 문구에 등장하는 채희(蔡姬): 춘추 시대 제(齊) 환공의 부인이다. 채희가 제나라 환공과 더불어 궁궐 안에 있는 연못에서 뱃놀이를 할 때 일부러 배를 흔들어서 제환공을 놀라게 하였다. 제환공은은 그러지 말라고 하였는데도 채희는 계속해서 흔들어 댔다. 이에 제환공이 화가 나서 채희를 내쫓아 채(蔡)나라로 되돌려 보냈다. 이에 蔡목후는 이러한 조치에 불만을 품고, 그녀를 임의로 다른 사람에게 재혼시켰다. 제환공은 권위를 지키기 위해 여러 제후들과 연합하여 채나라를 공격하였다. 채나라가 패한 뒤, 제나라 군대는 楚나라를 공격하였다. 楚 성왕은 "풍마우불상급(風馬牛不相及, 말과 소의 교미가 불가능한 것처럼 서로 상관없다)"는 말로, 제나라 군대의 의도를 물었다. 그리고 양국은 대치한 후 제나라 군대는 철수하였다. 이 사건은《史記·齊太公世家》와《左傳·僖公 3년》에 기록되어 있으며, 춘추시대 제후들 간 권력 다툼

색실로 꿰매어 증표를 날길 제 등불이 어릿어릿하였고　綵縫留信燈生暈
무성한 풀밭에서 영혼을 부를 제 달빛이 들녘을 애도하였네　蔓草招魂月弔原
열녀전 속에서 일찍이 절의를 나타냈고　烈女傳中曾見義
《존주휘편》 역시 은전을 빛냈네　尊周編上亦誇恩
숲이 우거진 광석촌에 두 개의 정려문이 서니　村深廣石雙旌立
교목이 가지가지마다 저 후손을 보고 미소 짓는다　喬木技技莞彼孫
이득유 짓다　李得濡 稿

031 삼가 차운하다　敬次
참으로 알겠노니, 열녀를 찾으려면 반드시 충신의 가문이어야 하고.
　信知求烈必忠門
앞뒤로 정려와 포상은 선비들의 공론 때문이란 걸.　前後旌褒以士言
붉은 비단으로 유골을 거두었으니 그 통찰력이 한스럽고　紅緞骨收恨慧鑑
푸른 단풍 아래 혼이 돌아오니 황무지에서 잔을 올린다.　青楓魂返酹荒原
변경의 냇물은 영웅의 한에 오열하였지만　關河鳴咽英雄恨
정려문 안은 성상의 은전으로 찬란하게 빛났네　閭里光輝聖主恩
정성스럽게 새긴 글은 길을 가는 사람의 존경을 받으니　剞劂書之行路式[257]
가문의 명성이 욕되지 않토록 여러 자손들이여 힘쓸지어다　家聲无忝勉諸孫
윤행경 짓다 진사　尹行慶 稿 進士

032 삼가 차운하다　敬次
과거의 명성은 뜨겁고 규방은 찬란해진 것은　遺芳烈烈耀閨門[258]
오늘 예부가 중론을 받아들였기 때문이리.　是日春官采衆言[259]
울며 바쳤던 전투복이 전쟁터의 표식이 되었고　泣贈征衣標戰地
의로운 사람의 유해를 거두느라 무덤 벌판을 걸었네.　行收義骨踐衰原
남아의 죽음은 결국 평생의 한을 남겼지만　男兒死耳終天恨
역사책의 기록은 세상에 드문 은전이 되었네　國史書之曠世恩

을 보여준다.
257 기궐(剞劂): 조판 인쇄
258 유방(遺芳): 선조가 남긴 명성. 열렬(烈烈): 불길처럼 활활 타오르는 모양
259 춘관(春官): 예부

골목의 나무 성근 틈으로 붉은 정려문이 나타나니　　　　巷樹扶疎丹楔出
길가는 사람들도 오랜 가문에 후손이 있음을 아네.　　　　路人知有故家孫
윤행철 쓰다 현감　　　　尹行澈 稿 縣監[260]

033 삼가 차운하다　　　　謹次

한 가문에 충렬문과 열녀문이 모두 정려되었고　　　　忠烈褒旌併一門
《존주휘편》은 기록을 남겼도다　　　　尊周編上已垂言
만 번의 죽음도 가볍게 여기는 절의를 다하였으며　　　　視輕萬死殫孤節
삼종의 의리를 중요하게 여겨 무덤에서 맹세했네.　　　　義重三從誓九原[261]
망부속처럼 전쟁 나간 남편을 기다리는 아내의 한이 될까 부끄럽고

　　　　化石羞同征婦恨[262]

금나라와의 화친은 명나라의 은혜를 저버릴까 두려웠네　　　　交金恐負大明恩
붉은 비단과 흰 말총으로 유해를 수습하니,　　　　紅緞鬃白收遺骨
지난 일이 뚜렷하게 후손에게 계승될 것이로다.　　　　往事昭然聽後孫
완산 후인 최홍해 짓다　　　　完山後人 崔弘海 拜

034 참의 권공의 부인 임씨 정려문 시에 삼가 화운하다

　　　　敬次 故參議權公夫人林氏 旌閭韻

가을 서리와 뜨거운 햇볕 속 옛날 변방의 관문　　　　秋霜烈日古邊門
과거사가 뚜렷한데 어찌 감히 말할 수 있으랴.　　　　往事昭昭豈忍言
부부의 도리는 온 우주에 미쳤고,　　　　夫婦彝倫彌宇宙
군신의 큰 의리는 황천까지 이어졌네.　　　　君臣大義及泉原
천 리 밖에서도 여전히 유적이 남아 있고,　　　　一千里外尙遺蹟
2백 년 후에 또 성상이 은전을 내렸네.　　　　二百年間又聖恩
선조의 업적을 드러내는 것은 진정한 효도이며,　　　　先業揄揚亦誠孝

260　윤행철(尹行澈, 1766~?): 조선 후기의 문신으로 본관은 파평, 자는 계함(季涵)이다. 1792년 식년시(式年試)
　　에 합격하여 진사가 되었다. 이후 음직으로 나가 영릉령(永陵令), 화순 현감, 한성 서윤(漢城庶尹), 금천
　　군수 등을 지냈다.《승정원일기》순조 27년(1827) 2월 27일 계유 기사에 "금천 군수 윤행철이 말미를
　　받아 경기도 안산 땅으로 내려갔다고 한다.[金川郡守尹行澈, 受由, 下去於京畿安山地云.]"는 기록이 보인다.
261　삼종(三從): 여인이 지켜야할 의리《의례(儀禮)·상복(喪服)·자하전(子夏傳)》: "여성은 삼종의 의리가 있
　　으나, 전용의 방법은 없다. 그러므로 아직 시집가지 않은 경우에는 아버지를 따르고, 이미 시집 간 경우에
　　는 남편을 따르며, 남편이 죽으면 아들을 따른다.(婦人有三從之義, 無專用之道. 故未嫁從父, 旣嫁從夫, 夫死從子)"
262　정부(征婦): 출정한 장수의 아내

화천군 고택에는 현명한 후손이 있네.　　　　　　花川古宅有賢孫

월성 이용 두 번 절을 하다.　　　　　　　　　月城 李鎔 再拜

035 참의 권공의 부인 임씨 정려문 시에 삼가 화운하다
　　　　　　　　　　　　　敬次 故參議權公夫人林氏 旌閭韻

그대 집안의 충렬문에 감동하여　　　　　　爲感君家節義門
눈물이 글썽거려 말을 하려고 해도 할 수 없네　潸然有淚欲無言
정묘년의 전쟁으로 마음이 아팠지만　　　　傷心丁卯年間事
기성의 전쟁터 가서 유해를 수습하였네　　收骨箕城戰處原[263]
붉은 깃과 흰 망건은 마치 신표를 맞추어 보는 것 같이　紅領白鬃如執契[264]
충신과 열녀로 각각 특별한 의전을 받았네.　忠臣烈女各專恩
찬란한 정려문은 본래의 면모를 찾았으니　煌煌棹楔重生色
6대 이후에 이러한 후손이 나왔네　　　　六世由來有是孫
월성 이횡 두 번 절을 하다.　　　　　　月城 李鑛再拜

036 삼가 차운하다　　　　　　　　　敬次
가만히 앉아서 공명과 명문가의 명성을 누렸으며　坐享功名甲第門
일시에 높고 위대해졌다고 여전히 칭송하네.　一時高大尚稱言
몸을 내던져 칼날을 무릅쓴 가을 서리 같은 절개,　挺身冒刃秋霜節
유골을 뒤집고 말총을 밀어 찾던 찬 달빛 내린 들판　翻骨推鬃寒月原
2백 년 동안 공론을 제기하여　　　　　二百年來公共議
쌍으로 걸려 있는 정려문은 두 번의 은전을 얻었네.　一雙旌揭後先恩
이제부터 역사책에 전할 수 있으니　　　從今可得傳靑史
이 가문은 천고의 명성을 가지게 될 것이네.　千古流芳有爾族
진산 강인환 삼가 쓰다　　　　　　　晉山 姜麟煥 謹稿

037 연성의 친구 권씨 집안의 선조 쌍정문 시에 차운하다
　　　　　　　　　　　敬次 蓮城 權友家 先世 雙旌門韻
이 한 가문은 만고의 윤리 도덕을 모두 갖추었건만,　萬古綱常此一門

---

263 기성(箕城): 평해군(平海郡)
264 집계(執契): 손에 증거물을 들고 서로 맞추어 보다.

역사의 기록은 말이 없구나.　　　　　　　　　　　　青編記載所無言

이연년은 애석하게도 거친 들판에 묻혔고,　　　　　延年可惜塗荒野[265]

기량의 아내는 어찌 무덤 들녘을 헤맸던가　　　　杞婦何曾覓衰原

천리 변방에서 홀로 영령을 업고 왔으니　　　　　獨負英靈千里塞

쌍 정려문으로 조정의 은전을 두 번 받았네　　　雙旌後先兩朝恩

소나무와 삼나무는 영원히 두건을 보호하고　　　松杉永護遺巾守

충렬 가문에 또 효손이 생겼구나　　　　　　　忠烈家中又孝孫

　능성 구귀년 삼가 짓다.　　　　　　　　　綾城　具龜秊[266]　拜稿

038 권씨 선대 충렬문 시에 삼가 차운하다　　敬穌　權氏　先世　忠烈旌閭韻

쌍 정려문이 개인 가문을 두 번이나 빛냈지만　　雙旌前後耀私門

여전히 당시의 정절은 차마 말할 수 없구려　　　貞節當年尚忍言

생명을 버리고 남편을 따랐던 탁월한 품행을 지니고　　捨命從夫有卓行

시신을 업고 돌아와 장례를 치렀던 선산,　　　　負屍歸葬況先原

바느질한 옷과 말총을 맨 망건은 기이한 유적이 되었고　　裁衣結網轉奇蹟

가택에 포상을 내려 모범을 수립하고 성상의 은전을 입었네　表宅樹風荷聖恩

사람들은 충렬의 전통 가문을 모두 흠모하니　　忠烈故家人共慕

음덕이 먼 후손까지 이어졌음을 알겠도다.　　　乃知遺蔭及雲孫

완산 후인 이박 삼가 짓다.　　　　　　　　完山後人　李樸　謹稿

039 삼가 정려 시에 차운하다　　　　　　　　謹次　旌門韻

열사 가문의 저 훌륭한 부인이여,　　　　　　懿彼夫人烈士門

사람들로 하여금 감탄케 하여 말로 다 할 수 없네.　　令人嘖嘖不容言

---

265 연년(延年): 서한 시대의 이연년(李延年): 한무제의 총애를 받은 후궁 이부인(李夫人)의 오빠이다. 이연년(李延年)은 음률에 능하여 무제의 총애를 받게 되었다. 어느 날 무제에게 다음과 같은 노래를 지어 바쳤다. "북방에 아름다운 여인이 있으니, 북쪽에 미인이 있는데, 세상 사람과 달리 홀로 빼어나네. 그녀가 한번 돌아보면 성이 기울고, 두 번 돌아보면 나라가 기운다네. 성이 기울고 나라가 기우는 줄 어찌 모르랴만, 이와 같은 미인은 다시 얻기 어렵다네.(北方有佳人, 絕世而獨立, 一顧傾人城, 再顧傾人國. 寧不知傾城與傾国, 佳人難再得." 이 노래로 인해 그의 누이가 입궁하여 곧 이부인이라 불리게 되었다. 이후 이연년은 '협률도위(協律都尉)'에 봉해져 궁중의 음악을 관장하게 되었고, 무제의 총애가 극진하였다. 이부인이 세상을 떠난 뒤, 이씨 집안은 점차 총애를 잃었다. 이연년의 아우 이계가 후궁들과 음란한 일을 저질렀고, 이에 한무제는 조서를 내려 이연년과 이계 형제 및 그 일족을 처형하였다.

266 구귀년(具龜秊): 정조 23년 기미(1799, 가경) 당시의 생원

정절의 마음은 타고난 본성을 저버리지 않았고,　　　　　　　　貞心不負根彝性

의로운 유골을 거두어 들판에 모셨다네　　　　　　　　　　　義骨能收委隴原

고금에 빛나면서 역사에 전해졌고,　　　　　　　　　　　　輝暎古今垂汗簡

두 번의 정려와 포상은 성상의 은전에서 비롯되었네.　　　　旌褒前後自天恩

선대의 미덕을 떨쳐 명성을 수립하였으니　　　　　　　　　俾揚前美風聲樹

두 개의 절개 있는 가문에 훌륭한 자손이 있네　　　　　　　雙節家中有肖孫

성산 후인 이기재 짓다　　　　　　　　　　　　　　　　星山後人 李箕材[267] 稿

040 삼가 차운하다　　　　　　　　　　　　　　　　　　謹次

아름다운 행실과 순수한 충성이 한 가문에 모였으니,　　　　懿行純忠萃一門

시와 역사에서 얼마나 많은 사람들이 공개적으로 언급했던가.　幾人詩史蔚公言

성을 무너질듯한 눈물이 하늘과 땅까지 흘러들었고　　　　　崩城淚入窮天壤

나라를 위해 목숨 바치려던 맹세는 들판에 나뒹굴었네　　　　殉國心盟暴野原

떠나던 날 세세히 의건을 마련하였고　　　　　　　　　　　去日衣巾仔細地[268]

성상은 두번이나 정려와 포상의 은전을 내렸네　　　　　　　聖朝旌表後前恩

지금도 패수 가에는 새들이 오열하며 울고 있는데　　　　　　至今浿上鳴鳴咽

선조의 정렬을 널리 선양하는 훌륭한 자손이 있네　　　　　　先烈揄揚有肖孫

엄사조 삼가 쓰다 진사　　　　　　　　　　　　　　　　嚴思祖 拜稿 進士

041 정려문 시에 화운하다　　　　　　　　　　　　　　追和 旌門韻

붉은 문도리에 하얀 편액이 우뚝 걸린 두 개의 정려문　　　　丹楣素扁屹雙門

의건을 드러내 알리자는 공론에 의기투합하였네.　　　　　　表揭衣巾契瀾言[269]

별과 해처럼 충성과 정절이 나라를 밝히고,　　　　　　　　星日忠貞光本國

역사적 절개와 의리가 중원 땅에 빛나네.　　　　　　　　　春秋節義炳中原

남아는 죽어 조상의 미덕을 완성하였고　　　　　　　　　　死男兒耳先成美

부인은 아울러 성상의 은전을 받았네　　　　　　　　　　　有婦人焉倂及恩

세상에 없는 칭송으로 영광이 땅까지 감동시키고,　　　　　　曠世揄揚榮感地

음택이 다시 후손들에게 전해지기를 바라노라.　　　　　餘麻復冀降諸孫
4월 하순 흘암 연안 이우명 쓰다　　　　　　　梅月下澣忽庵延安李遇明稿

042 나는 권성호 군과 집안 간에 소통하는 친분을 가지고 있다. 얼마 전 성호가 그
의 6대조 할머니 임씨의 정려문 사적을 기념하여, 많은 손님들을 초청하여 성대
한 의식을 거행하였다. 나는 마침 일이 있어 참석하지 못하였다. 그는 계속하여 시
의 운율을 가지고 기쁨을 표현해달라고 요청하였다. 나는 어찌 글을 짓지 못한다
는 것 때문에 사양하겠는가

　余與權君聖浩有通家之誼 向者聖浩 以其六世祖姚林氏旌門事 速衆賓擧盛禮 余適
有故不得參會 繼以詩律要和 以識喜 余焉得以不文而辭焉

천고의 윤리도덕이 한 집안에 모이고　　　　　　　千古綱常萃一門
눈이 부시니 역사가의 기록을 기다릴 필요가 없네　　　赫然無待史家言
성이 무너지도록 목 놓아 울어 피가 흐릿해졌고　　　　崩城哭盡模糊血
한손으로 유해를 메고 비바람 부는 들녘에서 돌아왔네　隻手擔歸風雨原
험난했던 당일의 사건을 차마 말할 수 없지만　　　　　忍說巇巖當日事
천지와 같은 성상의 은전을 두 번이나 입었네　　　　　重蒙天地聖朝恩
삼강의 윤리도 이것에 힘입어 빛을 보태었고　　　　　三綱賴此增光色
음덕이 면면히 이어져 후손이 끊이지 않길 바라네.　　垂蔭綿綿勿替孫
유덕희 삼가 쓰다　　　　　　　　　　　　　　　　柳得義 謹稿

043　　　　　　　　　　　　　　　　　　　　　　敬次
천고의 윤리도덕이 한 집안에 모이고　　　　　　　萬古綱常卽此門
남편은 충신이고 부인은 열녀라며 세상사람 다투어 칭송하네 夫忠婦烈世爭言
일신은 나라 위해 전투에 던지니　　　　　　　　　一身許國投鋒鏑270
천리 먼길 유해 수습하러 습한 들판을 걸었네　　　千里收骸踔濕原
역사서는 뚜렷하게 옛 사건을 전했고　　　　　　　彤管分明傳故事271
차례로 내린 붉은 정려문은 하늘같은 은전이네　　　紅旌次第降崇恩

270　봉적(鋒鏑): 전쟁, 무기
271　동관(彤管): 고대의 여사(女史)가 사건을 기록하던 붉은 칠을 한 붓을 말한다.

명성이 모여 찬양가를 높이 올리고　　　　　　　　　　風聲會使騰歌詠

조상을 계승하여 깊은 정성을 가진 효손이 있구나.　　述祖深誠有孝孫

족질 우인 삼가 짓다　　　　　　　　　　　　　　族姪　愚仁[272]　謹稿

044 삼가 차운하다　　　　　　　　　　　　　　　　敬次

세상사람들은 우리 문중의 정려문을 칭송하고　　　世誦吾宗棹楔門

오직 충신과 열녀를 입에 올리네　　　　　　　　惟忠與烈是叺言

차가운 달빛 아래 전쟁 유골이 뒹굴었고,　　　　月寒戰骨○沙磧

하늘은 치술원을 향해 슬픈 울음을 울어댔네.　　天逈悲號鵄述原

절개가 있는 명문가는 역사책을 빛냈고　　　　　媿節名家光史冊

사후에 영예롭게 국가의 은전을 입었네.　　　　貤榮泉路荷邦恩[273]

윤리도덕을 세운 공로 지금도 의지할만 하고　　綱常扶植今猶賴

훌륭한 모범을 중요하게 여기고 후손을 인도하였네　風範重看引後孫

족질 진사 복인 삼가 짓다　　　　　　　族姪　進士　復仁[274]　謹稿

045 삼가 고 참의 권공 부인 임씨 정려문 시에 차운하다

　　　　　　　　　　　　敬次　故參議權公夫人林氏　旌閭韻

궁궐의 등불이 휘황하게 궁원 북문을 밝힐 제,　　宮燭煌煌苑北門

백년동안의 공론에 따라 임금의 말씀이 정해졌도다.　百年公議定王言

사후의 추증이 춘추에 분명하게 남아있고　　　　分明石窌留齊史[275]

한숨 속에 수레가 진원으로 돌아갔네　　　　　　太息犀軒返晉原[276]

272　권우인(權愚仁, 1791~1849): 생부는 생부는 권중양(權中養)

273　이영(貤榮): 자신의 영예가 조정의 봉증 제도에 의거하여 가족에 돌아가는 것을 말한다. 추증.

274　권복인(權復仁, 1770~1829): 자가 경증(景曾), 호는 천유(天游)·천유생(天游生)·천유관(天游館)이다. 1809년 증광시에 진사 2등으로 합격하였으나 평생 관직은 지내지 않았다. 연행록《수사한필(隨槎閑筆)》을 남겼다.

275　석교(石窌): 춘추 시대 제(齊)나라의 지명, 산동성 장청현(長淸縣) 남쪽으로, 제후가 부인에게 내리는 봉지(封地)를 말한다. 제나라와 진(晉)나라가 전쟁을 할 때, 제나라 벽사도(辟司徒)의 처(妻)가 길에서 패전한 제나라 군대를 만나, 제일 먼저 제후의 안부를 묻고, 그다음에 부친의 안부를 물었다. 이 소식을 들은 제나라 군주가 그녀가 예의를 안다고 하여 석교를 봉지로 하사하였다.(《春秋左氏傳 成公2年》) 나중에 석교는 봉지라는 뜻을 가졌다.
《계원필경(桂苑筆耕)》《거첩(擧牒)》: 남편이 이미 은당(銀璫, 상시常侍)의 으뜸이 되었으니, 부인도 석교(石窌)의 영광을 차지해야 마땅하다. 어찌 소나무 꼭대기의 높다란 그림자만 일찍 구름 위에 솟구치게 하고, 여라(女蘿)가 지닌 부드러운 모습은 땅바닥을 기게 하는 탄식이 있게 해서야 되겠는가(夫旣冠其銀璫. 婦宜榮於石窌. 豈可使松標峻影. 早致凌雲. 蘿抱柔姿. 猶嗟委地)

지아비를 하늘처럼 의리로 보답하였으니,	夫子所天須報義
성상이 어딘들 은전을 베풀지 않으랴	聖朝何地不甄恩[277]
이제부터 나는 틈을 들이지 않고,	而今而後吾無間
붓으로 시를 지어 자손들에게 전하노라.	金管題詩與耳孫
평원 후인 이명규 삼가 짓다	平原後人 李明逵 謹稿

046 삼가 광석촌 정려문 시에 화운하다 — 謹和廣石 旌門韻

혁혁한 그대 집안의 의렬문이여	赫赫君家義烈門
전해지는 명성을 얼마나 많은 사람이 찬미하던가	流芳贊美幾人言
옷깃에 꿰멘 붉은 비단은 혼백을 불렀고	紅尋補綴招精魄
흰색으로 표시한 말총 두건은 고향으로 돌아갔네	白表鬃巾返古原
명성과 절개가 모두 완벽하게 옛 자취를 남기고	名節雙全留往蹟
성상이 포상을 다시 내린 새로운 은전에 감사하네	天褒再降感新恩
이로부터 선대의 업을 서로 전해 이어갈 터이니,	從玆先業相傳地
마땅히 대대로 이어져 훌륭한 자손이 되리라.	宜爾繩繩克肖孫
무인년 7월 초길일 전성 후인 이승회 삼가 쓰다	
	戊寅七月初吉 全城後人 李昇會 謹稿

047 삼가 차운하다 — 敬次

젖먹이 고아에게 혼자 집안을 지탱하게 하고	孤兒在乳獨持門
떠나면서 했던 이별의 말을 차마 잊을 수 없었네	忍忘臨行告訣言
굳건한 의지 때문에 말가죽에 싸여 올 것을 미리 알아차렸고,	
	壯志曾料裹革援
충정스런 영혼은 이미 물고기 밥이 되어 묻혔네	忠魂旣作葬魚原[278]
변방의 험로를 건넜던 부인의 절개는	關山涉險夫人節
해와 달의 빛과 같은 성상의 은전을 받았네	日月容光聖主恩

---

276 서헌(犀軒): 경대부가 타던 무소 가죽으로 장식한 수레. 나중에는 어떤 사람의 행적을 높여 부르는 말로 쓰이고 있다.

277 견은(甄恩): 은전을 내려 표창하다.

278 장어(葬魚): '魚葬'이라고 하는데, "몸을 물고기 배속에 묻다(葬身魚腹)"는 뜻을 가지고 있다. 물고기에게 먹히는 비참한 결말을 의미한다.

상자 속의 말총 망건은 유물로 남아있으니   篋裏巾鬃餘舊物
이 조상을 계승한 후손을 힘쓰도록 만드네   嗣承妣祖勉遺孫
종말 정인 삼가 짓다   宗末正仁 拜稿

048 삼가 차운하다   敬次
열 가구의 고을에 한 무의 정려문   十室之州一畝門
당당한 충렬문은 칭송할 만 하도다   堂堂忠烈摠堪言
날카로운 바람과 서리 속에 몸을 잃은 그 자리,   風霜凜烈損軀地
의건이 선명하게 돌아와 묻힌 들녘.   巾服分明返葬原
붓은 사건을 기록하는 것 뿐 아니라   彤管非徒記寀事
붉은 정려문으로 성상의 은전에 거듭 감읍하네   丹楣重感霑王恩
우리 문중이 이렇게 위대하게 존중하였던,   吾宗務式斯爲大
옷과 신이 고이 보관되어 후손들에게 계승되네   衣履珍藏詔後孫
종말 순인 쓰다   終末 純仁[279] 章

049 삼가 친구 권씨 정려문 시에 차운하다   奉和權友 旌門詩韻
충신의 딸이 충신의 가문으로 시집오니   忠臣女配忠臣門
두 차례의 정려와 포상을 한마디로 가늠할 수 있네   兩度旌褒蔽一言
눈물 어린 바느질로 옷깃을 지어 올리던 그날   水線表成縫領日
남장을 하고 유해가 쌓인 들판에 환영으로 나타났네   身裝幻出積骸原
담대한 남자도 오히려 어려운 일이라며   剛腸男子猶難事
낯선 행인조차 은전을 칭송하네   生面行人亦誦恩
뛰어난 절개는 백년동안 세상의 품덕으로 전해졌으니   卓節百年傳世德
자식 그리고 손자 대대로 이어지리라   承承子子又孫孫
 안동 김명기 삼가 짓다   安東 金命起[280] 拜稿

050 삼가 차운하다   敬次
동방의 나라 팔도에 정려문이 얼마나 되며   青邱八域幾紅門[281]

---

279 권순인(權純仁, 1788~?): 정조 당시 진사
280 김명기(金命起): 정조 22년 무오(1798, 가경) 당시 별군직청(別軍職廳)의 서원

부부가 동시에 정려된 것은 세상에 드물다네 　　　　　夫婦同㫌世罕言

여기에 당당하고 지고무상한 절개가 있고 　　　　　有此堂堂太上節[282]

문물이 성한 작은 중원이라 부를 만하다. 　　　　　宜稱郁郁小中原[283]

천리 밖에서 유골을 수습하였고 　　　　　一千里外收遺骨

2백년 이후 탁월한 은전으로 바뀌었네 　　　　　二百年來更卓恩

명성을 세워 영원히 전하니 　　　　　好樹風聲傳永世

위대하도다 선열이 후손을 도왔구나 　　　　　大哉先烈勗哉孫

안동 김명희 삼가 짓다 　　　　　安東　金命熙　拜稿

051 삼가 차운하다 　　　　　謹次

새 정려문에서 옛 정려문을 바라보며 　　　　　棹楔新㫌對舊門

부인의 정렬을 이렇게 칭송하노라 　　　　　夫人貞烈在玆言

부드러운 창자가 마디마디 끊어질 듯한 관하의 길 　　　　　柔腸寸斷關河路[284]

백골이 쌓인 거친 풀밭을 직접 뒤집었네. 　　　　　積骨親翻草莽原

뜻있는 선비는 백년동안 잊었던 것에 눈물지었고 　　　　　淪沒百年志士涕

흥망성쇠가 지나 오늘 성상이 은전을 하사하였네 　　　　　衰榮今日聖君恩

화산 가문의 업적은 영원히 전해지고 　　　　　花山永世傳承業[285]

말총 망건이 남아 자손에 보여주네. 　　　　　留取巾鬏示子孫

---

281 청구(靑丘/靑邱): 중국에서 한반도를 부르던 명칭이다. 동쪽이 청색을 의미하여 동방의 나라라는 뜻으로 사용되었다. 《청구풍아》·《청구도》·《청구야담》 등으로 쓰였다.
　　홍문(紅門): 홍살문(紅箭門), 정려(㫌閭), 정문(㫌門), 작설(綽楔), 도설(棹楔)을 말한다. 충신, 효자, 열녀들을 표창하여 임금이 그 집이나 마을 앞, 능(陵), 원(園), 묘(廟), 궁전(宮殿), 관아(官衙) 등에 세우도록 한 문을 말한다.

282 태상(太上): 최고의 경지. 지고무상

283 욱욱(郁郁): 초목이 무성하다. 향기가 짙다. 문채가 화려하다.
　　소중원: 한반도가 중국의 중원에 비하여 작은 중원이라고 말하였다. 《旅軒先生續集》〈靑邱圖說〉: 하늘에 닿아 끝이 없는 큰 바다가 둘러 있으니, 이는 동쪽·서쪽·남쪽 세 귀퉁이가 모두 바다인 것이며, 흰 뫼와 백설과 같은 산악이 구름 속에 꽂혀 있으니, 이는 백두산(白頭山)이 북쪽에 웅장하게 서리고 있는 것이며, 가덕도(加德島)·거제도(巨濟島)·남해도(南海島)·진도(珍島) 등의 여러 섬이 영남과 호남의 발가락이 되어 있으니, 청구(靑邱)의 지맥이 여기에서 멈추었다. 지기(地氣)와 토맥(土脈)과 산수(山水)의 정영(精英)이 멀리 중국과 바다를 격하여 서로 통하고 구역은 달리하나 함께 부합하니, 참으로 이른바 작은 중원[小中原]이란 것이다. 묘향산(妙香山)이 북쪽의 진산(鎭山)이 되어 있고 구월산(九月山)이 서쪽에 높이 솟아 있고 금강산(金剛山)이 동쪽에 빼어나고 지리산(智異山)이 남쪽에 웅장하고 태화산(太華山)이 중앙에 서리고 있으니, 이것이 곧 오악(五嶽)이며, 낙동강(洛東江)이 남해(南海)로 들어가고 한수(漢水)와 대동강(大同江)과 압록강(鴨綠江)이 서해로 들어가니 이것이 곧 사독(四瀆)이다.

284 관하(關河): 본래는 함곡관과 황하의 합칭이었으나, 여기서는 관서(關西) 지방을 지칭한다.

285 화산(花山): 화산부원군(花山府院君) 권극화(權克和), 화천군의 부친. 1411생원시에 장원, 벼슬은 형조참판에 이르렀으며, 영의정으로 추증되었다.

완산 이정원 짓다 　　　　　　　　　　　　　　　　　　完山 李靜遠 拜

052 삼가 차운하다 　　　　　　　　　　　　　　　敬次

명성을 우뚝 세운 의렬문 　　　　　　　　　　　　卓樹風聲義烈門

마땅히 붉은 붓으로 아름다운 말을 표현할만 하네. 　宜將彤管作徽言

이미 나라를 위해 기꺼이 목숨을 바칠 줄 알았고, 　已諳爲國甘損命

바느질한 옷깃으로 전쟁터에서 분간하였다네 　　要使縫裾辨鬪原

백년 후에 정절의 미덕을 추가로 포상하였으니 　　百年追褒貞節美

황천에서 더욱 성상의 은전에 감격하리 　　　　　九泉更感聖朝恩

한 세대가 공경하고 감탄할 만한 터전, 　　　　　堪爲一世欽嘆地

음덕이 장차 후손에게 미치는 것을 보리라. 　　　餘蔭將看逮後孫

성주 후인 이경용 삼가 쓰다 　　　　　　　　星州后人 李敬容 謹稿

053 삼가 차운하다 　　　　　　　　　　　　　　　敬次

백년동안 두 번이나 정려문을 받았으니 　　　　　　　　百年先後兩旌門

의리를 흠모하고 충정을 본받는 사람 누가 칭송하지 않으리 慕義效忠孰不言

지방 관리로 임명되어 국가보위를 알았고 　　　　　　　墨綬暫紆知報國[286]

붉은 실로 몰래 꿰맨 표식으로 들판에서 찾았네 　　　　朱絲窈識驗求原

밝디 밝은 하늘은 사사롭게 비추지 않는 법 　　　　　　明明上載無私照

황천에서 목메어 흐느끼며 그 은혜에 감읍하리. 　　　　咽咽下泉庶感恩

사림들은 여전히 목을 길게 빼고 함께 축하하니, 　　　　引領士林猶共賀

전해지는 가풍이 자손에게 계승되리 　　　　　　　　餘風遺俗矧爲孫

 무인년 하순 성주 후인 이서용 삼가 쓰다

　　　　　　　　　　歲在戊寅下弦 星州後人 李瑞容 謹稿

054 삼가 차운하다 　　　　　　　　　　　　　　　敬次

가정에 순종하고 나라에 몸을 허락하고 요행이 같이 정려문을 받았으니

　　　　　　　　　　　　　　　宜家許國幸同門[287]

---

286 묵수(墨綬): 관리가 패용하는 검은 색 인수(印綬), 지방관리가 주로 사용한다. 잠우(暫紆): 관리들이 잠시
　맨다는 관인으로 황제의 은총을 과시한다.

윤리도덕을 북돋자던 각각의 약속을 이행하였네 　　扶得彛倫各踐言

흔들리지 않는 충정이 해골이 되어 뒹굴던 땅 　　忠悃靡渝塗腦地

믿음이 과연 증거가 되어 유골을 수습하던 들판 　　貞諶果驗拾骸原

원근에 있는 한 세대 사람들이 모두 탄복하고, 　　邇遐一代爲人歎

전후의 쌍 정려문으로 성상의 은전을 받았네 　　前後雙旌荷聖恩

명성을 영원히 수립하고 유학의 고장을 표방하였으니 　　永樹風聲標闕里[288]

어찌 음덕이 자손에게까지 미치지 않으랴. 　　那無陰騭曁仍孫

　무인년 2월 22일 성주 후인 이정용 삼가 쓰다

　　　　　　　　　戊寅仲春下弦星山後人 李正容 謹稿[289]

055 삼가 차운하다 　　敬次

떨어진 투구가 줄지어 있는 묘소 앞에서 조문하였던 　　落冑招招弔戟門[290]

부인의 정렬은 역사에 기록되어 있네 　　夫人貞烈史垂言

비단옷을 얼룩 무소 갑옷으로 바꿔 입었지만, 　　羅衣換着文犀甲[291]

유골을 수습하여 전투마가 뛰는 들판에서 돌아왔네. 　　戰骨收來鐵馬原[292]

뜻있는 선비는 백 년 동안 감격의 눈물을 뿌리는데 　　志士百年揮感涕

성상이 오늘 포상과 은전을 내렸네 　　聖朝今日降褒恩

또 듣자니 옥상자에 옷깃이 보관되어 있다는데 　　且聞玉匣藏衣領

명가에 이런 후손이 있다는 것에 깊이 감사하노라. 　　多謝名家有是孫

수양 최명귀 삼가 짓다 　　首陽 崔命龜 謹稿

---

287 의가(宜家): 가정에 순종하다. 《시경(詩經) · 주남(周南) · 도요(桃夭)》에서 나온 말이다.

288 궐리(闕里): 춘추시대 공자(孔子)가 거주하던 집으로 산동성 곡부(曲阜)안에 있다. 유학를 상징한다.

289 하현(下弦): 음력 22일, 혹은 23일. 이정용(李正容): 정조 20년 병진(1796) 4월 12일(정해) 진사
《조선왕조실록》 정조 20년 병진(1796) 4월 12일(정해)의 기록
훈련도감이 아뢰기를, "지난밤에 흰옷을 입은 사람 하나가 궁궐 담장 아래에 취해 누워 있기에 호패(號牌)를 살펴보니 진사(進士) 이정용(李正容)이었습니다. 이유를 물었더니, '마침 반촌(泮村)에 들어갔다가 술을 마신 뒤에 야금(夜禁)을 범하게 된 줄도 몰랐습니다.'라고 하였습니다. 법에 따라 형조로 이송하겠습니다."하니, 전교하기를, "반촌의 민가는 지붕이 집춘영(集春營) 건물과 서로 맞닿아 있으니 야금을 범한 것으로 논해서는 안 된다. 근래에 조정 관료든 선비든 막론하고 주량이 너무 적어서 술에 취하는 풍류가 있다는 말을 듣지 못하였다. 그런데 이 유생은 술 마시는 멋을 알고 있으니 매우 가상하다. 군향색(軍餉色)에서 주채미(酒債米) 1포(包)를 지급하게 해서 술로 취하게 하여 그 덕을 살피겠다는 뜻을 보이도록 하라."하였다.

290 극문(戟門): 창을 세워 만든 문. 고대 제왕이 출타하여 머무는 곳에 창을 세워 문을 만들었다. 나중에는 유명한 가문이나 관청, 혹은 묘소 앞의 석문을 의미하고 있다.

291 서갑(犀甲): 무소 가죽으로 만든 갑옷

292 철마(鐵馬): 철갑(鐵甲) 입힌 전마(戰馬)를 말한다.

056 삼가 차운하다　　　　　　　　　　　　　　　　　　　　敬次

한 가문에 두 개의 정려문이 높이 걸렸고　　　　　　　　一門高揭兩旌門
우리 동방 나라에서는 충신과 열녀를 사실대로 말할만 하네　忠烈吾東可質言[293]
남몰래 붉은 실로 꿰맨 옷깃이 마침내 증험이 되었고,　　暗繡驗來紅線領
굳센 영혼을 불러내어 백사 들판에서 모셔왔도다.　　　毅魂招得白沙原
당시의 부부는 마음속의 의리를 알았고　　　　　　　　當年夫婦知心義
오늘날의 군신은 보기 드문 은전에 감사하네　　　　　　此日君臣曠感恩
고향집 마루 앞에서 정려문을 우러러보니　　　　　　　肯構堂前瞻棹楔[294]
오랜 가문의 음택이 여전히 후손에게 전해졌구나　　　　古家餘澤尙傳孫
심명한 삼가 짓다　　　　　　　　　　　　　　　　　　沈命漢　拜稿

057 삼가 광석촌의 정려문 시에 차운하다　　　　　　　敬次　廣石　旌門韻

그 영광이 어찌 정려문에만 머물겠는가.　　　　　　　光輝可但在旌門
진귀한《존주휘편》은 성스런 칭송을 기록하였네　　　珍重彙編載聖言
사내가 나라 일을 하다 죽는 것은 쉽지 않은데,　　　男子已難死于事
부인은 하물며 들녘에서 유골을 수습했네.　　　　　婦人況是收諸原
흰 말총 망건은 6대동안 가문의 공적으로 전해지고　白鬃六世傳家烈[295]
정려의 표식이 백 년 후 나라의 은혜로 났네.　　　　朱角百年耀國恩
정문에 경의를 표시하기 전에 도리어 격려하고,　　　不待式閭猶激勵
이 시구를 부질없이 어진 자손에게 부치노라.　　　　謾將詩句付賢孫
정헌 삼가 쓰다　　　　　　　　　　　　　　　　　　鄭瀗　拜稿

058 삼가 권씨 선대 정려문 시에 차운하다　　　　　　敬次　權氏先世　旌閭韻

절의의 포상과 정려 가문이 얼마나 되며　　　　　　　褒旌節義幾人門
이렇게 쌍으로 이룩한 가문은 역사에도 드물다.　　　如彼雙成史罕言
정렬은 지금 청해석처럼 굳건하고,　　　　　　　　　貞烈至今靑海石

293　질언(質言): 사실대로 말하다. 직언. 질박한 말
294　긍구(肯構): ‘肯堂肯構’ 혹은 ‘肯構肯堂’으로 쓰이는데, 본래는 건물을 건축하는 행위를 말하였는데, 나중에
　　는 자식이 아버지의 가업을 계승하는 것을 비유한다. 줄여서 ‘肯堂’이라고도 한다.
295　가열(家烈): 조상의 공적

충혼은 예부터 백마강의 들녘에 서려있다.　　　　　忠魂從古白江原
당시의 삶과 죽음에 대해 여한이 없고　　　　　　　當時生死無遺憾
흥망성쇠가 지난 오늘에야 결국 성은을 받았네　　此日衰榮摠聖恩
2백여 년이 지났으니 오히려 공경이 늦었지만　　二百餘年猶遲敬
의건은 고택의 후손들이 보호하고 있네　　　　　衣巾護在故家孫
완성 이소하 삼가 짓다　　　　　　　　　　　　　完城　李韶夏　拜稿

059 삼가 차운하다　　　　　　　　　　　　　　　敬次
충신과 열녀가 쌍으로 한 가문을 온전히 빛냈다며　忠烈雙全耀一門
지금도 패관의 역사를 언급하고 있네　　　　　　浿關遺事至今言[296]
들을 수 있다네, 장부가 몸을 바친 그 땅　　　　可聞君子殉身地
곧바로 침범했던 오랑캐가 말을 먹이던 들녘　　直犯胡奴飮馬原
역사의 빛은 후대에 미덕을 남겼고　　　　　　　青汗有光垂後美[297]
붉은 정려문은 성은의 포상을 받기에 손색이 없네　丹楣無愧獎賢恩
옛날 의건은 아직도 보관되어 있으니　　　　　　舊時巾服藏猶在
명문가의 훌륭한 자손에게 계승된 것을 축하하네.　更賀名家不忝孫
성주 이희용 삼가 짓다　　　　　　　　　　　　星州　李喜容　拜稿

060 삼가 정려문 축하 시에 차운하다　　　　　　敬次　旌門賀詩韻
많은 선비들이 궁성 북문에서 어가를 맞이하며　　多士迎鑾國北門[298]
정렬을 포상해달라고 삼가 진정을 올렸네　　　　褒揚貞烈謹陳言
붉은 실은 과연 옷 솔기의 증거가 되었고　　　　紅絲果得衣縫驗
마침내 화살이 쏟아지는 들녘에서 백골을 수습했네　白骨終收矢復原
백세토록 변하지 않는 충절의리　　　　　　　　百世不渝忠節義
두 번의 은전으로 쌍 정려문이 걸렸네　　　　　雙旌昭揭後前恩
몸소 성대한 예식을 우러러보니 더욱 영광스럽게 느끼니,　躬瞻盛禮偏榮感

296　패관(浿關): 평양
297　청한(青汗): 청간(青簡), 역사책을 의미한다. 고대에는 죽간에 사건을 기록한 것에서 나온 말이다. 죽간을
　　만들 때 반드시 불로 구워 물을 제거해야 글씨를 쓰기 쉽고 충해를 방지할 수 있어서 이것을 '青汗' 혹은
　　'汗青', 또는 살청(殺靑)이라고 한다.
298　영난(迎鑾): 황제를 영접하다. 난(鑾): 어가

모두 화천군의 후예 자손이로세   均是花川後裔孫

종말 재인 삼가 쓰다   宗末 在仁[299] 謹稿

061 삼가 차운하다   敬次

사려 깊은 마음으로 비단과 말총을 달고 눈물로 이별한   多意緞鬃泣別門

옛날 일이 처량하여 말을 할 수가 없네   凄涼往事不能言

붉은 충심은 봉양산 서쪽 해 아래 빛났고,   丹心鳳壤山西日

전투의 유혈이 대동강의 북쪽 들녘으로 흘렀네   戰血大同水北原

충신과 열녀가 함께 천년동안 존경을 받는   忠烈幷爲千載式

정려와 포상으로 또 성은을 입었네   旌褒又是聖朝恩

훌륭한 절개가 백년 만에 결말을 얻었으니   百年卓節成終始

두 가지 미덕을 지닌 우리 문중 효손의 덕이네   兩美吾宗有孝孫

족손 극인 삼가 짓다   族孫 克仁 謹稿[300]

062 삼가 차운하다   敬次

열녀와 충신이 한 가문에 짝을 이루었고   烈女忠臣配一門

당시의 정렬과 의리는 지금까지 칭송되고 있네   當年貞義至今言

국가에 몸을 바쳐 두 개의 절의를 이룩하니   殉身池邑成雙節

제나라 성이 무너질듯한 통곡이 황천까지 관통하였네   善哭齊城徹九原

선비들이 일제히 공론를 모아 정려문이 일신되었고   棹楔重新齊士議

조서를 두 번이나 내린 성은을 칭송하네   絲綸再降頌天恩[301]

비단과 말총 두건은 보물이 되어야 마땅하니   緞鬃當作靑氈寶

권공 가문에 영원히 보존할 자식과 손자가 있네   永世公家子又孫

한산 후인 이희채 쓰다   韓山後人 李熙采 稿

063 삼가 차운하다   敬次

충신 남편 부인 열녀의 쌍 정려문   夫忠婦烈兩旌門

우리 동쪽 나라 역사에서 영원히 칭송되고 있네   靑史吾東永世言

---

299 권재인(權在仁): 안동 권씨 화천군파 부사공지파 32세, 자는 여근(汝根)
300 권극인(權克仁): 안동 권씨 화천군파 부사공지파 32세, 자는 종원(種元)
301 사륜(絲綸): 제왕의 조서

적진으로 달려가 국가를 위해 죽을 것을 미리 알고	赴賊己料身死國
바느질한 비단으로 분간했던 피가 흐르는 들녘.	縫衣終卞血流原[302]
천추의 높은 절개는 진실로 가려지기 어려웠던 지	千秋高節誠難掩
2백 여 년만에 포상과 영예라는 성은을 받았네	四甲褒榮降聖恩
광석리에 터전을 잡고 조상의 업적을 빛냈으니	石里構堂光祖業
어찌 현손이 음덕을 받지 않으랴	得非遺蔭有賢孫
이기서 삼가 짓다	李箕敍 拜稿

064 삼가 권중양 댁 추가 정려문 시에 차운하다　奉和權益中養 宅上 追㫌韻

오랜 가문의 우뚝 솟은 두 개의 절개	卓然雙節古家門
《존주휘편》이 분명하게 기록하여 한 마디로 요약하였네	昭載周編蔽一言[303]
붉은 실로 의로운 결의를 맺고 비단 옷깃을 마름하였는데,	義結朱繩裁錦領[304]
영혼은 흰 상복 입고 고향 들녘으로 돌아왔네	魂隨縞服返楸原[305]
당시에 풍성한 포상과 은전을 받았고	當時太盛幷褒典
후세에 더욱 빛나 추가로 은전을 받았네	後世愈光追表恩
선조의 음덕이 면면히 이어져 보답을 받아 마땅하니	餘慶綿綿宜食報
이것으로 훗날 반드시 현손이 생긴 것을 알겠네	從知來許有賢孫[306]
오천 후인 정해인 삼가 짓다	烏川後人 鄭海仁 拜稿

065 우리 선조 매돈공과 복천공은 정분이 매우 두터워, 시문으로 서로를 교대로 편지를 주고받는 일이 끊이지 않았다. 그때 주고받은 주옥같은 글들은 지금도 집안의 옛 서첩 속에 많이 보존되어 있다. 대대로 이어온 교분은 단지 글로만 맺어진 것이 아니었으며, 이는 마치 원례(元禮)의 고사에 견줄 만한 의리였다. 지난번 귀댁에 정려문이 내려왔을 때에는 마땅히 먼저 댁으로 가서 새로운 모습을 구경

302　변(卞): 변(辨), 구별하다
303　소재(昭載): 수록되다
304　의결(義結): 의기투합한 친구 혹은 형제 자매 관계를 맺는 것을 말한다. 주승(朱繩): 현악기의 붉은 줄, 정직한 품성을 비유한다.
305　호복(縞服): 흰 옷, 상복
306　래허(來許): 후진. 후배. 《시경》〈하무(下武)〉에, "이와 같이 밝은지라 후세에서 그 선조의 발자취를 계승한다면, 아, 만년토록 하늘의 복을 받으리라.(昭玆來許, 繩其祖武, 於萬斯年, 受天之祜.)"에서 나온 말로, 주희(朱熹)의 주(注)에 "무왕(武王)의 도가 밝음이 이와 같으니 후세에서 능히 그 자취를 계승한다면 오랫동안 천록(天祿)을 누리고 폐해지지 않을 것이다."라고 하였다.

했어야 했으나, 마침 병이 나서 늦게 도착하는 손님조차 되지 못한 것이 한탄스럽
다. 이에 감히 제 글솜씨가 서툰 것을 잊고 삼가 그 아름다운 운율에 화답하여, 우
러러 사모하는 진심을 담고, 여러 세대에 걸친 우의를 더욱 돈독히 하고자 한다.

余之先祖梅墩公與福川公 情好甚密 以詩文相推 郵筒之傳 往來不絶 其時瓊章寶唾
多在家莊遺帖之中 奕世通好之誼 不止爲文 擧之於元禮矣[307] 向者高門之 命旌也 事
當先詣堂下 以觀新美 以適有採薪之憂[308] 未作末至之客 以此恨歎 玆敢忘其拙陋 謹步
瓊韻以寓景慕之誠 以篤屢世之好焉

관서로 가는 천리 길 규방을 바라보며	關西千里視閨門
삶과 죽음은 잊을지언정 맹세를 믿었네	生死寧忘信誓言
남자의 일로 여자가 몸소 길을 나섰고	女子身行男子事
남의 산에 있던 유골을 고향 들녘으로 돌려왔네	他山骨返故山原
비단과 말총 두건은 아직도 당시의 절개를 기억하고	緞鬃尚記當時節
정려문이 거듭 걸리는 성은을 입었네	棹楔重紆聖世恩
충신과 열녀를 영원히 가업으로 전하니	忠烈永爲傳家業
그대 선조는 부끄럽지 않은 현손을 두었구려	爾先無忝有賢孫
유혜중 삼가 짓다	柳惠中 拜稿

066 삼가 차운하다 　　　敬次

정묘년의 충신 권씨 문중	丁卯忠臣權氏門
성이 무너지는 당시의 사건을 옛날에 들었네	崩城時事昔聞言
특이하게 제작한 의건으로 전장에 나가던 그날	衣巾異制戎行日
얼굴과 머리카락이 살아있는 것처럼 들판에서 전사하였다네	顔髮如生戰死原
의사록 속에 여사가 빛났고	義士錄中光女史
예조 관리의 상소가 올라가 성은을 입었네	禮官章上侈君恩

---

307 원례(元禮): 이응(李膺, 110~169)의 字. 동한 시대 명사. 곽태(郭泰)가 낙양에서 유학하던 중, 당시 하남윤이
던 이응을 만났다. 이응은 그를 크게 칭찬하였고, 이에 두 사람은 곧 서로 친한 벗이 되어 이름이 서울에
널리 퍼졌다. 훗날 곽태가 고향으로 돌아가게 되자, 사대부들이 그를 전송하기 위해 강가까지 따라나섰는
데, 수레가 수천 대에 이르렀다. 그러나 곽태는 오직 이응하고만 같은 배를 타고 강을 건넜다. 손님들이
두 사람을 바라보니, 마치 신선과도 같았다. 그래서 '이곽동주(李郭同舟)' '원례동주(元禮同舟)'라는 전고
가 생겼다. 지기(知己)가 귀천을 따지지 않고 친밀하게 교류하는 것을 비유한다.
308 채신지우(採薪之憂): 나무를 할 수 없을 병을 얻다. 병이 든 것을 완곡하게 표현한 것이다.

오늘 아침 잔치 손님이 오두 아래에 모였고   今朝讌客烏頭下
명문가의 후손은 육세손까지 아득하게 이어졌네   華胄遙遙六世孫[309]
윤렴 삼가 짓다   尹㮹[310] 謹稿

067 삼가 차운하다   敬次

남편이 전쟁에 나가니 아내가 전송하였고   夫子從戎婦送門
분명히 한 번 죽는다는 말이 사실이 되었네   分明一死與成言
변방의 유골을 수습하려고 천리를 지났고   骨收關塞經千里
명검이 연평진에서 용이 되어 날 듯 황천의 넋이 되었네   劍會延津招九原[311]
조선에 명성을 떨치던 그날   左海風聲樹當日[312]
장년이 되어 특별히 입은 은전에 깊이 감격하네   丁年曠感荷殊恩[313]
비단과 말총 두건의 옛 물건은 보물이 되어   緞鬃舊物留爲寶
화산(花山)의 영원한 자손들에게 보여주네   傳示花山永世孫
윤○ 삼가 쓰다   尹○ 謹稿

068 삼가 차운하다   敬次

충성의 정려와 정렬의 포상으로 고상한 가문이 빛나고   旌忠襃烈耀高門
대대로 이어진 명성이 영원히 입에 오르네   昭代風聲永有言
전투복에 표식하여 전송하고자 바느질했던 봄날   標送征衣春刺線[314]
풀이 어지러운 들녘에서 유골을 찾아 돌아왔네   搜來香骨草蔓原
죽음을 미리 알고 살신성인의 의지를 완성하였고   死綏已料成仁志
임금이 애도하며 세상에서 볼 수 없는 은전을 베풀었네   隱卒偏蒙不世恩[315]
최근 우리 고장에 좋은 일이 많았지만   近日吾鄕多美事

---

309 화주(華胄): 명문가의 후예

310 윤렴(尹㮹): 《일성록》 정조 21년 정사(1797) 9월 12일(무인) 10개 고을 유생들의 응제 시권(應製試券)을 채점하여 내리고 차등 있게 시상하였다. 초차상을 맞은 유학 윤렴(尹㮹) 등 8인이다.

311 검회연진(劍會延津): 검화연진(劍化延津), 모두 죽음을 완곡하게 표현한 말이다. 《진서(晉書)》에 실린 장화(張華)와 뇌환(雷煥)의 전설에서 유래되었다. 명검 용천(龍泉)과 태아(太阿) 두 자루가 연평진(延平津)에서 용으로 변해 하늘로 올라갔다는 고사이다.

312 좌해(左海): 한국. 한반도

313 정년(丁年): 성년. 장년

314 정의(征衣): 전투복

315 은졸(隱卒): 임금이 죽은 신하에게 애도하다.

그대의 가문에 있는 현손을 먼저 축하하네   君家先賀有賢孫

윤거 삼가 쓰다   尹秬　謹稿

069 삼가 차운하다   敬次

붉은색과 흰색을 바느질하여 군문에서 전송하였고 裁縫紅白送和門[316]

유골을 수습한 곧은 마음을 미처 말로 다 못했네 收骨貞心在未言

정묘년에 강력한 도적을 한탄했던 丁卯年間嗟劇虜[317]

대동강 가의 황량한 들녘 大同江上是荒原

'존주(尊周)' 두 글자는 역사에서 영원히 사라지지 않는지 三編不朽尊周字

6대 이후에 새로 성은을 입었네. 六世新蒙表宅恩

팔도는 지금 태평성대이니 八域今當太平日

응당 후손에게 슬픔과 감회가 더욱 깊어질 것이네 也應悲感倍遺孫

 이시항 삼가 짓다   李時沆　拜稿

070 삼가 차운하다   敬次

조정은 큰 은전을 베풀어 거듭 정려문을 하사하였고 朝家大典重旌門

찬란해진 충신과 열녀문은 비로소 칭송할 만하네 忠烈煌煌始可言

원한을 품고 죽었던 수양이 승전의 안시성이 되었고 化厲睢陽作安市[318]

효원과 비슷하게 패수 옆 언덕에서 영혼을 불렀네 招魂浿壘似崤原

능력 있는 남자도 도리어 어려운 일이니 能成男子猶難事

특별히 흔치 않은 성군의 은전을 받았네 特被君王未易恩

붉은 깃과 흰 망건은 무한한 감회를 가지고 있으니 紅領白巾無限感

가문을 빛낸 현손이 있음을 알겠노라 揚光知是在賢孫

이시적 삼가 짓다   李時迪[319]　拜稿

316　화문(和門): 군문(軍門)

317　극로(劇虜): 강력한 도적

318　화려(化厲): 원한을 품고 죽다. 수양(睢陽): 장순(張巡)과 허원(許遠) 두 장군이 안녹산(安祿山)의 난리(755)
　　를 막다가 장렬하게 전사했던 곳이다. 안시(安市): 안시성. 당태종(唐太宗)이 고구려를 공격했을 때, 양만
　　춘(楊萬春)이 이를 맞이하여 크게 격파한 성이다.

319　이시적(李時迪):《일성록》정조 18년 갑인(1794) 4월 9일(을축) 동지

071 삼가 차운하다 　　　　　　　　　　　　　　　敬次

어가가 돌아와 궁궐에서 교서를 내려 　　　　　　鸞回紫紙降天門
숙부인을 정려하고 칭송하였네 　　　　　　　　　旌淑夫人曰有言
남자 복장으로 천리 길 변방에 가서 　　　　　　男子行裝千里塞
장군의 혼백을 선산으로 돌려왔네 　　　　　　　將軍歸魄萬年原
붉은 색과 흰색 의건의 의지가 분명하니 　　　　衣巾紅白分明志
정려문의 단청을 차례로 은전을 베풀었네 　　　棹楔丹靑次第恩
태평성대인 오늘날 절의를 찾으려면 　　　　　　聖代卽今求節義
또한 고향의 후손에게 물어야 마땅하리 　　　　也應故里問遺孫
이시우 삼가 짓다 　　　　　　　　　　　　　　　李時祐 拜稿

072 삼가 화답하여 바치다 　　　　　　　　　　　奉和敬呈

포상이 눈부시게 빛나는 집안의 경사를 축하한다. 　　褒典煌煌賀在門
나 같은 후생이 더 무슨 말을 할까 　　　　　　後生如我贅何言
흰 말총 두건으로 죽음을 알아챘던 계곡, 　　　白鬃已判身損壑
누가 붉은 명정을 부축하고 시신을 선산으로 돌아오게 했는가

　　　　　　　　　　　　　　　　　　　　丹旐誰扶體返原[320]

열녀 부인은 얼마나 오래도록 각박한 풍속을 돈독하게 만들었던가

　　　　　　　　　　　　　　　　　　　　烈婦久敦衰薄俗

충신문은 성상의 은전을 먼저 받았네. 　　　　忠臣先寵聖明恩
선대의 유풍이 부끄러움이 없도록 도와주었고 　　遺風勖以能無忝
큰 나무가 있는 마을 속에 후손이 사는구나 　　喬木村中有後孫
오천인 정해직 삼가 짓다 　　　　　　　　　　烏川人 鄭海稷 謹稿

073 삼가 차운하다 　　　　　　　　　　　　　　　敬次

세상에 많은 정려문이 그 가문을 빛냈지만 　　世多棹楔耀其門
그대 가문의 충렬문이 가장 칭송할만 하네 　　忠烈君家最可言
절의와 여인의 정절로 죽음을 함께 하였고 　　義在女貞同死伍

남편의 힘이 미치지 못해 지키지 못한 한이 남았도다　　　　恨餘夫力失拘原
아, 땅에 떨어진 남은 말총 두건이 분명한 증거가 되었고　　　遺鬃委地嗟明驗
의연한 혼백은 선산으로 돌아와 은전에 감동하네　　　　　　毅魄還山慟○恩
백 년 동안 공론이 순서대로 펼쳐졌고　　　　　　　　　　公議百年伸次第
두 개의 정려문이 걸려 현손을 축하하네　　　　　　　　　兩旌雙揭賀賢孫
무인년 모춘 김윤귀 삼가 짓다　　　　　　　　　戊寅暮春　金允龜[321] 拜稿

074 삼가 차운하다　　　　　　　　　　　　　　　　　　敬次
새 정려문에서 옛 정려문을 대하니　　　　　　　　　　　新旌門對舊旌門
지난 일은 어제 들은 말과 같구나　　　　　　　　　　　　往事如聞昨日言
전쟁에서 몸을 바칠 것을 미리 알아차렸던 땅　　　　　　　鋒鏑已料殉身地
의건은 과연 들녘에서 유골을 수습한 증거가 되었네　　　　衣巾果驗拾骸原
고향 사람들이 항상 감동하는 까닭은　　　　　　　　　　鄉人所以長興感
성군이 가상하게 여겨 특별히 은전을 내린 것이네　　　　　聖主嘉之特降恩
육대가 지나서야 비로소 잊혀진 혼령의 한이 풀리고　　　　六世方神湮沒恨
오랜 가문에 뛰어난 손자가 있는 것이 얼마나 다행인가　　故家何幸有英孫
무인 모춘 김윤용 삼가 짓다　　　　　　　　　　戊寅暮春　金允龍拜稿

075 삼가 차운하다　　　　　　　　　　　　　　　　　　敬次
전쟁 유골이 옛 성문에 산처럼 쌓여 있고　　　　　　　　如山戰骨古城門
그 속에 있는 충신의 영혼을 누가 불렀던가　　　　　　　中有忠魂孰招言
흠모할만한 깊은 규방의 현명한 과부　　　　　　　　　　艷是深閨賢寡婦
분간 능력을 지니고 걸어서 패관의 들녘에 이르렀도다　　判能徒步浿關原
의건이 남아 분명한 증거가 되었고　　　　　　　　　　　衣巾留作分明驗
정려문을 다시 내려 순서대로 은전을 베풀었네　　　　　　棹楔重新次第恩
하물며 훌륭한 명성이 국사에 남아 있으니　　　　　　　　況復芳名垂國史
영원히 가문의 법도가 후손에게 이어갈 것이다　　　　　　永將家法詔來孫
윤영세 삼가 짓다　　　　　　　　　　　　　　　　尹榮世　謹稿

---

076 삼가 차운하다 　　　　　　　　　　　　敬次

부인의 열녀문과 남편의 충신문이 한 가문에 모이니 　婦烈夫忠萃一門
명성을 영원히 세웠다며 선비들이 칭송하네 　　　　風聲永樹士林言
부인이 바느질한 붉은색과 흰색은 천 가닥마다 근심이 서렸고 　女縫紅白愁千縷
남자 옷을 입고 황망하여 구원에서 눈물을 지었네 　男服蒼黃淚九原
북방 평정의 공을 세우고자 군대에 투입할 뜻을 두었고 　破薊功期編伍志[322]
종주국에 대한 의리는 번방을 다시 살려준 은혜에 있었네 　尊周義在造藩恩[323]
백년동안 보기 힘든 은전이 오늘 확대되었고 　百年曠典伸今日
전통 가문의 쌍정려문이 후손에게는 은총이로다 　故宅雙旌寵後孫
윤영의 삼가 짓다 　　　　　　　　　　　　尹榮義　拜稿

077 삼가 차운하다 　　　　　　　　　　　　敬次

동방 국가에는 이런 정려문은 다시 없다며 　東方無復此旌門
길거리에서 소문듣은 행인들은 손바닥을 치며 칭송하네 　道聽行人抵掌言[324]
하나의 옷깃과 말총 두건으로 이별의 길을 전별하고 　一幅襜緊餞別路
천추의 절의를 가지고 들판에서 전사하였네 　千秋節義戰亡原
고귀한 명성은 오히려 운각의 명성보다 뛰어났고 　高名猶勝盡雲閣[325]
정렬은 역시 성은을 받을 만 하네 　　　　貞烈亦宜奉聖恩
국가를 위해 가문을 위해 공적을 다 완수하지 못했지만 　爲國爲家未了蹟
또 선업을 계승할 현손이 있구나 　　　又承先業是賢孫
정동영이 삼가 올리다 　　　　　　　　　鄭東永　奉呈

078 삼가 차운하다 　　　　　　　　　　　　敬次

떨어진 투구를 친히 수습하고자 어문을 나섰고 　親收落冑出魚門[326]

322　계(薊): 중국 천진(天津) 부근의 지명. 춘추전국시대 연(燕) 나라의 도읍지이자 안녹산(安祿山)이 반란을
　　일으킨 곳이다. 중국 연경을 갈 때 지나야 하는 지역이다. 금나라 때 군사적 요충지였다.
323　존주의(尊周義): 존주대의(尊周大義), 정통 왕조를 받들어 섬기는 의리. 조선이 명나라를 종주국으로 섬기
　　려는 의리.
　　조번은(造藩恩): 번방의 나라를 다시 살려준 은혜. 재조번방(再造藩邦)이라고 한다. 임진왜란 때 명나라가
　　조선을 도와 왜국을 격퇴한 은혜를 말한다.
324　저장언(抵掌言): 저장이담(抵掌而談), 손바닥을 치며 말을 하다.
325　운각(雲閣): 후한(後漢) 명제(明帝)가 전세(前世)의 공신(功臣)을 추념하여 장수 28인의 초상을 그리게 한
　　누대의 이름. 운대(雲臺)라고도 한다.

《여사편(女史篇)》의 언어 기록을 빛냈네　女史篇中煥記言[327]

천리 변경의 구름을 보니 굳은 살 박힌 발이 근심스럽고　千里關雲愁繭足

오경에 규방에 뜬 달은 황량한 들판을 애도하네　五更閨月弔荒原

그 높은 절개는 북두성과 겨룰 만하고,　也應星斗爭高節

마침내 자형화처럼 성상의 은혜가 넉넉히 내렸네　終看紫荊霑聖恩

들자 하니 의건이 오래도록 전해지고 있다니　聞說衣巾傳久遠

명문가에는 육대동안 현손이 있었구나　名家六世有賢孫

　화산 후인 김근항 삼가 쓰다　　山後人　金近恒　拜稿

079 삼가 권 어른 선대 정려문 시에 차운하다　敬次　權丈先世　旌閭韻

잇따라 영예로운 정려문이 한 가문에 집중하니　棹楔聯芳萃一門

백 년 동안 사관의 기록을 보았으리라　百年夷考史臣言[328]

변복을 하고 황량한 변방을 뚫고 가지 않았다면　不能變服穿荒塞

어찌 유골을 수습하여 고향으로 돌아올 수 있었겠는가　安得收骸返古原

절의는 마침내 천고의 한을 남기게 되었지만　節義終成千古恨

포상과 선양은 모두 두 왕조의 은전을 입은 것이네　褒揚均被兩朝恩

남아 있는 비단 깃은 보물처럼 대접을 받고 있으니　留將緞服靑氈視

충효 가문 속에 훌륭한 후손이 있었구나　忠孝家中有肖孫

　완산 후인 이병연 재배하다　　完山後人　李秉淵　再拜

080 삼가 차운하다　敬次

몸을 곧게 세우고 홀로 대동문으로 출발하고　挺身獨出大同門

충혼이 되어 돌아오겠다는 맹세 죽어서 말이 없네　誓返忠魂死不言

정위새의 미약한 정성도 푸른 바다를 채우듯　精衛微誠鎭碧海[329]

---

326 어문(魚門): 춘추 시대 주(邾)나라의 성문.《춘추좌씨전》희공(僖公) 23년 조에 "공이 주나라 군대와 승경(升陘)에서 싸워 패배하니, 주나라 사람이 희공의 투구를 붙잡아 어문에다 매달아 놓았다."라고 하였다. 이 노(魯)나라와 주(邾)의 승경에서의 전투는 "적을 가볍게 보면 반드시 패배한다(輕敵必敗)"는 교훈을 남겼다. 북주(北周) 유신(庾信)은 〈애강남부(哀江南賦)〉에서 "투구가 어문에 떨어지고, 무기가 마굴을 가득 메웠다.(青落魚門, 兵塡馬窟.)"라고 하였다.

327 여사편(女史篇): 동한 시대 채옹(蔡邕)이 지은《여사편(女史篇)》을 말한다. 아동의 계몽 교재이다.

328 이고(夷考): 고찰하다

329 정위(精衛): 전설의 새 이름《산해경(山海經)·북산경(北山經)》 "염제의 어린 딸의 이름은 '여와'였다. 여와가 동해에서 놀다가 빠져서 돌아오지 못하였다. 그러자 정위가 서산의 나무와 돌을 물어다가 동해를

충신의 굳센 절조는 삭막한 땅을 헤매였네 　　晉臣苦節蹀焦原[330]

일시에 함께 윤리도덕의 의리를 수립하였으니 　　一時幷樹綱常義

백 년 후에 흔치 않은 은전을 받아 마땅하리 　　百世宜蒙曠絶恩

사람들 입에 오르내리는 명성이 산 아래 고택에 있으니 　膾炙風聲山下宅

두 개의 정려문이 후손을 보호하리 　　雙旌丹闌護雲孫

영천 후인 박영담 삼가 짓다 　　靈川後人　朴英覃　謹稿

081 삼가 광석촌 권 생원 어른 정려문 시에 차원하다

敬次　廣石權生員丈宅　旌門韻

순국한 남편을 따랐던 부인의 권씨 가문 　　殉國從夫權氏門

당당한 충신과 열녀는 지금까지 칭송받고 있네 　　堂堂忠烈至今言

흰 말총 두건에 눈물이 흥건하여 성이 무너질 듯한 대지 　白鬃淚濕崩城地

붉은 비단 깃으로 부른 영혼이 돌이 된 들녘 　　紅緞魂招化石原

두 가지 미덕은 천고의 절개로 전래되었고 　　兩美傳來千古節

쌍정려문을 내린 하늘과 같은 은혜에 감축하네 　　雙旌感祝一天恩

포상과 선양은 이미 《존주휘편》이 기록하였으니 　　褒揚已載尊周錄

어찌 유적에 대해 자손에게 번거롭게 묻겠는가 　　遺蹟何煩問子孫

무인년 7월 초 7일 진천 후인 송현 삼가 짓다

歲戊寅七月上弦　鎭川後人　宋鉉　拜稿[331]

082 정려 시에 삼가 차운하다 　　謹次　旌門韻

춘관은 역사 사실을 조정에 보고하였고 　　春官掌故奏天門[332]

찬란한 공적은 야사의 말을 오히려 증명하였네 　　芳烈猶徵野史言[333]

메웠다.(炎帝之少女名曰女娃. 女娃游于東海, 溺而不返, 故爲精衛, 常銜西山之木石, 以堙于東海)"라고 하였다.

330 진신(晉臣): 진나라를 섬긴 충신.《춘추좌전(春秋左傳)》희공(僖公) 28년조를 보면, 춘추(春秋) 시대에 진(晉)나라 사람이 위후(衛侯)를 귀국시킬 때에 위(衛)나라 사람과 맹약(盟約)을 하였는데, 그 맹약의 내용에 이르기를, "남아있는 사람이 아니면 누가 사직(社稷)을 지킬 것이며, 길을 떠나는 사람이 아니면 누가 목어(牧圉)를 호위하겠는가?(不有居者, 誰守社稷? 不有行者, 誰扞牧圉?)"라고 하였다.
　　접(蹀): 종종거리며 걷다. 배회하다. 초원(焦原): 건조한 땅

331 상현(上弦): 음력 초7, 8일

332 장고(掌故): 고대 예악제도를 관장하던 관직. 후대에는 역사인물과 예악제도와 관련된 사건과 소문을 일컫는다.

333 방렬(芳烈): 찬란한 공적

눈물이 젖은 붉은 비단으로 시신 방을 깔고　　　　　　　淚染紅羅裁柒室[334]
태양에 시든 도깨비 불이 변방의 들녘을 건넜네　　　　　日酸靑燐涉殽原[335]
어진 남편이 의를 위해 죽었으니 어찌 한이 있으랴　　　　良人死義曾何憾
어리석은 부녀조차 또 이 은전을 영광으로 여기네　　　　愚婦知榮又此恩
집안은 대대로 명성과 절개를 귀하게 여겨 왔으니,　　　　家世由來名節貴
명문가의 남은 자손은 반드시 바램이 없을 것이다.　　　　高閭不必願遺孫
안성진 삼가 짓다　　　　　　　　　　　　　　　　　　安成鎭　謹稿

083 삼가 차운하다　　　　　　　　　　　　　　　　　敬次
오랑캐 화살이 보통문으로 침입하였고　　　　　　　　　胡矢箭入普通門
두 절개는 영원히 천추의 칭송을 받고 있네　　　　　　　雙節千秋永有言
남편은 홀로 나라를 위해 죽었고　　　　　　　　　　　　夫子獨能死於國
부인은 자신의 힘으로 들판에서 유골을 수습했네　　　　婦人自力收諸原
또렷한 붉은 깃에 세 번이나 울부짖으니　　　　　　　　分明茜領三號復[336]
일어날 수 없는 찬란한 은전을 다시 내렸네　　　　　　　煇爀烏頭再降恩[337]
차마 당시의 일을 다시 물을 수 없고　　　　　　　　　　不忍重問當日事
백발에 눈물을 흘리며 먼 후손을 바라보노라　　　　　　白頭垂泣見雲孫
이재운 삼가 짓다　　　　　　　　　　　　　　　　　　李在耘　謹稿

084 삼가 정려문 시에 화운하다　　　　　　　　　　　敬穌　旌閭韻
과객이 봄길을 따라 대동문에 당도하였다고,　　　　　　客春路過大同門
뛰어난 절개는 아직도 노인들의 칭송을 받네　　　　　　卓節猶聞古老言
먼 날을 염려하여 비단을 바느질하던 날이 있었으니,　　遠慮縫成縝錦日

334　칠실(柒室): 칠실(七室): 고대 제왕의 시신을 보관하던 7칸 방, 重室, 復室이라고 한다.
335　청린(靑燐): 사람이나 동물의 시체가 부패할 때 분해 과정에서 발생하는 인화수소가 공기 중에서 자연
　　발화하여 나타나는 청록색의 차가운 빛을 가리킨다. 민간에서는 흔히 도깨비불(鬼火)이라고 하였다. 이
　　현상은 주로 밤의 들판이나 무덤가에서 관찰되었으며, 그 빛이 음산하고 차갑게 깜박이기 때문에 신비롭
　　거나 애절한 색채를 가지게 되었다. 죽은 자를 상징하는 표현이 되었다.
336　천(茜): 홍색
337　오두(烏頭): 실현될 수 없는 일. 오두마각(烏頭馬角)이라고 한다. 전국 시대 연나라 태자 단(丹)이 진(秦)나
　　라에 인질로 잡혀 있다가 귀국시켜 줄 것을 호소하자, 진왕(秦王)이 "까마귀 머리가 하얗게 변하고, 말에
　　뿔이 돋아나면 돌아가게 해 주겠다.[烏頭白 馬生角 乃許耳]"라고 했는데, 이에 태자가 하늘을 우러르며
　　탄식을 하자 금세 그런 변화가 일어났다는 전설이 전한다.《史記 卷86 刺客列傳 論贊》

시체가 쌓인 들판에서 버려진 시신을 거두어 돌아왔네　　露骸收返積屍原
당시에 남편의 의를 따르느라 고통을 참았고　　當時忍痛從夫義
태평성대의 충절의 보답인지 어찌 성은을 받았는가　　昭代酬忠何聖恩
공론은 천년동안 사라지지 않았고,　　公議不泯千載下
선대를 빛낸 정려문이 후손에게 이어지네　　光前棹楔詔來孫
무인년 9월 하순 진천 송련 삼가 쓰다　　戊寅 菊月 下澣 鎭川 宋鍊 拜稿

085 삼가 화운하다　　敬和
본래 충효를 추구했던 진정한 명문가라도　　元求忠孝信名門
몇 명의 장부가 역사서에 그 이름을 남겼겠는가　　幾箇丈夫著史言
당시 부인은 기이한 계책을 마련하였고　　當年有婦辦奇策
순절한 이 분을 고향 들녘으로 돌려 왔네　　殉節斯人返故原
우리나라 선비와 여인은 모두 의를 실천하고　　士女吾東俱效義
군신이 나라 안에서 또한 성은을 받았네　　君臣中國且酬恩
애석하다! 열녀문이 어찌 이리도 늦었던가　　惜哉旌烈何其晩
음덕이 후손에게 미치기를 다투어 축원한다　　爭頌餘休及後孫
안식 삼가 짓다　　安湜 拜稿

086 삼가 광석촌의 정려문 시에 차운하다　　謹次 廣石 旌閭韻
마을 골목에서 정려문에 깊이깊이 경의를 표하고　　村巷深深尙式門
평소 길을 가던 사람 역시 칭송하네　　尋常行路亦能言
누구에 의지하여 육신과 혼백이 천리 밖에서 돌아왔던가　　賴誰體魄還千里
지극한 충성을 바칠 길이 없어 무덤에서 통곡했네　　無地精忠○九原
붉은 비단과 흰 말총 두건은 당시 사건을 보여주고　　紅錦白鬃當日事
전교와 붉은 정려문은 두 왕조의 은전이네　　紫綸丹楔兩朝恩[338]
윤리와 도덕을 수립한 명성이 위대하여　　倫綱扶植風聲大
선조를 선양한 그대 집안에 훌륭한 후손이 있네　　趾美君家有肖孫[339]
무인 9월 상현 완산 후인 이강 삼가 짓다

　　　　戊寅九月上弦 完山 後人 李焵 拜稿

---

338 자륜(紫綸): 황제의 명령
339 지미(趾美): 선조의 업적과 미덕을 계승하다

087 친구 권성호의 정려문 시에 받들어 차운하다　　奉和權友聖浩 旌門韻

왕검성 옆의 옛날 전쟁하던 성문　　　　　　　　王儉城邊古戰門
권공의 순국은 역사서에 기록을 남겼네　　　　權公殉國史垂言
부인 임씨는 더욱 절개가 탁월하여　　　　　　婦人林氏尤卓節
관서에서 시신을 업고 고향 들녘으로 돌아왔네　負屍關西返鄕原
옛 상자의 비단과 말총 두건은 보고 감동하던 곳에　古篋緞鬃觀感地
걸려 있는 쌍정려문은 두번의 은전이로다　　　雙懸棹楔後前恩
백년동안의 공론은 결국 사라지기 어려웠으니　百年公議終難泯
단지 명문가의 후손을 축하하려는 것만은 아니다　不獨名家賀有孫
강재신 삼가 짓다　　　　　　　　　　　　　　姜在信 謹稿

088 삼가 친구 권씨 정려문 시에 차운하다　　　謹次 權友 旌閭韻

그대의 가문은 오직 충성과 절개이니　　　　　維忠維烈子之門
아름답고 뛰어난 포상과 정려를 어찌 말로 표현하랴　美卓褒揚豈勝言
전쟁에 나가려는 장대한 의도로 변방에 머물렀고　裹革壯圖留漢塞[340]
효산의 고적을 봉쇄하고 중원의 상황을 물었네　封崤古跡問秦原[341]
흰색 말총 두건과 붉은 비단은 기이한 이야기에 근거하고　白鬃紅綵憑奇說
옛날에 선양하고 새롭게 정려한 것은 성은을 입은 것이네　舊揚新旌拜聖恩
게다가 남겨진 기록을 확대하여 빛을 보게 하니　更向遺編誇且耀
다른 사람도 오히려 감동하거늘 하물며 후손은 오죽하랴　他人尙感況令孫
전성 후인 이유회 삼가 짓다　　　　　　　　全城後人 李有會 謹稿

089 삼가 광석촌의 정려문 시에 차운하다　　　敬穌廣石 旌門韻

그대는 엄중한 명을 받들어 궁궐을 나섰고　　使君肅命出天門
옷단에 표시한 깊은 정이 말없이 담겨 있구나　表緞深情在不言

---

340 한새(漢塞): 한(漢)나라가 흉노 등 북방 민족을 방어하기 위해 건설했던 변방 방어체계. 나중에는 국가의 변방이 장성을 의미한다. 진원(秦原): 진중(秦中), 관중(關中). 중국 섬서성(陝西省) 중부 평원.

341 봉효(封崤): 효산을 봉쇄하다. 주양왕(周襄王) 25년(기원전 627년), 진목공(秦穆公)은 진(晉)나라에서 상(喪)이 난 틈을 타 군사를 보내 정(鄭)나라를 기습하였다. 그러나 정나라가 이미 대비하고 있었기 때문에 군사를 거두어 돌아갔다. 이에 진 양공(晉襄王)은 군대를 이끌고 진나라 효산(崤山)의 협곡에 매복을 설치하여, 돌아오는 진(秦)나라 군대를 전멸시키고 세 장수를 사로잡았다. 이 사건은 역사상 진진효지전(秦晉崤之戰)으로 불렸다.

비록 장한 뜻으로 엎드려 간언하였다 하나,　　縱有壯心伏行說
이웃의 원군이 없다면 어찌 평원을 구할 수 있겠는가　奈無隣援救平原
부인이 의로움을 격려했지만 끝내 관이 되어 돌아왔고,　夫人勵義終歸櫬
수염 난 부인이 삶을 구걸했다면 은혜를 저버렸을 것이네　鬐婦偸生摠負恩
보기 드문 은전은 백년 후 지금 다시 거론되었고　　曠典百年今復擧
새로 정려문을 우러러보며 여러 후손이 눈물짓는다　新瞻棹楔泣諸孫
순창 후인 조호겸 삼가 짓다　　　　　淳昌後人 趙好謙 拜稿

090 삼가 차운하다　　　　　　　　　敬次
천지가 비록 넓어도 문을 나서면 걸림돌이 있고　天地雖寬礙出門
코가 시린 이번의 출정을 누구에게 말하랴　此行酸鼻向誰言
두건과 의복에 마음을 새기듯 여러 번 표시하였고,　心銘巾服重重表
막막한 들판의 먼지와 모래 속에서 유골을 수습하였네　骨拾塵沙漠漠原
선행은 반드시 밝혀야 하는 것은 세상의 질서와 관련이 있고　有善必彰關世道
빛이 밝히지 못할 어둠이 없듯 성은을 받았네　無幽不燭霑君恩[342]
가문의 아름다운 모범을 계승하여 충렬을 전하길　承家美範傳忠烈
화산군의 좋은 자손을 기다려 기대해 보노라　留待花山好子孫
　조돈겸 삼가 짓다　　　　　　　　趙敦謙 拜稿

091 삼가 차운하다　　　　　　　　　敬次
관리는 옛 마을 명문가에 존경을 표하였고　王官古里式高門
당당한 의열문에 간절했던 마음이 들어있네　義烈堂堂入願言[343]
연약한 체질로 천리의 땅을 지나갔고　弱質遠經千里地
충혼은 불리 만년 고향 들녘으로 돌려왔네　忠魂招返萬年原
걸려 있는 두 개의 신구의 정려문을 시험 삼아 보니　試看新舊雙懸閭
역경 속에서도 두 번의 은혜를 저버리지 않았네　不負龍蛇再造恩
또한 말총 두건에 기개와 절개가 남았으니　又是巾鬃餘氣節

---

342 무유불촉(無幽不燭): 빛이 비추지 않는 어둠은 없다. 아무리 신비하고 미세한 사건일지라도 명확하게 파악
　　할 수 있다.
343 원언(願言): 생각이 간절한 모습

백세를 계승한 현손이 있었구나 流傳百世有賢孫

조존겸 삼가 짓다 趙存謙 拜稿

092 삼가 광석촌의 정려문 시에 차운하다 敬次廣石 旌門韻

당당한 충신과 열녀 두 개의 정려문 堂堂忠烈兩旌門

시례와 성명으로도 이루다 표현할 수 없도다 詩禮聲明不勝言[344]

국가에 충성을 바치고 절개를 세웠으며 許國純忠歸立懂

바느질한 두건으로 풀밭에서 시신을 수습하였네 縫巾弱質仍衰原

단순히 역사서에 훌륭한 업적을 보인 것이 아니라 曾徒靑史看徽蹟

황마지 조서를 받아 다시 성은을 입었다네 更有黃麻侈聖恩[345]

마을 들어가는 행인의 수레가 다시 경의를 표하니 入里行人車再式

명성은 단지 현손을 위로한 것만은 아니네 風聲非獨慰賢孫

화산 후인 김재록 삼가 짓다 花山後人 金在錄 拜稿

093 삼가 차운하다 敬次

마을 깊이 교목이 서있는 오랜 가문 村深喬木故家門

당당한 충신과 정렬은 칭송을 받을 만 하네 忠烈堂堂倂可言

적토 년간에 순절을 했던 땅 赤免年間殉身地

흰 말총 두건으로 들판에 누워 있는 유골을 찾았네 白鬃巾得枕骸原

묘지는 당시의 절개와 미덕이 짝을 이루었고 泉臺匹美當時節[346]

정려문은 오늘의 은전으로 다시 빛이 났구나 棹楔重光此日恩

백년동안의 명성은 사라지지 않는 것을 알고 있으니 百歲風聲知不墮

면면히 뒤로 이어지고 얼마나 많은 후손에게 전해지겠는가 綿綿後緖幾傳孫

신평인 이로재 삼가 짓다 新平人 李魯在 拜稿

094 삼가 차운하다 敬次

신하답고 부인다워 그 가문을 크게 키웠기에 臣臣婦婦大其門

풍속이 바뀌어도 여전히 세대로 말이 전해지네 渝俗猶傳世世言

---

344 성명(聲明): 정식 공고
345 황마(黃麻): 황제의 조서. 국내에 반포하는 조서는 백마지(白麻紙)에다 쓰고, 국외에 전하는 조서는 황마지
　　(黃麻紙)에다 썼다.
346 천대(泉臺): 황천, 묘혈

푸른 하늘 아래 눈물로 나라의 슬픈 발걸음을 전송하고,	泣送靑冥悲國步
객사한 관을 끌고 와서 공동의 묘지에 안장했네	扶來旅櫬共泉原
가을 무덤 위 돌 조각이 우뚝 달빛 아래 솟았고	秋墳片石峥嶸月
폐허 마을에 세운 풍속으로 차례로 은전을 입었네	墟里樹風次第恩
이날 다시 지난 일을 회상하며 슬퍼하며,	此日重回傷往事
붉은 정려문을 바라보니 훌륭한 후손이 서 있네	流瞻丹臒立賢孫
유본중 삼가 짓다	柳本中 拜稿

095 삼가 권 어른 가문의 정려시에 차운하다   敬次 權丈宅 旌閭詩韻

항상 감격의 눈물을 뿌리게 하는 충신문	感淚常揮忠殖門
요조숙녀의 쇠락한 유적은 더 이상 말로 표현할 수 없네	賢媛衰蹟復堪言[347]
흰 말총으로 만들어 바친 전쟁터 길	白鬃制贈兵車路
남자 옷을 입고 헤매던 풀이 우거진 벌판	男服行尋草莽原
변호는 성 주변에 원한을 남기지 않았고	卞壺城邊無怨恨[348]
기량의 집 아래에 영예와 은전이 남았네	杞梁盧下有榮恩
마침내 정려문이 쌍으로 찬란하게 빛나고	終看棹楔雙輝煥
오랜 저택은 지금 6대손으로 전해졌네	故宅今傳六世孫
문화 유화용 삼가 짓다	文化 柳和用 拜稿

096 삼가 차운하다   敬次

부인은 열녀요 남편은 충신으로서 한 가문을 빛냈고	婦烈夫忠炳一門
후대인은 백년동안의 칭송을 흠모하네	後生欽誦百年言
표식을 달았던 옷이 전쟁터에서 증거가 되어	證衣認驗搶攘地
들판에 뒹굴던 유골을 차례차례 수습하였네	迻骨泣收暴露原

---

347 현원(賢媛): 도덕이 고상하고 지혜가 출중하며 용모가 단정한 여인
348 변호(卞壺, 281~328), 자(字) 망지(望之), 동진(東晉) 시기 명신, 서예가. 예법을 스스로 엄격히 지키며 당대
의 그릇된 점을 바로잡았고, 권세를 두려워하지 않았다. 함화 3년(328년)에는 군사를 이끌고 소준(蘇峻)의
반란을 평정하다가 나라를 위해 목숨을 바쳤다. 두 아들 변진(卞眕)과 변우(卞旴)가 아비의 죽음을 목격하
고 서로 적진에 뛰어들었다가 함께 해를 당하였다. 변진의 어미 배씨(裴氏)가 두 아들의 시신을 쓰다듬으
며 곡하기를, "아비는 충신이 되었고 너희들은 효자가 되었으니, 무엇을 한하랴." 하였는데, 징사(徵士)
적탕(翟湯)이 듣고는 탄식하기를, "아비는 임금을 위해 죽고 자식은 아비를 위해 죽었으니, 충효의 도가
일문(一門)에 모였도다."라고 하였다. 《晉書 卷70 卞壺列傳》시호는 충정(忠貞)이다.

사관은《존주휘편》에서 유적을 기록하였고　太史彙編垂往蹟
예조는 건의를 올려 특별한 의전을 베풀었네　春曹褒啓霈殊恩[349]
흰 말총 두건은 보존되어 보물이 되었으니　白鬃留作青氈舊
가문의 명성을 계승한 후손이 또 있었구나　克紹家聲更有孫
전주 후인 이유원 삼가 짓다　全州後人 李惟元 拜稿

097 삼가 차운하다　敬次
옛 영화로운 가문에서 단신으로 나와　單身如出古榮門
가슴속의 장렬함을 누가 더불어 말할 수 있으랴　壯烈彌中孰與言[350]
위기를 맞이하여 국가에 목숨을 바친다는 계획을 미리 알고　已料危忠殉節計
정기와 혼백만을 무덤언덕으로 돌아오게 하였네　只教精魄返塋原
윤리도덕이 오랫동안 숭고한 정의가 되었고　綱常萬古成高義[351]
특별한 충절을 조정에 상소하여 은총과 은전을 입었네　表異當朝感寵恩
정려문이 마을 앞뒤로 나란히 있으면서　棹楔鄉閭前後幷
지금까지 6대에 이르도록 후손을 보호하네　于今六世護雲孫
이유강 삼가 짓다　李惟綱 拜稿

098 삼가 차운하다　敬次
정려문이 나란히 걸린 명문가　雙懸棹楔高名門
당당한 절의를 누가 칭송하지 않으랴　節義堂堂孰不言
붉은 비단과 흰 말총 두건은 천고의 유적이고　紅緞白鬃千古蹟
충성스럽고 정렬한 혼백은 황천에 있네　忠魂烈魄九泉原
아 진실로 선조의 미덕을 선양하였고　猗歟誠矣揚先美
포상과 정려를 내린 성은에 감동하였네　褒以旌之感聖恩
백년동안 공론이 있었을 뿐 아니라　非但百年公議在
하늘이 감동시킨 충직한 현손이 있었네　格天裏悃是賢孫[352]
완산 후인 이형초 삼가 짓다　完山後人 李馨初 拜稿

349　춘조(春曹): 예조(禮曹)
350　붕중(彌中): 내적으로 충실하다. 붕중표외(彌中彪外) 성어의 일부로서, 내면에 재덕(才德)이 충만하면 그 문채와 기품이 자연스럽게 겉으로 드러난다는 뜻이다.
351　고의(高義): 고상한 인격과 숭고한 정의
352　격천(格天): 하늘을 감동하다. 과곤(裏悃): 충성과 성심을 품고 있다.

099 삼가 차운하다   敬次

뜨거운 태양과 추상같은 정렬은 한 가문을 늠름하게 했고   烈日秋霜凜一門
패성의 과거 일은 감히 말을 할 수 없네   浿城往事那堪言
흰 말총 두건은 전쟁터로 가는 길을 암시하고   白鬃暗表兵車路
붉은 명정은 선산으로 안전하게 돌아왔네   丹旐好還堂斧原[353]
삼종의 의리를 중요하게 여긴 여인의 위대한 절개   義重三從偉婦節
죽음을 가볍게 여기는 마음으로 성은에 보답했네   心輕萬死報君恩
쌍으로 전해진 정려문은 천고에 빛날 것이고   雙傳棹楔輝千古
음덕이 후손에게 면면히 전해지리   餘慶綿綿在後孫
성산후인 이헌주 삼가 짓다   星山後人 李憲周 拜稿

100 권 어른 정려문 시에 삼가 차운하다   奉和 權丈 旌門詩韻

붉은 비단과 흰 말총 두건을 문 앞에서 전송하고   紅緞白鬃拜送門
망부산의 바위는 말을 하지 않았네   望夫山上石無言
정렬의 마음으로 삼강의 의리를 저버리지 않고   貞心不負三綱義
뛰어난 절개를 참으로 모든 행실의 근원으로 여겼네   卓節端爲百行原
천리 먼 길을 걸어 황야에서 유골을 수습하였고   千里遠收荒野骨
하나의 정려문으로 성은을 함께 입었네   一閭同侈聖朝恩
어리석고 수염 난 남자들이 부끄러움을 알아야 하니,   癡頑髥婦應知愧
포상과 은전은 후손을 위로하기 위한 것만은 아니네   褒典非徒慰後孫
광산 김광호 삼가 짓다   光山 金光鎬 拜稿

101 삼가 차운하다   敬次

우뚝 솟은 충신과 열녀문의 권공 가문   嵬嵬忠烈權公門
사적의 유래에 감탄의 말이 나오네   事蹟由來慷慨言
남장을 하고 관서 밖의 길에서 시신을 업었는데   男服負骸關外路
흰 두건을 쓰고 패강의 들판에서 순절한 사람이네   白巾殉節浿江原
뜻있는 선비들은 이미 감동하여 시로 읊었고   旣深志士吟詩感

---

353 당부(堂斧): 묘소. 당(堂), 네 방향이 모나고 높은 것, 부(斧), 아래가 넓고 위가 좁으며 길게 생긴 것을
말한다.

여러 번 조정의 장려와 은전을 입었네　　　　　　屢被朝家表獎恩
높은 절개로 오늘같이 쌍 정려문이 아름답게 걸리니　高節如今雙揭美
백년동안 진정으로 효도했던 현손 때문이리　　　　百年誠孝在玄孫
유재공 삼가 짓다　　　　　　　　　　　　　　　柳在恭　拜稿

102 삼가 차운하다　　　　　　　　　　　　　　敬次
붉은 정려문이 찬란한 열녀의 가문　　　　　　　丹楔煌煌烈婦門
당시의 역사를 나는 증언할 수 있네　　　　　　　當時遺事我能言
몸을 이끌고 수습하던 깃발이 휘날리는 전쟁터　　牽身料理霾旗地
유골이 평안히 돌아와 묻힌 묘역　　　　　　　　歸骨平安拱木原[354]
유적은 더욱 군자의 절개를 나타내고 있고　　　　跡乃益彰君子節
영혼은 응당 성은에 다시 감읍할 것이네　　　　　魂應復泣聖人恩
옛 상자에는 비단이 여전히 남아있어　　　　　　舊箱餘帛今猶在
찾아오는 손님들이 감상하고 후손을 애도하네　　來客賞之愴後孫
파산 윤양 삼가 짓다　　　　　　　　　　　　　坡山　尹穰　謹稿

103 삼가 차운하다　　　　　　　　　　　　　　敬次
이전에 걸린 충신문 지금 세운 열녀문　　　　　　昔揭忠門今烈門
분명한 유적을 누가 칭송하지 않겠는가　　　　　班班往蹟孰無言[355]
흰색 말총 두건이 선명하게 영혼을 부르던 날　　新緊白着招魂日[356]
한 자 붉은 비단이 버려진 들판　　　　　　　　　尺錦紅生暴骨原
통곡이 성을 무너뜨릴 만한 부덕을 이룩하였고　　哭盡崩城全婦德
결초보은의 깊은 성심으로 성은에 감사하네　　　誠深結草感君恩
육신을 버리는 절개는 남편의 의리를 따른 것이니　損軀之節從夫義
백세 후의 후손에게 두 미덕이 전해지리　　　　　兩美留傳百世孫
이정원 삼가 짓다　　　　　　　　　　　　　　　李挺元　拜稿

---

354 공목(拱木): 두 아름의 큰 나무, 묘소 옆의 나무. 죽음을 완곡하게 표현한 말이다.
355 반반(班班): 분명한 모습
356 백착(白着): (공적이) 선명하게 드러나다.

104 삼가 권참의 부인 임씨 정려문 시에 차운하다

敬次 權參議夫人林氏 旌閭韻

즉시 옷을 갈아입고 규방을 나섰으니,　　　　　　　　卽衣換着出閨門

초나라와 월나라가 서로 믿기 어려운 것처럼 눈빛으로만 말을 하네

楚越難憑深目言[357]

혈흔이 남은 붉은 비단의 전쟁터　　　　　　　　　　紅緞血留裹革地

눈물에 젖은 붉은 정려문의 고향 들녘　　　　　　　丹旌淚濕首邱原

《존주휘편》은 실제 유적을 모두 기록하였고　　　　彙編盡是紀眞蹟

성상은 어찌 넘치는 은전을 베풀었던가　　　　　　聖主何曾有濫恩

6대에 걸쳐 전해진 명성을 그대는 이해 할 수 있는가　六世遺馨君能闡

오랜 가문에는 충렬문과 효손이 있었네　　　　　　故家忠烈又孝孫

전주 후인 이한성 삼가 짓다　　　　　　全州後人 李漢晟[358] 拜稿

105 삼가 차운하다　　　　　　　　　　　　　　　敬次

치열하고 장렬한 절개로 변방의 관문을 지켰고　　熊熊壯節鎭邊門[359]

생을 바친 5백 명을 역사는 기록하였네　　　　　五百損生國史言

먼 길에 자신을 버리고 전쟁터 부근에 도달하여　遠道身輕戎馬側

고향 산 측백나무 숲에 영혼을 맡기었네　　　　故山魂托柏杉原

아직도 찬란한 공적이 사람의 기강을 북돋우고　尙留芳烈扶人紀

숨겨진 사실이 갑자기 발견되어 성은을 입었네　忽發幽潛荷聖恩

새로 붉은 정려문을 건설하여 아름다운 장식을 보탰으니　新設丹楣增美餙

나중에 발전시키고 장려하는 것은 여러 후손에 달렸네　後來興勸在諸孫

창산 성해응　　　　　　　　　　　　　　　　昌山 成海應[360]

---

357 초월(楚越): 사이가 멀다.《장자》〈덕충부(德充符)〉의 "다른 것을 기준으로 보면 간과 쓸개도 그 차이가
　　초나라와 월나라처럼 멀고, 같은 것을 기준으로 보면 만물이 모두 하나이다.(自其異者視之, 肝膽楚越也,
　　自其同者視之, 萬物皆一也.)"라는 구절에서 나온 말이다.
　　난빙(難憑): 믿을 수 없다

358 이한성(李漢晟):《청장관전서(靑莊館全書)》의 저자 이덕무(李德懋)의 삼종숙(三從叔)으로서 1809년에서
　　1810년 사이《청장관전서》의 필사자로 참가하였다.

359 웅웅(熊熊): 화력이 왕성하다. 장절(壯節): 장렬한 절개

360 성해응(成海應, 1760~1839): 연경재전집(硏經齋全集)의 저자. 호는 연경재(硏經齋). 1788년 奎章閣 檢書官으
　　로 발탁되어, 규장각의 편찬 사업에 종사하였다. 이때 李德懋, 柳得恭, 朴齊家, 李書九 등의 北學派 인사들과
　　교유하면서 경서 등에 대하여 토론하고 또한 각종 서적을 섭렵하며 학문적 소양을 쌓았다. 이후 벼슬을
　　그만두고 포천(抱川)에서 학문 연구와 저술 활동에 주력하였다. 그는 1825년《존주휘편(尊周彙編)》편찬에

창을 들고 말을 달려 서문을 나섰는데	提戈躍馬出西門
한번 죽을 것이 분명하여 손을 잡고 말했네	一死分明執手言
이전에 의건에 매단 표식이 남아 있을 것을 마음으로 알고	心識衣巾存舊餙
직접 만장을 들고 평원으로 돌아왔네	窮攀旌翣返平原[361]
숨은 빛이 잠시 가려져 중론이 필요했는데	幽光暫翳須輿誦[362]
오랜 시간이 흘러 성은을 다시 받았네	前甲重廻復聖恩
백년동안 여사의 명성이 전해지고	百世風聲傳女史
후세 사람들은 여전히 판관공의 후손에 경의를 표한다	後人猶式判官孫
창산 성해운	昌山 成海運[363]

【참고】 위의 두 편의 시는 성해응(成海應, 1760~1839)이 지은《연경재전집(研經齋全集)》권7 詩에 시서(詩序)와 함께 수록되어 있다.

다만 시의 저자 문제, 그리고 시서에서 언급한 역사적 사실에 오류가 있어 설명을 붙인다. 먼저 시의 저자에 관해《충신열녀연정시첩(忠臣烈女延旌詩帖)》에도 두 편의 시가 수록되어 있는데, 본 시집의 105번 시의 저자는 성해응, 106번 시는 성해운이 지은 것으로 표기되어 있다. 그런데《연경재전집(研經齋全集)》에는 두 편 모두 성해응이 지은 것으로 되어 있다.

역사적 사실에 관해서, 성해응은 시의 서문에서 권이길을 '권정길'로 잘못 기록하였다. 또한 권이길이 숭정 정축년의 난리에 출정하여 전사했다고 했다. 사실관계의 착각이다. 숭정 정축(崇禎丁丑)은 서기 1637년, 숭정 10년이면서 청나라 숭덕(崇德) 2년에 해당한다. 조선 인조가 청나라에 항복하던 해이다. 권이길이 1637년 평양판관에 제수되어 전쟁에 나갔다는 것은 잘못된 것이다. 왜냐하면 권이길은 이보다 10년 전인 정묘호란(1627)을 방어하기 위해 출정했다가 평양 보통문에서 전사하였기 때문이다.

참여하였다.

361 정삽(旌翣): 장례시 운구 행렬의 앞에서 흔드는 깃발, 만장

362 여송(輿誦): 중론, 여론

363 성해운(成海運, 1764~?), 본관은 창령, 자는 붕지(鵬之), 정조 23년 기미(1799, 가경)에 전옥서 참봉을 역임하였다. 문집으로《청성집(靑城集)》이 있다.

다음은《연경재전집(硏經齋全集)》권7 詩에 수록된 두편의 시의 서문에 대한 번역이다.

권공 정길은 숭정 정축년 난리를 당하여 평양판관으로 제수되자 즉시 출정하였다. 부인 임씨는 그가 반드시 죽을 것을 알고 붉은 비단과 흰 말총으로 두건에 표시를 하였다. 공은 5백명의 기병을 이끌고 보통문 밖에서 전투를 하다 죽었다. 임씨는 남자 옷을 입고 직접 전쟁터로 가서 남편의 시신을 찾았다. 과연 의건의 표식을 가지고 찾을 수 있었다. 선대의 묘소 옆에 매장하였다. 그 백년 후 원근의 선비들이 모두 임금의 행차에서 진언을 하였고 성은을 입어 정려문을 세우라는 교지를 받았다. 두 사람의 절개와 함께 빛나 고을의 경관으로 우뚝 솟았다. 숭정 후 네 번째 정축년(1817)에 열녀문을 세우면서 그 일을 아는 사람들에게 시를 구했다. 나 역시 그 운율에 차운하노라.

權公井吉當崇禎丁丑之難.[364] 除平壤判官. 將發. 夫人林氏知其必死. 以紅緞白鬃識其衣巾. 公以五百騎戰于普通門外死之. 林氏穿男子服. 躬詣戰地求公屍. 果以衣巾得之. 葬于先世墳墓之傍. 後百餘年. 遠近之士具言蹕路. 得蒙恩敎旌其閭. 雙節並耀. 聳州里之觀. 以崇禎四丁丑樹之. 而求詩於知其事者. 余亦步其韻.

橫戈躍馬出西門. 一死分明執手言. 心識衣巾存舊飾. 躬攀旋翣返平原. 餘光暫翳須輿誦. 前甲重回復聖恩. 百歲風聲傳女史. 後人猶式判官孫.

熊熊壯節鎮邊門. 五百捐生國史言. 遠道身輕戎馬側. 故山魂托柏杉原. 尚留芳烈扶人紀. 忽發幽潛荷聖恩. 新設丹楣增美飾. 後來興勸在諸孫.

107 삼가 사장 선조의 정려문 시에 차운하다　　　　　謹步査丈　先祖旌閭韻[365]

충신과 열녀가 이 문중에 짝을 이루었고　　　　　　　　忠臣烈女配斯門

백년을 기다려 높은 명성이 마침내 정론이 되었네　　　竢百高名竟立言[366]

의건을 미리 준비하여 국가를 위해 목숨 바쳤고　　　　預備衣巾殉國節

시신이 쌓여 있는 들판에서 육신과 혼백을 가지고 왔네　披來體魄積屍原

---

364 정길(井吉): 이길(頤吉)의 오기.
　　숭정 정축(崇禎丁丑): 서기 1637년, 숭정 10년, 청나라 숭덕(崇德) 2년이다. 조선 인조가 청나라에 항복하던 해이다. 이 해에 권이길이 평양판관에 제수되어 전쟁에 나갔다는 것은 잘못이다. 권이길은 이미 정묘호란 (1627)을 막다가 평양 보통문에서 전사한 뒤이기 때문이다.

365 사장(査丈): 혼인한 두 집안의 부모들 사이에서 그 집안의 위 항렬이 되는 상대편을 이르는 말.

366 입언(立言): 학설을 세우다. 대대로 전할 수 있을 언론을 남기다.

이전의 뛰어난 행적이 상소로 조정에 올라갔고　　　　　　從前卓行登章日

이후 추가로 받은 포상과 정려는 보기 드문 은전이었네　　追後褒旌曠世恩

흠모하는 인근의 마을 사람들이 축하의 시를 주었으니　　慕○隣鄕成賀什

음덕이 끝이 없이 후손들에게 이어지리라　　　　　　　餘休不盡繼遺孫

평창 후인 이재현 삼가 짓다　　　　　　　　　　平昌後人　李在鉉　拜稿

108 연성의 두 정려문 시에 화운하다　　　　　　　奉和蓮城雙　旌門韻

충신문과 열녀문이 당당하게 한 가문에 짝을 이루었고　　忠烈堂堂配一門

백번 흠모하고 감탄할 뿐 말을 하지 않으려 하네　　　百回欽歎欲無言

손으로 붉은 색과 흰색을 바느질하여 신체에 부착하였고,　手縫紅白留卽體

들판의 검고 누런 땅에 스민 핏자국이 그 공을 기리는 증거가 되었네

　　　　　　　　　　　　　　　　　　　　　　血漬玄黃證褒原

전후로 성은을 하사하였고　　　　　　　　　　　聖渥自天前復後

영령은 언덕으로 돌아와 은전을 받았네　　　　　英靈返壟○兼恩

두 정려문은 어찌 밀봉한 문서의 힘뿐이겠는가　　雙旌豈直緘章力[367]

오직 이름난 가문에 효성스러운 자손이 있기 때문이로다　只爲名家有孝孫

완산 이유상 삼가 짓다　　　　　　　　　　　完山　李有常　拜稿

109 삼가 차운하다　　　　　　　　　　　　　敬次

국가에 몸과 마음을 허락하고 변방의 관문에 섰으며　　身心許國在邊門

의리를 취하고 살신성인한다는 성현의 말씀을 하였네　取義成仁聖有言[368]

열사는 죽어 고향으로 돌아왔고　　　　　　　　烈士死綏歸故里

부인은 영혼을 달래기 위해 황량한 들판을 갔네　　夫人復矢到荒原[369]

---

367 함장(緘章): 중대한 일로 봉함하여 올리는 상소를 말한다.

368 성유언(聖有言): 성인이 말씀을 하였다. 《논어(論語)·위영공(衛靈公)》 "뜻이 있는 선비와 어진 사람은 생명을 구하느라 사랑을 해치지 않고, 자신을 죽여 사랑을 완성하다(志士仁人, 無求生以害仁, 有殺身以成仁)"라고 하였다.

369 복시(復矢): 전쟁터에서 죽은 사람을 위해 애도하며 조문하는 것을 말한다. 당(唐)나라 조군언(祖君彦)이 이밀(李密)을 위해 지은 〈위이밀이군현격(爲李密移郡縣檄)〉에 "대저 병기(兵器)는 불과 같은 것이라서, 단속하지 않으면 자기 몸을 태우고 마는 것이다.……이에 복시하며 서로 돌아보고, 좌조하며 줄을 이루었으므로, 의로운 사나이는 몹시 분하여 이를 갈고 장사는 화가 나서 팔짓을 하였다.[夫兵猶火也 不戢將自焚……復矢相顧 鏨弔成行 義夫切齒 壯士扼腕]"라는 말에서 발췌한 것이다. 복시는 화살을 내저으며 초혼(招魂)하는 것을 말한다. 사람이 죽었을 때 원래는 그의 옷을 높이 흔들면서 '아무개 복 복 복' 하고 세 번 불러 초혼하는데, 전사한 사람이 워낙 많아서 옷 대신 화살로 했다는 말이다. 좌조(鏨弔)는 부인들이 북상

같은 마을의 묘소는 천년의 집이 되었고	同莊馬鬣千年室[370]
두 개의 정려문을 받드는 것은 만세의 은전이네	雙奉烏頭萬世恩
옛 상자의 말총 두건에 통찰력이 담겨있으니	舊篋鬃巾垂慧鑑
선조의 음덕이 현손을 도울 것이네	楡楊遺馥勖賢孫
최관범 삼가 짓다	崔觀範 拜稿

110 삼가 정려문 시에 차운하다   謹次 旌門韻

오랑캐의 말이 구름처럼 변경의 관문을 침입하였으니	如雲胡馬入邊門
당시 국가의 사정은 차마 말을 할 수가 없네	國事當時不忍言
현명한 부인은 유해를 수습하여 고향으로 돌아왔고	賢婦拾骸歸故里
남아는 황량한 들판에 자신의 생명을 맡겼네	男兒委命在荒原
별처럼 위로 뻗어 정기를 환하게 밝혔고	星辰上徹昭明氣
비와 이슬내리듯 여러 차례 보기 드문 은전을 받았네	雨露頻承曠絶恩[371]
정려문은 지금부터 두 절개를 드러내니	棹楔從今雙節顯
다른 사람도 눈물을 뿌리는데 후손은 어떠하랴	他人揮涕況遺孫
사수 후인 목로중 삼가 짓다	泗水後人 睦魯中 敬稿

111 삼가 차운하다   敬次

관서 호란이 발생한 보통문	關西○事普通門
당당한 의리와 정렬을 누가 칭송하지 않으랴	義烈堂堂孰不言
순국자가 기꺼이 생명을 바쳤던 전쟁터	殉國自甘肝腦地[372]
두건의 바느질로 피를 구별하였던 들판	縫巾已辨血磷原
이전과 새로운 붉은 정려문이 쌍으로 걸린 곳	舊新丹楔雙懸處
두 번째 황마지 교지로 다시 은전을 내렸네	前後黃麻再降恩
시를 가지고 조상의 은혜를 칭송하는 것은	詩以颺哉風以樹[373]

투를 드러내고서 남의 집에 조문하는 것을 말한다. 복시와 좌조는 《예기》〈단궁 상(檀弓上)〉의 "주루 사람들이 화살로 복하는 것은 승형의 전투에서 시작되었고, 노나라 부인들이 북상투를 드러내고서 조문하는 것은 대태의 패전에서 비롯되었다.[邾婁復之以矢 蓋自戰於升陘始也 魯婦人之髽而弔也 自敗於臺鮐始也]"라는 말에서 유래한 것이다.〈한국고전DB 인용〉

370 마렵(馬鬣): 원래 말의 갈기를 말하는데, 나중에는 무덤의 봉토, 무덤을 지칭하고 있다.

371 우로(雨露): 제왕의 성은을 비유한다.

372 간뇌(肝腦): 신체와 생명

여러 훌륭한 선비와 어진 후손 덕분이라 　　　　　　　賴諸章甫又賢孫

화산 후인 김성진 삼가 짓다 　　　　　　　花山後人 金聲振 拜稿[374]

112 삼가 차운하다 　　　　　　　　　　　　敬次

한 집안의 충신과 열녀문은 　　　　　　　　一室忠臣烈女門

전후로 교지를 내려 정려하고 포상한 것이네 　　旌褒前後降綸言[375]

붉은 마음이 바느질한 두건을 저버리지 않았던 날 　丹忱不負縫巾日[376]

얼마나 피눈물을 뿌리면서 들판에서 유골을 수습했던가 血淚幾揮收骨原

천년의 사적이 사관의 붓에 올라갔고 　　　　事蹟千年登史筆

백년 명성이 성상의 은전을 송축하네 　　　　風聲百世頌君恩

지금처럼 계속 선조의 미덕을 널리 알렸으니 　如今能繼揚先美

또한 옛 가문에 이 자손이 있음을 알 수 있네 　也識故家有是孫

전주 후인 이형진 삼가 짓다 　　　　　　全州後人 李亨晉 拜稿

113 삼가 권 어른의 정려문 시에 차운하다 　　　敬次權丈 旌門韻

집집마다 종종 충렬문이 있지만 　　　　　　比屋常常忠烈門[377]

권씨 가문의 슬픈 사적을 앞다투어 칭송하네 　權林哀蹟每先言

남자 옷을 입고 먼 길을 걸었고 　　　　　　裝男子服行脩路

흰 말총 두건을 증거 삼아 고향으로 돌려왔네 　驗白鬃巾返舊原

확실하다, 고금의 많은 인사들이 　　　　　允矣昔今多士撰

아, 전후 두 왕조의 은전을 글로 표현하였네 　狩歟前後兩朝恩

그때 이후로 모든 날이 태평성대였으니 　　伊來無不昇平日

하늘의 복이 오직 그 후손에게까지 미쳤도다 　天祿惟應在厥孫

문성 유본전 쓰다 　　　　　　　　　　文城 柳本典 稿

114 삼가 권 어른 정려문 시에 차운하다 　　　敬次權丈 旌門韻

충렬은 원래 인격을 쌓는 관문이고 　　　　忠烈元從積德門

---

373 풍수(風樹): 부모가 돌아가서 봉양을 할 수 없는 슬픔을 말한다.
374 김성진(金聲振): 《일성록》정조 11년 정미(1787) 5월 23일(기축) 당시 창평의 가선대부
375 륜(綸): 靑綸. 벼슬이 내리는 관인을 묶는 푸른 실
376 단침(丹忱): 붉고 성신한 마음과 뜻
377 비옥(比屋): 살고 있는 집이 서로 이웃하고 있다. 나중에는 가가호호(家家戶戶)로 쓰였다.

삶과 죽음의 취사선택은 둘 다 말로 표현하기 어렵네 熊魚取捨兩難言
용맹한 사나이는 죽어서 나라에 이름을 얻었고 勇夫死則名於國
현명한 부인은 들판에서 시신을 수습하였네 賢婦求之衷矣原
붉은 깃에 이미 관서 변방의 눈물이 젖었지만 朱襦曾沾西塞淚[378]
편액과 재차 표창은 북녘을 진동할 은전이네 弄扁重表北震恩
오직 밝은 거울로 천년을 비추었고 惟將明鑑光千載
고택의 명성이 자손들에게 모범이 되었네 古宅風聲矜式孫[379]
강재선 삼가 짓다 姜在善 拜稿

115 삼가 차운하다　　　　　　　　　　　　　敬次

열녀와 충신이 한 집안에서 함께 나왔고 烈女忠臣幷出門
유적을 어루만지며 어찌 말이 없을 수 있으랴 摩挲遺蹟敢無言
몸은 칼과 창을 뚫고 천 리를 걸어서 身穿鈆戟行千里
마침내 유골을 무덤에 묻을 수 있었네 能使形骸空九原
그 의로움은 삼강보다 중요하다고 역사가는 전하였고 義重三綱傳史冊
높은 명성은 백년 후에 성은을 입었네 名高百世揭君恩
소문을 듣고 눈물은 흘리는 것은 사적 감정이 아니니 聞風揮淚非私感
현명하다, 하늘이 응당 후손에게 보답하리 賢矣天應報子孫
강도 후인 노명국 쓰다　　　　　　　　江都後人　魯名國　稿

116 권 참의공은 순절하였고, 이로 인해 증직과 정려가 되었다. 부인은 정렬로 인하여 정려되었는데, 세상에 흔한 일이 아니다. 부풍은 공이 은거하던 장소이고, 부인의 고향이다. 수백년 동안 그 소문을 듣고 평소 존경하였다. 삼가 원운에 차운하여 폭넓은 감정을 담고자 한다.

　　權參議公以殉節　贈啣而旌門　夫人又以烈而旌，其曠世事也　扶風於公爲杖屨之所
夫人爲淇泉之鄕　屢百年之下聞其風而○敬素矣　謹步原韻俾寓曠感焉

별과 태양이 충렬문을 반짝 비추고 星日昭森忠烈門

---

378 주박(朱襦): 꽃을 수놓은 붉은 깃
379 무식(矜式): 전범의 수립, 우러르다, 도덕적 모범

아득히 유적을 생각하니 감히 말을 할 수 없구나　　　　緬思遺蹟不堪言[380]

곧은 마음으로 멀리 관서의 길을 걸었고　　　　貞心遠涉關西路

의연한 혼백은 오래도록 패수의 들판에 남았네　　　　毅魄長留浿上原

윤리도덕을 북돋우고 떳떳한 가르침을 밝히며　　　　扶植倫常明懿敎

인격의 향기를 널리 칭송하신 넓은 은전에 감사하네　　　　表揚芬馥感洪恩

행인은 반드시 경기 남쪽 마을에 존경을 표시하니　　　　行人必式畿南里

영원한 법규가 후손에게 계승되리라　　　　永世徽規詔後孫[381]

래산 정한동 삼가 쓰다　　　　萊山 鄭漢東 謹稿[382]

117 삼가 권 참의공과 숙부인 정려문에 차운하여 천곡 어른의 자리에 바친다.

敬次 權參議公及 淑夫人 旌閭韻拜呈泉谷丈席

충신과 열녀의 꽃다운 이름이 한 가문에 모두 있으니　　　　忠烈英名共一門

관서의 옛 전쟁 이야기는 말없이 이어지네　　　　西城故事悄無言

옷이 눈물에 젖은 채 천 리 길을 건넜고　　　　衣裳淚濕跨千里

두건에 핏자국 물들어 무덤까지 스며들었도다　　　　巾帶血斑澈九原

기운이 산하를 이루어 나라의 운세를 굽이치게 하니　　　　氣作山河蟠國步

해와 달처럼 밝은 성은을 칭송하네　　　　明幷日月頌君恩

동쪽 나라 사람은 비로소 삼강의 의리를 인식하였고　　　　東人始識三綱義

가문의 명성을 드러내어 후손들에게 본보기가 되도다　　　　闡發家聲克肖孫

래산 정한동 삼가 쓰다　　　　萊山 鄭憲東 拜稿

118

옛적에 붉은 깃과 흰 두건을 차고 전송하였던　　　　朱領白巾昔送門

패성의 역사가 아직도 전해지고 있네　　　　浿城遺事尙傳言

살아서 마음의 거울에 비추어 의렬을 칭송하였고　　　　生猶稱烈由心鑑

죽어서 충성을 이룬 것 역시 도리의 근원이로다　　　　死以成忠亦道原

하늘이 인연을 맺어준 때부터 절조를 알았고　　　　天配之初知有守[383]

---

380 면사(緬思): 아득히 생각하다.

381 휘규(徽規): 법규

382 정한동(鄭漢東): 성균관 생원, 아들 유학 정계묵(鄭啓默) 49세. 본관 동래(東萊). 부여(扶餘) 거주. 충청감영 계록(忠淸監營啓錄)○헌종(憲宗) / 헌종(憲宗) 10년(1844)

성상이 이에 풍성한 은전을 내리셨네 　聖聽於此降優恩
고금의 공론이 붉은 정려문으로 귀결되었고 　古今公議歸丹楔
세상을 감동시키는 명성이 후손에게 길이 이어지리라 　激世風聲永子孫
여흥 민지혁 　驪興　閔志爀

119

시신에 누워 제나라 성문에 대해 묻고자 했다고 　枕屍欲問齊城門
기량의 처에 대해 역사가는 기록하였네 　杞植之妻史氏言[384]
비석의 '충렬' 두 자가 마모되지 않는 것은 　金石不磨忠烈字
묵은 밭을 개간하고 들판을 김매는 것과 같이 변함이 없네 　菑畬將墾鉏耘原[385]
영웅은 생사의 절개를 마쳤고 　英雄已矣生死節
현명한 부인은 결국 성은을 또 입었네 　賢婦終然亦蒙恩
말총 망건은 원래대로 세상에 전해지고 있으니 　傳世鬃巾猶依舊
백년 동안의 위대한 사업은 후손에게 있었구나 　百年盛擧在耳孫
의성 김지상 　義城　金持常

120

새로운 정려문이 옛 정려문과 짝을 이루었고 　新旌門配舊旌門
부부의 아름다운 명성에 대한 칭송은 사라지지 않았네 　夫婦令名不泯言
고택의 비단 상자에는 의건이 남아있고 　故宅衣巾留錦笥
장수의 혼백이 느름나무 들녘으로 돌아왔네 　戎垣劍魄返楸原[386]
백여년동안 공론에 이어진 것을 알았고 　從知百歲餘公議
하루 아침에 얻은 두 번의 성은에 더욱 감사하네 　更感一朝倍聖恩
마을의 노인들과 말하면서 이 성대한 일을 전하였고 　說與村翁傳盛事

---

383 천배(天配): 하늘이 맺어준 인연. 유수(有守): 절조

384 기식(杞植, ?~BC550): '기식(杞殖)'의 오기. 기량식(杞梁殖), 기량(杞梁)

385 치여(菑畬): 1년 농사 진 밭(菑)과 3년을 개간한 밭(畬).《이아(爾雅)·석지(釋地)》: "田一歲曰菑, 二歲曰新田,
三歲曰畬" 나중에는 '사물의 근본'을 비유하는 말로 쓰였다.
　서운(鉏耘): '서서(鉏鋤)', 호미로 밭을 매다. 농사짓다, 정치(整治)하다, 제거하다 소멸시키다.

386 융원(戎垣): 군문(軍門) 대장의 자리. 조선 후기 훈련도감(訓鍊都監)·어영청(御營廳)·금위영(禁衛營)·수
어청(守禦廳)·총융청(摠戎廳) 등 오군영(五軍營)의 대장이 이에 해당한다.(한국고전문학DB)

명성이 자손 대대로 세워지리라   風聲宜甫樹孫孫
의성 김지익   義城 金持益

121

두 정려문이 걸려 있는 오두의 옛 가문   烏頭雙揭故家門
공론을 모아 다시 축하의 말을 하네   公議收來又賀言
허리띠에 바느질했던 통찰력이 남아 있고   慧鑑同留縫帶舍
충혼은 별이 떨어지는 들녘에서 썩지 않고 있네   忠魂不朽隕星原
본디 정려와 포상이 추가된 날임을 알고 있지만   固知是日追旌典
오히려 당시보다 더 높은 은전을 받았네   猶勝當年幷荷恩
성대한 일은 한 시대만이 칭송되는 것이 아니라   盛事非徒稱一代
백세토록 널리 퍼져 후손에게 전해지리라   捨揚百世可傳孫
의성 김지풍   義城 金持豐

122

화산 가문의 두 개의 붉은 정려문이 찬란하게 빛나고   花山丹楔炳雙門
열렬한 부인은 영원히 칭송을 받네   烈烈夫人永有言
이전에 달았던 비단과 말총으로 훗날 식별하여   早日緞鬃留後識
시간이 지나 육신과 혼백이 선산으로 돌아왔네   異時體魄返先原
곧은 마음은 충신의 절개와 짝을 이루었고   貞心可配忠臣節
포상과 은전으로 성세의 성은을 거듭 받았네   褒典重紆聖世恩
백년동안의 공론은 전해져 사라지지 않고   公議百年傳不泯
선조의 미덕을 널리 알린 현손이 있었네   闡揚先美又賢孫
안동 김곤 삼가 짓다   安東 金坤 拜稿

123

수비하던 신하가 목숨을 바쳐 관서 성문에서 싸우니   守臣效死悍西門
반란의 오랑캐들이 서로 바라보며 감탄했네   反虜相看嘖嘖言
장사들은 마음 아파 비 오듯 눈물을 흘리고   壯士傷心紛雨泣
과부는 유골을 거두어 고향 들녘으로 돌아왔네   寡妻收骨返鄕原

국가를 위해 순절한 명성이 사직에 남았고   名存社稷殉王事

춘추대의로 황제의 은혜에 보답하네   義大春秋答帝恩[387]

또 남한산성 포위 속에서 화친을 배척하는 상소를 올린 것을 보니

                                        更見圍中斥和疏[388]

화산공 이후 두 현손이 있었구나   花山公後兩賢孫

124

옛날의 정렬로 열녀문을 받았던   古之貞烈婦之門

사실 기록에 나의 말을 덧붙일 필요가 있나   記實何庸贅我言

머리에 누런 관을 쓰고 운구하여 왔고   首戴黃冠隨返柩

손 바느질한 붉은 깃은 풀밭 유골 수습의 증거였네   手裁丹領驗衰原

당시에는 공론에 의해 특별한 장려를 받았고   當時特獎由公議

오늘은 성은이 내려와 추가로 정려되었네   今日追旌出聖恩

오랜 시간이 지나 명성이 비로소 드러났으니,   閱盡滄桑名始顯

명예에 부끄럽지 않은 현손이 있었네   家聲不忝有賢孫[389]

125

가문의 선조 충렬문을 창건하고   刱建家先忠烈門

친구를 초대하여 잔치를 열고 또 시를 모집했네.   招朋醼飮又求言

고향 언덕의 무덤은 일찍이 유골을 수습해서 만들었고   狐坵有墓曾收骨[390]

변방의 옛 전쟁터에는 이름을 남겼네   龍塞留名故戰原[391]

백년동안의 명성은 누가 막을 수 있으랴   百世風聲誰幷武

궁궐에서 임금의 칙령으로 특수한 은전을 하사하였으니   九重綸綍特殊恩[392]

지금부터 쌍정리라 부를 것이니   從今喚作雙旌里

---

387 춘추대의(義大春秋): 시비와 선악을 분명하게 분별하다.
388 척화소(斥和疏): 금나라와의 화친에 반대하는 상소. 정묘호란 때 왕을 강화까지 호종하였으며, 청의 위협
     으로 조정에서 화의론(和議論)이 강할 때 척화소(斥和疏)를 올렸는데, 그 뒤에 윤황(尹煌)과 윤지경(尹知敬)
     이 이어서 상소를 올렸으므로 이들을 삼윤(三尹)이라고 칭하면서 기렸다. 그러나 그 뒤에 반대파들에
     의해 밀려났다가 일찍 죽었다.
389 부첨(不忝): 부끄럽지 않다
390 호구(狐坵): 고향의 흙[故土]
391 용새(龍塞): 龍城. 변방의 먼 지역
392 윤발(綸綍): 황제의 칙령

선조의 미덕을 잇는 그대 가문의 후손은 쇠락하지 않으리　不替君家趾美孫
영월 후인 엄긍 쓰다　　　　　　　　　　　　　寧越後人 嚴兢 稿

126

열녀와 충신이 짝으로 이뤄 순차로 정려문이 섰고　　以烈配忠次第門
춘관은 사림들의 언론을 널리 채집하였네　　　　春官博採士林言
창황색 가죽 무릎 가리개를 차고 전사했던 땅　　蒼黃鞈鞈殲身地[393]
붉고 흰 의건으로 유골을 수습하던 들판　　　　赤白衣巾拾骨原
굳건한 충성심을 특별하게 치켜세워 이전의 은전과 짝을 이루니

　　　　　　　　　　　　　　　　　　特揭孤誠疇昔典[394]

지금의 추가 정려는 미덕과 짝을 이룬 은전이네　　追旌匹美卽今恩
광석촌의 명성이 더욱 존중을 받는 것은,　　　　風聲廣石村因重
교목의 그늘 가의 여러 자손 때문이네　　　　　喬木陰邊幾子孫
연안 이존구 삼가 짓다　　　　　　　　　　　延安 李存九 拜稿

127

충신문과 열녀문이 동쪽나라에 몇 개나 있는가　　忠烈吾東有幾門
역사책은 망건과 비단에 대하여 아름답게 기록하였네　汗靑驄緞亦嘉言
전쟁의 기운이 소멸하자 정려문이 언덕에 걸렸고　　風雲氣盡懸旌壘
해와 달은 빛을 다투며 전쟁터를 어루만졌네　　　日月光爭撫矢原
선조의 덕행이 삼강의 미덕을 두루 갖추었다고 칭송하고美倂三綱稱世德[395]
일개 정려문을 칭송하신 성은에 감사하였네　　　褒重一楔感天恩[396]
늙은이가 시를 지어 전고를 과시하려는 것이 아니고　老翁不是誇詩典
당시 어떤 후손을 축하하려는 것이네　　　　　　爲賀當年某子孫
완산 후인 이제동 삼가 원시에 차운하다　　完山後人 李濟東 謹次原韻

---

393 말협(鞈鞈): 무사. 가죽으로 만든 적황색 무릎가리개
394 고성(孤誠): 고충(孤忠), 굳건한 충성심. 주(疇): 가지런해지다.
395 세덕(世德): 누대의 공적, 선조의 덕행
396 포중(褒重): 찬양하고 높이 존중하다.

128

손수 전투복을 지어 전송을 하면서	手作戰袍送出門
정령 이별할 때 한 말에 부끄럽지 않았네	丁寧無愧別時言
외로운 영혼은 주인이 있어 천리길을 돌아왔고	孤魂有主歸千里
만사는 생명이 손상되면 황천으로 가게 되네	萬事損生笘九原
곧은 난초의 평소의 의도를 터득하였고	解得貞蘭平日意
교목 같은 그대에게 태평성대의 은전을 돌려주었네	了還喬木聖朝恩[397]
흰 망건과 붉은 비단은 지금도 남아 있어	白鬈紅緞今猶在
썩지 않을 이름이 되어 후손에게까지 미치리라	不朽遺名及後孫
서상일	徐相一

129

충신의 가문에 열녀문이 섰고	節士家中烈女門
두 개의 붉은 정려문을 우러러보며 말없이 축하하네	雙瞻丹楔賀無言
충신의 영혼이 소나무 삼나무 기슭으로 안전히 돌아왔고	忠魂好返松杉麓
비단 깃은 화살이 날아다니는 들판에서 유실되지 않았네	錦領不渝矢石原
역사는 천고의 의리를 더욱 빛냈고	竹帛愈光千古義
유림들은 일제히 두 왕조의 은전을 축하하네	儒林齊祝兩朝恩
평소에 지나다니는 과객조차 지나면서 경의를 표하는데	尋常行客猶過式
하물며 성실과 근면이 효손에 미침에 있어서랴	況是誠勤克孝孫
광산 후인 김익서 쓰다	光山後人 金益敍 稿

130

충신과 열녀는 원래 한 가문에 드물고	忠烈元來罕一門
남편과 부인에 대하여 각각 칭송하였네	卻夫邢婦各般言
거듭 화산댁의 정려문에 대하여 존경을 표하니	旌閭重式花山宅
두건과 비단은 일찍이 패수의 풀밭에 있을 뿐이네	巾帛曾徒浿上原

---

[397] 교목(喬木): 큰 나무와 같은 존재.《일성록》정조 즉위년 병신(1776) 8월 28일(정묘) 〈집의(執義) 김양행(金亮行)의 상소에 비답하였다.〉 "그대는 교목 세신(喬木世臣)의 후예로서 문장과 도학을 대대로 전수받았다고 할 만하니, 내가 한 번 그대를 초치(招致)하려는 뜻은 진실로 깊고 또 간절하였다. 그대 또한 한 번 나를 보려는 마음이 없었는가."

마을 골목에서 위대한 사건을 말할 뿐 아니라   里衖不徒談盛事
역사책은 응당 다시 특수한 은전을 칭송하였네   簡篇應復誦殊恩
해와 별들이 멀리 비추는 명성이   日星所照風聲遠
바뀌지 말고 자자손손 전해지길   勿替傳之子子孫
서원 한인섭 삼가 짓다   西原 韓寅燮 謹稿

131

아! 탁월한 행위가 규방을 특출나게 만들었고   猗歟卓行挺閨門
역사의 편장 속에 한 마디를 보탰네   彤史篇中添一言
천리길을 가서 선진과 같은 순국자의 얼굴을 찾았고   千里躬尋先軫面
백년 동안 명성이 수양 들녘과 나란히 했네   百年名并睢陽原
의건은 여전히 통찰력을 발휘했고   巾袍依舊照神鑑[398]
정려문은 새롭게 성은을 입었네   棹楔重新侈聖恩
명성을 수립한 사람뿐 아니라   可但風聲人紀植
음택이 후손에게 다시 나타날 것이네   餘庥應復在雲孫
수양 최환 삼가 짓다   首陽 崔桓 謹稿

132

시간이 흘러 한 가문에 두 개의 정려문이 있지만   一門終始兩旌門
오늘날에도 열녀에 대한 칭송은 보기 어렵네   今世難爲烈女言
흰 두건과 붉은 깃을 매단 장수를 찾아 업기 위해   負待白巾紅領將
누런 풀 위에 연기가 자욱하게 핀 들판을 밟고 왔네   踏來黃草亂烟原
화산군의 고택에 새로운 감흥이 보태졌고   花山古宅增新感
구름과 물이 흐르듯 천 년동안 옛 은전이 계속되었네 雲水千年續舊恩
말을 세우고 행인들이 슬퍼하던 땅   立馬行人怊悵地
도리어 앞선 일을 현손에게 묻는다   却將前事問賢孫
당성 홍대화 삼가 짓다   唐城 洪大和 謹稿

---

398 신감(神鑑): 통찰력

133

두 개의 정려문이 고상한 가문을 빛내고	雙旌棹楔耀高門
후대에 드리운 저명한 명성을 역사가들이 기록하였네	垂後著名史有言
손수 붉은 비단을 바느질한 갑옷을 입던 날	紅錦手縫攐甲日[399]
마음속으로 흰 망건을 유해가 쌓인 들판에서 기억하였네	白鬆心記積骸原
충신으로 포상되었던 당시 사람들은 떠들썩하였고	褒忠當日暄人口
열녀로 표창을 받은 금년 또 성은을 입었네	彰烈今年又聖恩
옛 찬란한 빛이 더 심오한 의지를 이룩하였으니,	古顯其光成意篤
고택의 전통을 수립한 현손이 있었구나	樹風古宅有賢孫
성산 이교선 짓다	星山 李教善 稿

134

예부터 충신은 효자 집안에서 나오고	自古忠臣出孝門
절의와 정절을 겸하니 원대한 견해를 일으키네	復兼貞烈聳瞻言[400]
날카로운 칼날이 닥쳐도 의리를 취할 줄 알았고	知當白刃取熊掌[401]
붉은 옷깃으로 들판에서 유골을 수습하도록 만들었네	教辨紅裾收鶴原
애석하게도 장공이 순절을 했는데	可惜張公能殉節[402]
기량의 부인이 성은을 입었네	端○杞婦又蒙恩
찬란한 정려문에 별과 해가 걸려있듯	煌煌○楔懸星日
전후의 영광스런 포상으로 이 후손이 총애를 받았네	前後榮褒寵厥孫
서하 임백영 짓다	西河 任百榮 稿

135

한 가문에 두 개의 절개로 붉은 정려문이 서니	一家囊節兩紅門
여러 사람이 충신과 열녀를 입에 올리고 있네	萬口忠臣烈婦言

---

399 환갑(攐甲): 갑옷을 입다.

400 첨언(瞻言): 원대한 견해

401 백인(白刃): 날카로운 칼날

402 장공(張公): 장공이 술을 마셨는데, 이공이 취한다(張公喫酒而李公醉)라는 속담에 나오는 사람. 《조야첨재(朝野僉載)》 권1에 실린 내용으로, 원래는 당나라 무측천(武則天) 시기의 정치 풍자 속담이다. 여기서 장공(張公)은 장역지(張易之) 형제를 가리키고, 이공(李公)은 이당(李唐) 종실을 암유한다. 송대에 이르러 "장공이 술을 마셨는데, 이공이 넘어지다(張公吃酒李公顚)"와 같이 변형되었다. 그 의미는 점차 확대되어 남의 죄를 대신 뒤집어쓰거나, 슬쩍 바꾸어치기하는 것에 대한 비유로 쓰이게 되었다.

하늘과 땅에 맹세를 하며 국가에 보답하다가　　　　　　　　天地誓心能報國
먼지바람 속에서 유골을 수습하여 결국 같은 언덕에 묻혔네　風塵收骨竟同原
당시 사람들은 통곡이 성을 무너뜨렸다는 고사와 비교하고　時人幷美崩城事
조정의 관원은 국록과 은전을 먹고 있다며 진정으로 부끄러워 했네
　　　　　　　　　　　　　　　　　　　　　　　　　　朝士眞慚食祿恩
명성이 나서 멀리서 보고 느끼도록 했으니　　　　　　　　表里樹聲觀感遠
영광은 후손에게만 있지 않구나　　　　　　　　　　　　　榮光不獨在遺孫
민치성 삼가 짓다　　　　　　　　　　　　　　　　　　　閔致性　拜稿

136 권 사문가의 선조 정려문 시에 받들어 화운하다

　　　　　　　　　　　　　　　　　　　奉和　權斯文家　先古旌門韻
나는 권씨 가문의 충렬문을 보았는데　　　　　　　　　　忠烈吾看權氏門
비단과 망건이 역사에 아직도 기록되어 전하네　　　　　　緞繄遺事尙傳言
마음속으로 진나라 선진이 자신을 버렸던 땅,　　　　　心知晉軫損軀地[403]
몸소 들판에 흩어진 당경의 유골 수습에 대해 알고 있네　躬拾唐卿暴骨原[404]
절개에 대한 포상은 고급의 뛰어난 사관들이 기록하였고　褒節今古良史筆
전후의 정려는 성군의 은전이었네　　　　　　　　　　　表閭前後聖君恩
백년동안의 풍문을 통해 선조의 미덕을 드러냈으니　　　風聲百世揚先美
명문 가문의 뛰어난 후손이 있기 때문이라　　　　　　　爲是名家有肖孫
경진 5월 초 길일 지군사 조길원 짓다　　庚辰五月初吉　知郡事　趙吉源[405] 稿

137

절개와 의리를 짝으로 이루어 한 가문을 빛냈는데　　　　節義雙成煥一門
말이 없는 청산유수가 한스럽다　　　　　　　　　　　　青山流水恨無言

---

403 진진(晉軫, ?~BC627): 춘추시대 진(晉)나라 선진(先軫). 진문공(晉文公)을 춘추오패로 만든 군사전략가. 적
　　(狄) 사람들이 진(晉)나라를 공격하자, 진나라는 군대를 내어 맞섰다. 진군은 기(箕) 지역에서 적군을 격파
　　하고, 적군의 수령 한 명을 사로잡았다. 전투가 끝난 뒤, 선진(先軫)은 투구와 갑옷을 벗어던지고 적진으로
　　뛰어들어 전사하였다. 이는 그가 이전에 양공(襄公)을 범한 죄를 스스로 속죄하기 위한 것이었다. 적군은
　　선진의 머리를 진나라에 돌려보냈는데, 그 얼굴빛은 살아 있는 사람과 같았다고 한다.
404 당경(唐卿): 오린(吳璘, 1102~1167)의 자. 남송 초기의 장군으로서 항금(抗金)의 대표적인 인물이다. 다만
　　당경은 병으로 사망하였기 때문에 위의 시에서 언급한 바와는 다르다.
405 조길원(趙吉源):《일성록》순조 15년 을해(1815, 가경) 당시 안의현감(安義縣監).

가정의 도덕규범은 삼종지도에 있고 / 在家徽範從三道

순국 충정이 무덤을 환하게 비추었네 / 殉國精忠耀九原

백년 뒤의 정려문은 오히려 묵은 감회가 있고 / 棹楔百年偏宿感

오늘 규방이 특별히 새로 은전을 받았네 / 閨房今日特新恩

당당한 고적에 대해 물을 필요가 있는가 / 堂堂古蹟何須問

이 조상에 이 명가에 이 후손이 있는데 / 是祖名家有是孫

전주 이봉경 짓다 / 全州 李鳳慶 稿

138 비단으로 짠 것 같은 여러 편의 시가 사람의 눈을 현혹시켰고, 받아 정성껏 읽고 돌려보냈지만 감히 원작만 못하였다. 그리고 화운시를 모집하기에 이 시를 가지고 시집에 붙이려고 한다.

織錦諸篇 照爛人目 奉讀以還 不敢貂續 旣荷傳示 且承求和 謹茲編苕書附[406]

백편의 아름다운 구절로 높은 가문을 축하하니 / 百篇佳句賀高門

나같은 사람이 어찌 한 마디로 찬양하리 / 如我何能贊一言

의리와 정렬 지금 조선에 남아 있지만 / 義烈至今○左海

당시의 명성은 중원을 진동하였네 / 聲名當日動中原

사내가 평소의 일처럼 절개로 뜻을 세웠고 / 爲男立節猶常事

부인의 사전 계획은 특별한 은전에 부합하였네 / 以婦成謀合特恩[407]

오륜을 후대로 이어가도록 만들었으니 / 差使五倫編續後

역사는 응당 후손들을 다시 빛나게 할 것이네 / 丹青應復照雲孫[408]

139

그 남편에 그 부인의 그 정려문이로고 / 是夫是婦是旌門

군자는 찬동하고 미덕을 칭송하였네 / 君子韙之誦美言[409]

---

406 초속(貂續): 후속작이 원작보다 못하다. 《진서(晉書)·조왕륜전(趙王倫傳)》에서 유래한 전고이다. 서진(西晉) 영강 원년(永康元年, 300년), 조왕 사마륜趙王 司馬倫)이 관직을 남발하였다. 이때 주변 사람들이 이런 인사를 부고 담비꼬리[貂尾] 대신 개꼬리[狗尾]로 대신하였다고 비판하였다. 민간에 '貂不足(초부족), 구미속(狗尾續)'라는 말이 생겼다. 당나라의 이선(李善)이 《문선(文選)》을 주석하면서 이 고사를 인용하며 '초속(貂續)'이라고 불렀다. 이후 원작보다 후속작의 질이 떨어짐을 비유하는 표현으로 쓰이고 있다.

407 성모(成謀): 미리 계획하다.

408 단청(丹青): 그림. 역사. 붉은 책은 공적으로 기록하고, 푸른 책은 사건을 기록하였기에 단청을 역사책이라고 한다.

흰 말총을 두건에 장식하여 전송하니 의를 위해 순절하였고　裝送白鬃殉節義

유골을 수습하여 고향에 묻었네　拾來香骨葬邱原

백년동안의 공론은 결국 침묵하지 않았고　公議百載終難黙

하루아침에 천리대로 은전을 베풀었네　天理一朝沛降恩

숨은 것을 드러낸 것만이 축하할 일 아니라　不獨闡幽爲可賀

면면히 이어온 현손이 있었다네　繩繩宜爾有賢孫

청송 심락홍　青松 沈樂洪 稿

140 삼가 차운하다　謹次

2백년동안 은덕을 쌓은 가문　二百年來積德門

지금까지의 공론으로 이어졌다고 선비들은 말하네　至今公議士林言

순국이라는 일심으로 증직되었고　一心殉國官贈秩

천리를 가서 유해를 수습하여 선산으로 돌아왔네　千里收骸櫬返原

역사는 의로운 행적을 전할 뿐 아니라　青史非徒傳懿蹟

붉은 정려문은 또 다시 넘치는 은전을 세웠네　丹楣且復樹洪恩

선대의 미덕을 널리 알린 것은 누구의 힘인가　褒揚先美伊誰力

충신과 열녀의 가문의 명성을 가진 후손이로세　忠烈家聲有是孫

승평 후인 이수만 삼가 짓다　昇平後人 金秀萬 拜稿[410]

409　위(韙): 동의하다. 긍정하다. 仲尼曰: 守道不如守官, 君子韙之.《左傳·昭公二十年》

410　김수만(金秀萬): 조선 순조 당시 정언, 옥구 현감(沃溝縣監)

07. 권이길 의열사 추배(權頤吉 義烈祠 追配) 상소문

104cm×28cm, 한지에 필사

【해제】

이 상소문은 부여현의 유림들이 공의를 모아 정득열과 권이길의 충절을 의열사에 추배해야 한다는 내용을 담아 왕에게 올린 것이다. 이 상소문은 초안이다.

【번역】

두 사람입니다. 섬나라 오랑캐의 난리에 돌아가신 분은 사천현감 정득열이고, 금나라 오랑캐의 난리에 돌아가신 분은 평양판관 권이길이옵니다. 임진년(1592년) 4월, 정득열은 재능과 용맹으로 발탁되어 사천의 군수로 임명되었습니다. 부임한 지 열흘도 되지 않아 왜적이 바다를 따라 침입해 오자, 정득열은 바다와 육지가 만나는 요충지에서 훈련되지 않은 300명의 병사를 이끌고, 동서로는 적을 막았으며, 좌우로는 백성을 보호하며 7일 동안 적과 대치하면서 싸웠습니다. 그 동안의 공적과 희생은 이루 다 말할 수 없습니다. 그중에서 특별히 뛰어난 업적만을 간추려 말하면, 정득열이 적을 물리친 공로에 대해《선묘보감》은 "정득열이 고성·사천진 등 여러 해안 진영에 침투한 왜적을 격퇴하자, 적이 두려워 후퇴하여 달아났다."라고 기록하였습니다. 그가 장렬하게 전사(戰死)한 것에 대해《중흥지(中興誌)》는 "정득열이 활을 들고 좌우로 적을 쏘아 수십 명, 수백 명을 죽이고 전사했다."고 하였습니다. 당시 그의 나이는 28세였습니다. 그에 대한 백성들의 깊은 존경심은《사천읍지》에 잘 나타나 있는데 "그가 부임한 지 10개월 만에 전사하자, 사천 고을 백성들이 부모를 잃은 듯 슬퍼했다."라고 기록하였습니다. 당시 정승이었던 이이명(李頤命)은 어떤 사람에게 보낸 편지에서 "정득열이 사천성 밖에서 전사했기에, 정절을 기리는 사당에 모시지 않은 것은 과연 옳은 일인가? 사당에 모시지 않은 것이 단지 전사한 장소가 성 밖이었기 때문이란 말인가? 그러니 한퇴지(韓退之)가 뇌만춘(雷萬春)과 남제운(南霽雲)의 사적이 전해지지 않는 것을 한스럽게 여겼던 것입니다."라고 하였사옵니다. 그 밖에도 이름난 인물의 기록 중에서 그를 칭송하고 감탄한 것은 한 둘에 그치지 않습니다. 어떤 이들은 강회(江淮)를 지켜낸 장순(張巡)과 허원(許遠)의 공과 같다고 말하였습니다.

이후 그의 사적이 알려지자, 관직을 추증하고 정려(旌閭)하였습니다.

권이길은 정묘년(丁卯, 1627년)에 오랑캐가 의주를 함락하였을 때, 특별히 평양 판관에 제수되어 전쟁터로 달려가면서 아무런 두려운 기색도 없이 말하길 "바로 지금이 대장부가 절의를 세울 때이다."라고 하였습니다. 북방의 적병이 국경을 침범하자, 망건에 하얀 깃털을 달고, 허리띠에 붉은 비단을 묶은 뒤 가족들에게, "이 몸은 더 이상 내 것이 아니오"라고 하고, 즉시 기병 500명을 이끌고 적을 추격하여, 순안에 이르러 깊은 골목에서 격렬히 싸웠습니다. 그때 적의 기병이 돌연히 후방에서 나타나자, 우리 군은 흩어졌고 지원군은 미처 도착하지 못하였습니다. 이윽고 권이길은 손에 칼을 들고, 허리에는 활을 차고 싸우며 퇴각하여 보통문 밖에 이르렀지만 끝내 힘이 떨어져 전사하였습니다. 그 부인 임씨는 망건과 허리띠를 가지고 시신을 확인하고 수습하여 장례를 지냈습니다. 그 망건은 가문이 보관하고 있는데, 모습이 생생하게 지금까지도 전해지고 있습니다. 이를 보는 자마다 슬픔을 금치 못하였으며, 혹자는 당나라 고경(杲卿)이 머리를 잘라 순국한 일에 견주기도 하였습니다. 관찰사 김기종(金起宗)이 급히 이 사실을 조정에 아뢰니, 임금께서 크나큰 슬픔과 충격에 잠기시어, 특별히 병조참의(兵曹參議)로 추증하시고, 관원을 보내어 제사를 내렸습니다. 그 제문의 대략은 이렇습니다. "목숨을 버리고 의(義)를 취함은 군자가 편안히 여기는 바이며, 나라를 위하여 죽음을 잊는 일은 옛사람도 쉽지 않은 일이나, 그대는 진실로 충성과 용기가 가득 찬 사람이로다. 사람이 모두 그대와 같다면 어찌 적을 평정하지 못하랴? 평소에 진심으로 그대를 알아보지 못한 것을 늘 한스럽게 여기노라."

이 두 신하는 분연히 몸을 던져 죽음을 택하였고, 죽음을 앞에 두고도 절의를 굳건히 세웠으니, 그 탁월함이 이와 같습니다. 그렇다면 사당을 세우고 제향을 올리는 일은 진실로 결코 못할 바가 아니나, 신이 지금 간청하는 바는 창설에 있지 않고, 오직 그들을 추숭하여 제향하는 데에 있나이다. (부여)현에는 예부터 의열사가 있는데, 백제 충신 성충·흥수·계백 3명, 고려시대 직관 이존오를 배향하고 있습니다. 이 네 분은 모두 신과 같은 고향 사람입니다. 판서 홍가신은 부여에서 관리를 하면서 처음으로 사당 건립 의견을 제기하였고 마침내 조정에 공동 배향을 요청하였습니다. 선조대왕께서는 이 건의를 듣고 칭찬하며 '義烈'이라는 편액을 하사하였습니다. 이때가 만력 병자년입니다. 그 후에 증 지평 정택뢰, 증 찬성 황일호를 추배하였는데 이 두 신하 역시 이 고장 사람입니다. 그런데 정택뢰는 바로 정득렬의 아들입니다. 을묘년(乙卯年) 서궁(西宮)의 변란이 일어났을 때, 그는 태학생의 신분으로 상소를 올려, "인륜의 도리는 결코 무너져서는 않되고, 정조(鄭造), 윤인(尹認), 이위경(李偉卿)을 참수해야 합니다"라고 극언을 하여 마침내 외딴 섬으로 유배되었습니다. 그의 어머니 강씨(姜氏)는 아들을 따라 유배를 갔다가 병을 얻어 막 기진맥진하자 택뢰는 손가락을 잘라 약을 달여 바쳤습니다. 어머니가 끝내 세상을 떠나자, 피골이 상접하고 두 눈이 모두 멀어 마침내 관에 실려 돌아왔습니다. 계해(癸亥) 반정이 이루어지고, 그 충절이 알려져 벼슬이 추증되었으며, 나라에서 제사를 내려 애도하였습니다. 그 제문은 "그대가 말한 한마디는 천추의 인륜과 기강을 바로 세운 것이로다"라고 요약할 수 있습니다. 황일호는 명나라 황실의 운수가 다하려는 시기에 존주대의(尊周大義)를 지키는 데 몸을 바쳤으나, 마침내 정뢰경(鄭雷卿), 최효일(崔孝一) 의 사건으로 가장 혹독한 화를 입었습니다. 아! 하나의 현 안에 충정과 결의가 탁월한 사람 8명 중 우리 왕조가 그 반을 차지하고, 4명 중에서 득열 부자가 그 반을 차지하고 있으니, 호서 지역의 선비들이 모두 감탄하지 않는 자가 없었습니다. 정득열, 권이길이 용맹스럽게 생명을 버린 것은 이미 백제와 고구려의 네 명의 충신보다 못하지 않습니다. 우리 왕조의 두 충신을 이 사당에 함께 배향하는 것이 마땅합니다. 그러나 당시 선비들은 먼저 정택뢰와 황일호를 거론하고 두 분을 미처 청원하지 못하였으니, 지금의 의식 있는 사람들은 개탄하고 한스럽게 생각하고 있습니다. 신 등이 가만히 생각해 보고 이렇게 의심이 생겨 말씀을 아뢰옵나이다. 정득열의 사안이 택뢰보다 앞서고, 비록 택뢰가 올린 상소가 윤리기강을 바로 세웠고 반정(反正)의 초기에 빛을 발휘하여 만고의 법칙을 이렇게 바로 잡았다고 할지라도, 자식을 표창하는데 급급한 나머지 그 아비의 뛰어난 절개를 저버렸습니다. 황일호의 사안은 권이길의 뒤에 있고, 비록 일호가 존주대의(尊周大義)를 성취하였다지만, 병자년과 정묘년의 뼈를 깎는 비통한 마음과 외침에 맞서 나라를 걱정하는 마음이 어찌 권이길의 충절보다 앞설 수 있겠습니까. 그렇지 않으면 혹시 한 번에 네 분을 천거하기 번잡하고 귀찮았던 것과 관련이 있는지요? 신 등이 삼가 엎드려 생각하여 백록동(白鹿洞)의 옛 규범을 살펴보았습니다. 주자(朱子)께서 일찍이 남강군(南康郡)을 통치하였는데, 진(晉)나라로부터 송(宋)나라까지 공훈자[勳勞]·절의자[苦節]·용감한 자[立懂] 모두 13명에 달했고, 이들을 동시에 사당에 함께 모셔 제사하였다고 합니다. 애초에는 여러 사람을 함께 올리는 일은 거론되지도 않았

다고 합니다. 그렇다면 이제 저희 고을의 충신 두 분만이 배향에서 누락된 것이
어찌 남강에서 이미 행해진 사례에 어긋남이 없으며, 영원히 성상(聖上)의 조정
의 결례가 되지 않겠는지요? 또한 엎드려 살펴보건대, 백제에서 고려까지 천여
년 동안 겨우 네 사람을 배출하였는데, 우리 조선은 백년도 안 되는 기간에 이 네
분을 배출하였사옵니다. 이들이 한 고을에서 앞뒤로 함께 두각을 나타내고, 부자
가 한 집안에서 함께 빛을 발하였다면, 앞을 빛내고 뒤를 비추는 것이 어떠한 데,
어찌하여 유독 이 두 신하만은 앞 세대에 양보하는 것에서 제외되었는가? 저희
고장은 백 년 동안 시간이 흐를수록 공론이 더욱 왕성해지고 있습니다. 이에 감히
발이 묶힌 채 멀리 남강군의 고사를 인용하여 높은 소리로 폐하께 엎드려 애원하
옵나이다.

　성군께서는 가가호호 빛나는 충신을 가상하게 여기시고, 백년동안 숨어있는
무덤이 빛을 볼 수 있도록 해주옵소서. 정득열과 권이길을 의열사에 추가로 배향
할 것을 특별히 허락해 주옵소서. 부디 백대에 걸쳐 전해질 훌륭한 전례(典例)를
세우시어, 이 지역 백성들의 여론을 위로해 주시기 바라옵나이다. 천만번이라도
감히 감당할 수 없는 일이오나, 간절한 마음으로 함께 힘써 간청하옵나이다.

　삼가 목숨을 바칠 각오로 이 사실을 아뢰옵니다.

【원문】

(시작 부분 3행 낙절)

첫행: 道雖 두 글자 외 낙절

두 번째 행: 畢擧者卽 4글자 외 낙절

세 번째 행: 著忠節塗人耳 6글자 외 낙절

○○○者有二人焉 當島夷之難則有故泗川縣監臣 ○得說[411] 當金虜之難則有故平壤
判官臣權頤吉. 壬辰四月鄭得說以才勇擢授泗川 到任未旬日 倭虜到海列鎭瓦解 得說
當水陸衝要之地 以三百不鍊之卒 東西而禦敵 左右而護民 相持七朔之久 前後殫竭之
績 難以毛擧 以第撮其史勝(乘의 誤字)者言之 其擊賊之功 載於 宣廟寶鑑[412] 有曰鄭
得說擊却(固城泗川鎭諸海屯賊) 賊懼撤而遁. 其殺身之烈 見於中興誌有(曰鄭)得說彎

411　정득열(鄭得說, ?~1592): 조선 사천현감 등을 역임하였으며, 임진왜란이 발발하자 진주성전투에 참전하여
　　전사하였다.
412　선묘보감(宣廟寶鑑): 이단하(李端夏, 1625~1689)가 숙종의 명에 따라 1684년(숙종 10)에 편찬하고, 1731년
　　(영조 7)에 간행한 역사서이다.

弓左右 射殺數十百人而死 時年二十八 民情之深得 見於泗川邑誌曰到任十月 戰亡
邑人如喪父母 故相臣故相臣李頤命與人書曰鄭泗川之不入於旌忠香火之烈 殊未可知
豈以死事在城外而然耶 若然則退之 所恨雷萬春·南霽雲[413]事不傳者也. 其他名碩簡
錄而稱歎者 非止一二. 至以謂江淮保障實賴 巡遠[414] 其後事 聞 贈官旌閭 權頤吉當丁
卯(金)虜(陷)義州也 特拜平壤判官 將赴難也 無幾微色曰正是男兒立(節)時也 及北兵
侵境 卽以白鬐結網巾 紅錦緣其腰帶 語其家人曰吾身非吾有也 遂領五百騎 追賊 至
順安 相搏於深港中 賊騎 自後突出 我軍四散 援兵不至 頤吉 手釰腰弓 且戰且退 至
普通門外 力竭死之. 其妻林 果以巾與帶驗之 而收其屍帶驗之而收其屍 用殯殮 巾藏
其家 至今尚傳 遺躅宛然 見者惻傷 或比之杲卿(之髮焉)[415] 觀察使金起宗馳 聞于 朝
上震悼特 贈兵曹參議 遣官賜祭 祭文略曰捨生取義 君子所安 殉國忘死 古人猶難 唯
爾之中 忠勇充之人 人如爾何賊難平常恨平日不識 眞卿 此二臣者之所慷慨殺身 從容
立懂之節 如彼卓卓 則?創院 而享祠之固 未始不可爲者 而顧今臣求之所願者 不在於
創設 而有在於追享焉 ○○○之本縣舊有義烈祠者 卽享百濟成忠·興首·階伯三人
高麗朝直臣李存吾者也 此四人者 皆出於臣等之鄕 故故判書洪可臣[416]宰扶也 始倡建
祠之議 遂請幷享於 朝 宣祖大王 聞而嘉之 命賜額曰義烈 時則萬曆丙子也 其後 又
追享 贈持平臣鄭澤雷 贈贊成臣黃一皓[417] 是二臣者亦是鄕之人也 而鄭澤雷[418]卽得說
之子也. 當乙卯西宮之變[419] 以太學生抗疏(極言)彝倫不可斁 造認偉卿[420]可斬 遂配絶
島 其母姜 從子于謫 得病將草 澤雷斷指和藥 母旣沒 毀瘠幾絶 兩目俱盲 竟以柩還

413　뇌만춘(雷萬春)·남제운(南霽雲): 당나라 안록산(安祿山)의 난에 맞서 순국한 장군이다. 뇌만춘(雷萬春)은
　　당나라 장수 장순(張巡)의 부장(部將)으로서 남제운 등 36명의 장수들과 함께 수양성(睢陽城)을 지키면서
　　안록산(安祿山)과 맞서 싸웠다. 그는 극도로 열악한 전투 상황에서도 끝까지 항복하지 않고 성을 지켰다.
　　뇌만춘은 얼굴에 화살 여섯 대를 맞고도 꼼짝하지 않았다. 식량이 떨어져 장순과 함께 순국하였다.《新唐
　　書 卷192 雷萬春列傳》

414　순원(巡遠): 안록산의 난을 막았던 장순과 허원(許遠)을 함께 부르는 말

415　고경(杲卿): 안고경(顔杲卿, 692~756) 당나라의 명신으로, 본래 안록산의 부하였으나 당나라 조정을 위하여
　　머리카락을 잘라 결의를 다진 뒤, 안록산의 난을 막는 데 공헌하였다. 안고경은 반군에 의해 포로가 되어
　　낙양(洛陽)으로 끌려갔으며, 그곳에서 안록산을 향해 눈을 부릅뜨고 분노하여 꾸짖다가 결국 살해되었다.

416　홍가신(洪可臣, 1541~1615): 조선 중기의 성리학자이자 문신, 문인이다.

417　황일호(黃一皓, 1588~1641): 1627년 정묘호란이 발발하였을 때 남한산 소현세자(昭顯世子)를 보필하였고,
　　1636년 12월 병자호란 때에 인조를 호종하고 남한산성에 들어가 청나라에 맞서 싸웠다.

418　정택뢰(鄭澤雷, 1585~1619): 조선시대 인목대비 폐모론의 부당성을 논박하다 유배. 시호 충결(忠潔)

419　서궁지변(西宮之變): 조선 광해군이 1625년(광해군 17년, 을묘년)에 인목대비(선조의 계비로서, 영창대군
　　의 모친)를 서궁(西宮)에 위폐한 사건을 말한다. 광해군과 인목대비와의 갈등, 인목대비를 지지했던 서인
　　(西人) 숙청 및 왕권 강화 조치를 의미한다. 이 사건은 광해군의 정치적 정통성과 왕권 강화, 그리고 세자
　　책봉 문제, 폐모론, 인목대비 유폐 등의 중대한 갈등이 응축되어 있다.

420　조인위경(造認偉卿): 정조(鄭造), 윤인(尹認), 이위경(李偉卿)으로, 1613년(광해군 5 계축년)에 인목대비의
　　폐비할 것을 주장하였다.

反 癸亥反正⁴²¹ 贈官 賜祭 祭文略曰一言之重 萬古綱常 黃一皓 當皇朝運訖之時 嘗以
尊周大義⁴²²自任 竟以鄭雷卿崔孝一⁴²³ 事受禍最酷. 噫 一縣之中 忠貞節義之卓然者
以至八 人之多而我 朝居其半 於其四人之中 得說之父子 又居其二 湖西一路之士 擧
莫不咨嗟興歎 而鄭得說權頤吉之捨命立懂 旣不讓 於濟麗之四忠 我 朝之雙節 則固
宜幷享於是祠. 當時人士只先擧鄭澤雷黃一皓而未及幷請 至今爲識者慨恨. 臣求竊嘗
疑之曰鄭得說事雖在於澤雷之前, 而尺疏扶倫 尤有光於反正之初, 萬古綱常 由此得
正 則急於其子之褒獎 反遺其父之卓節耶. 黃一皓事雖在於權頤吉之後 而一皓成就在
於尊周大義 則以丙丁痛骨之心切 匪風下泉之思⁴²⁴ 反先於權頤吉之忠節耶 抑或一擧
四人 有涉於煩瀆而然耶 臣等竊伏稽 白鹿洞舊規 則朱子嘗莅南康郡 自晉迄宋 凡係
勳勞・苦節・立懂 一十有三人 一時幷祠 初未嘗以多人 竝擧爲○ 則於今臣等之卿
獨漏兩忠之配食 旣不有違於南康已行之禮 而永爲 聖朝之闕典耶 又伏況濟麗則千有
餘年之間 僅得四人 我 朝百年之內 有是四人 先後幷挺於一鄉 父子同華於一門 則其
所光前而耀後者又何如 而獨遺此二臣而讓於前代乎 臣等之鄉 百年之公議 愈久愈菀
茲敢裹足來引南康故事 高聲仰籲 於九陛之下伏乞聖明 嘉十室幷萃之忠 闡百年幽菀
之光 特許鄭得說權頤吉二臣追享於義烈祠之請 俾樹百代之風聲 以慰一方之輿情 千
萬無任幷營 祈懇之至 謹昧死以
　聞

421　계해반정(癸亥反正): 인조반정(仁祖反正)을 말한다. 조선 광해군(光海君) 15년(1623)에 이귀(李貴) 등 서인
　　(西人) 일파가 광해군 및 대북파(大北派)를 몰아내고 능양군(綾陽君)을 왕으로 옹립한 사건을 말한다.
422　존주대의(尊周大義): '존주(尊周)'는 중국 춘추시대의 패권자들이 주(周)천자국을 옹립하여 다른 제후국을
　　물리치자는 정치적 구호였다. 공자가《춘추》를 지어 정통 국가인 주나라를 수호하자는 이념으로 삼았는
　　데 이것이 '춘추대의'이고, '존주대의'이다. 조선후기에 명나라에 대한 존중 의식을 '존주'로 불렀고, 이것
　　은 청나라에 대항하자는 주장이다. 당시에 출판된《존주대의록(尊周大義錄)》,《존주휘편(尊周彙編)》등의 문
　　헌은 이를 뒷받침하기 위해 나온 것이었다.
423　정뢰경(鄭雷卿, 1608~1639): 조선후기 지평, 정언, 필선 등을 역임한 문신. 1636년 병자호란으로 인조가
　　남한산성에 피난갈 때 호종(扈從)하였고, 인조가 청나라 태종에게 항복한 뒤 소현세자(昭顯世子)가 심양으
　　로 인질이 되어 갈 때 수행했다.
　　최효일(崔孝一, ?~1644): 1629년(인조 7) 청군(淸軍)이 침입하여 오자 의주에서 장사 장응림(張應林)과 함께
　　출전하였다. 명나라의 좌도독 모문룡(毛文龍)과 연합하여 청나라 군대와 전투하였다. 1636년 병자호란이
　　일어나자 압록강에서 적과 싸워 전공을 세웠다. 청나라의 임금을 죽여 명나라의 위기를 구하려고 등주(登
　　州)로 건너갔으나 실패하였다. 명나라 장수 오삼계(吳三桂)와 함께 금주(錦州)에서 청병과 싸워 여러 번
　　공을 세웠다. 1644년 명나라가 망하자 그는 명나라 군주 의제(義帝)의 빈소에서 10일 동안 통곡하면서
　　단식하다가 죽었다.
424　병정통골지심체, 비풍하천지사(丙丁痛骨之心切 匪風下泉之思): '병정(丙丁)'은 병자호란을 의미한다, 병자
　　년에 시작하여 그 이듬해인 정축년에 끝났으므로 병정노란(丙丁虜亂)이라고도 한다. "匪風"은《시경(詩經)
　　・회풍(檜風)・비풍(匪風)》편에 나오는 어휘로 '광풍' 혹은 외세에서 부는 바람으로 풀이하며, '下泉'은
　　《시경(詩經)・조풍(曹風)・하천(下泉)》에서 나온 것으로, 혼란한 나라가 다스려지길 바라는 마음을 노래한
　　것이다.

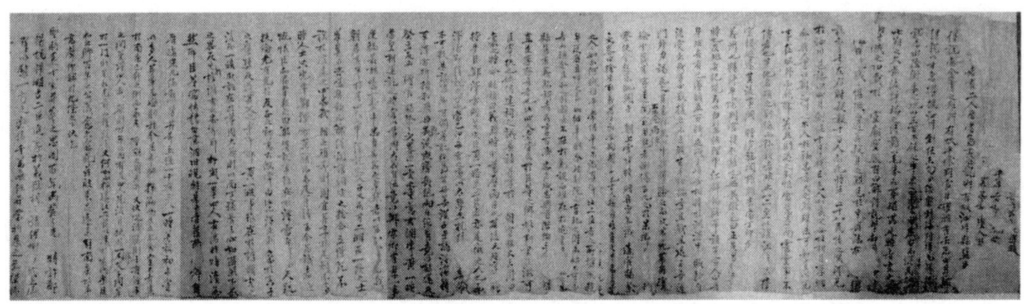

〈정득열 권이길 의열사 추향 鄭得說 權頤吉 義烈祠 追配 상소〉 전체

1

2

〈鄭得說 權頤吉 義烈祠 追配 상소〉 부분

08. 〈충청도 부여현(忠淸道扶餘縣) ○○○ 정득열(鄭得說) 권이길(權頤吉) 의열사(義烈祠) 추배(追配) 상소문〉

193cm×23cm, 한지

【해제】

이 상소문은 부여현의 유림들이 득렬과 권이길의 충절을 의열사에 추배해야 한다는 내용을 담아 왕에게 상소한 것으로, 초안에 해당한다.

【번역】

충청도 부여현 ○○○○○

머리를 조아리고 백번 절을 하며 주상전하에게 아뢰옵니다.

삼가 하늘이 보호하사

큰 경사가 모두가 올 해에 일어났습니다. 아름다운 옥과 같은 공덕을 밝히는 은전이 삼책(三冊)에 분명하게 나타나 있습니다. 성상(정조)께서 재위 20년을 맞이하여 전각에 나오시어 다섯 가지 경사가 모여 끝없이 이어질 것을 축원하였습니다. 성스러운 효성이 충실하게 퍼지도록 성대한 의식을 거행하였으며, 온 나라가 함께 기뻐하고 즐거워하니 어찌 그 끝이 있겠사옵니까.

삼가 엎드려 생각하옵니다. 남쪽의 왜구와 북쪽의 오랑캐의 난은 우리 동방의 나라 사백 년 역사에 씻을 수 없는 치욕이었습니다. 임진년에 도요토미 히데요시(豊臣秀吉)가 대거 동쪽을 침입하였고, 정묘년에는 홍립(弘立)이 길을 인도한다는 구실로 난을 일으켰습니다. 이는 실로 8년 전쟁의 시작이요, 임금이 두 번 도읍을 떠나 망명한 원인이 되었습니다.

이에 임진년 이후 팔도에서 의병을 일으킨 선비들이 구름처럼 모여들고 메아리처럼 호응하였습니다. 그 가운데 공적이 두드러지고 자취가 깃발에 기록될 만한 이들을 논해봅니다. 조헌(趙憲)은 칠백 의사와 함께 몸을 바쳐 순절하였고, 황진(黃進)은 단기필마로 달려가다 탄환을 맞았으며, 부산첨사 정발(鄭撥)과 다대첨사 윤흥신(尹興信), 동래부사 송상현(宋象賢)은 부산에서 순절하였고, 김천일(金千鎰)과 최경회(崔慶會)는 진양(晉陽)에서 순직하였습니다. 지금까지 임진년의 굳고도 충의로운 위대한 절개를 숭상하고 있습니다.

정묘년 오랑캐 기병이 밤을 틈타 의주(義州)를 기습하였습니다. 홍립(弘立)과 난영(蘭英)이 적을 끌어들여 성문을 침입하였습니다. 흉포한 창끝이 멧돼지처럼 돌진하고, 그 기세는 바람처럼 달리고 번개처럼 빨랐습니다. 부윤(府尹) 이완(李莞)과 판관(判官) 최몽량(崔夢亮)은 미처 적과 교전도 하지 못한 채 몸을 받쳐 순절하였고, 이어 적병이 안주(安州)를 에워싸 진격하자 병사(兵使) 남이흥(南以興)과 목사(牧使) 김준(金浚) 또한 굴복하지 않고 스스로 분신하였습니다. 대저 도마 위에 올라 끓는 물을 맞는 듯한 위급한 국난을 맞이하여 힘써 싸우거나 전사하였고, 혹은 성이 함락되어서 목숨을 잃은 이들이 그 수를 헤아릴 수 없었사옵니다. 그 사이에 처음부터 승패를 따져 논하지 않았고, 오직 충성과 열렬함을 드러내어 포상하였을 뿐입니다. 이는 곧 당시 조정이 내린 보기 드문 은전이요, 사대부의 공론이었습니다.

이에 정려문을 세우고, 추증하거나 시호를 내리며, 사우를 세운 뒤 제향 올리기를 경중에 따라 차례로 모두 거행하였습니다. 충성과 정렬을 장려하고 절의를 격려한 까닭이 백년 뒤에도 늠름하고도 밝게 빛나고 있습니다. 그러나 미처 다 거론되지 못한 것이 있으니, 임진왜란으로는 사천현감 신 정득열(鄭得說)이고, 정묘호란으로는 고 평양판관 권이길(權頤吉)이옵니다.

신 등의 어리석음을 무릅쓰고 올리오니 감히 읽어주시길 바라옵나이다.

엎드려 바라건대, 영명하신 성상께서 잠시나마 살펴주시옵소서. 아! 신 등이 거주하는 고을은 지극히 작은 현이지만, 백제의 옛 도읍입니다. 백제 시대에 성충·흥수·계백 세 사람이 있었습니다. 한 사람은 간언을 하다가 죽임을 당하였고, 또 한 사람은 위기를 당하자 계책을 아뢰었으며, 또 사람은 적진으로 나아가 순국하였습니다. 바로 세상 사람들이 칭송하는 '제대삼충(濟代三忠)'입니다. 또한 고려 말기에 정언(正言) 이존오(李存吾)라는 이가 있어 조정에서 요승을 꾸짖다가 쫓겨나서 죽었습니다. 그 충의의 자취를 살펴보건대 늠름하기가 마치 가을 서리가 풀잎을 스러지게 하는 것 같습니다. 고 판서 신 홍가신(洪可臣)이 이 고을을 다스릴 때 처음으로 사당을 세우자는 건의를 발의하였고, 마침내 조정에서 제향할 것을 요청하였습니다. 이때가 만력(萬曆) 병자년입이다. 선조대왕은 이것을 듣고 가상하게 여기시고 특별히 명하여 '義烈'이라고 사액하셨습니다.

무릇 백제·고려 두 시대를 거치는 동안 네 사람의 충절이 모두 이 고을에서 나왔으며, 더구나 본 왕조에 이르러서도 또한 네 사람의 충정(忠貞)이 있었습니다.

계승자는 곧 앞서 말한 정득열·권이길(權頤吉)과 더불어 지평신(持平臣)으로 추증된 신 정택뢰(鄭澤雷), 찬성(贊成)으로 추증된 황일호(黃一皓)입니다.

정득열은 임진년 4월에 재주와 용맹을 인정을 받아 사천(泗川)에 제수되었는데, 부임한 지 열흘도 채 되지 않아 왜적이 바다를 넘어 들이닥쳐 여러 진이 무너졌습니다. 그래서 정득열은 수륙이 서로 맞닿은 요충지를 막고 단련되지 않은 군사 3백을 거느리고서 동서로는 적을 방어하고 공격하였으며, 좌우로는 백성을 보호하며 7월까지 서로 대치하였습니다. 그 전후로 힘을 다하여 세운 공적은 진실로 하나하나 들어 거론하기조차 어려우나, 다만 사서에 실린 바를 간추려 봅니다. 그가 적을 치며 세운 노고가 이미《선묘보감(宣廟寶鑑)》은 "정득열이 고성·사천진 등 여러 해안 진영에 침투한 왜적을 격퇴하자, 적이 두려워 후퇴하여 달아났다."라고 기록하였습니다. 그가 장렬하게 전사(戰死)한 것에 대해《중흥지(中興誌)》는 "정득열이 활을 들고 좌우로 적을 쏘아 수십 명, 수백 명을 죽이고 전사했다."고 하였습니다. 당시 그의 나이는 28세였습니다. 그에 대한 백성들의 깊은 존경심은《사천읍지》에 잘 나타나 있는데 "그가 부임한 지 10개월 만에 전사하자, 사천 고을 백성들이 부모를 잃은 듯 슬퍼했다"라고 기록하였습니다. 당시 정승이었던 이이명(李頤命)은 어떤 사람에게 보낸 편지에서 "정득열이 사천성 밖에서 전사했기에, 정절을 기리는 사당에 모시지 않은 것은 과연 옳은 일인가? 사당에 모시지 않은 것이 단지 전사한 장소가 성 밖이었기 때문이란 말인가? 그러니 한퇴지(韓退之)가 뇌만춘(雷萬春)과 남제운(南霽雲)의 사적이 전해지지 않는 것을 한스럽게 여겼던 것입니다."라고 하였사옵니다. 그 밖에도 이름난 인물의 기록 중에서 그를 칭송하고 감탄한 것은 한 둘에 그치지 않습니다. 어떤 이들은 강회(江淮)를 지켜낸 공이 실로 장순과 허원(許遠)과 같다고 말하였습니다. 이후 그의 사적이 알려지자, 관직을 추증하고 정려(旌閭)하였습니다.

정택뢰(鄭澤雷)는 바로 정득열의 아들이옵니다. 을묘년 서궁의 변(西宮之變)에 즈음하여 태학생(太學生)의 신분으로 상소를 올려, 인륜은 결코 무너뜨리거나 어지럽힐 수 없다고 극언(極言)하였고, 정조(鄭造)와 윤인(尹訒)을 배척하고 이위경(李偉卿)은 마땅히 참수해야 한다고 하였습니다. 이로 말미암아 절도(絶島)에 유배되었습니다. 그 어머니 강씨(姜氏)가 아들을 따라 유배지에 이르러 근심과 병환을 얻어 장차 초야에 묻힐 처지에 이르렀사옵니다. 정택뢰가 손가락을 잘라 피를 약에 섞었는데, 어머니는 이미 운명하였습니다. 그는 척추가 훼손되어 거의 끊어지고 두 눈이 모두 멀어 마침내 관에 실려 돌아왔습니다.

옛 재상 장유(張維)가 그 묘지명에서 "한마디 말로 말하면, 군신간의 의리를 다하였고, 모자(母子)간의 윤리를 온전히 했다. 모친을 보호하지는 못하였고, 또 몸으로써 이를 시험하였으니, 죽지 아니한 그 뜻은 백세를 지나도 더욱 새로울 것이다."라고 하였사옵니다. 계해년에 이르러 반정(反正)이 이루어지자, 관직을 추증하고 제사를 내렸습니다. 제문을 요약하면, "한마디 말의 무거움이 만고의 윤리 도덕이 되었다."는 것입니다.

권이길은 정묘년(1627)에 오랑캐가 의주를 함락하였을 때, 특별히 평양판관에 제수되어 전쟁터로 달려가면서 아무런 두려운 기색도 없이 말하길 "바로 지금이 대장부가 절의를 세울 때이다."라고 하였습니다. 북방의 적병이 국경을 침범하자, 망건에 하얀 깃털을 달고, 허리띠에 붉은 비단을 묶은 뒤 가족들에게, "이 몸은 더 이상 내 것이 아니오"라고 하고, 즉시 기병 5백 명을 이끌고 적을 추격하여, 순안에 이르러 깊은 골목에서 격렬히 싸웠습니다. 그때 적의 기병이 돌연히 후방에서 나타나자, 우리 군은 흩어졌고 지원군은 미처 도착하지 못하였습니다. 이윽고 권이길은 손에는 칼을 들고, 허리에는 활을 차고 싸우며 퇴각하여 보통문 밖에 이르렀지만 끝내 힘이 떨어져 전사하였습니다. 그 부인 임씨는 망건과 허리띠를 가지고 시신을 확인하고 수습하여 장례를 지냈습니다. 가문에서는 그 망건은 보관하고 있는데, 모습이 생생하게 지금까지도 전해지고 있습니다. 이를 보는 자마다 슬픔을 금치 못하였으며, 혹자는 당나라 고경(杲卿)이 머리를 잘라 순국한 일에 견주기도 하였습니다. 관찰사 김기종(金起宗)이 급히 이 사실을 조정에 아뢰니, 임금께서 크나큰 슬픔과 충격에 잠기시어, 특별히 병조참의(兵曹參議)로 추증하시고, 관원을 보내어 제사를 내렸습니다. 그 제문의 대략은 이렇습니다. "목숨을 버리고 의(義)를 취함은 군자가 편안히 여기는 바이며, 나라를 위하여 죽음을 잊는 일은 옛사람도 쉽지 않은 일이나, 그대는 진실로 충성과 용기가 가득 찬 사람이로다. 사람이 모두 그대와 같다면 어찌 적을 평정하지 못하랴? 평소에 진심으로 그대를 알아보지 못한 것을 늘 한스럽게 여기노라."

진경(眞卿) 황일호(黃一晧)는 탁월하고 빛나는 기개와 절의를 지녀, 어버이를 섬김에 효로써 이름이 높았으며, 특히 존주대의(尊周大義)를 자신의 사명으로 삼았사옵니다. 황조(皇朝)의 일을 말함에 있어서는 일찍이 비분강개하여 눈물을 흘리지 않은 적이 없었사옵니다. 더욱이 의주부윤[灣尹]으로 재임하던 중, 정뢰경

(鄭雷卿)과 최효일(崔孝一)의 일로 인하여 흉악한 무리의 무고를 받아, 가장 참혹하게 화를 입었습니다.

아! 하나의 현 안에 천년동안 세 왕조에서 모두 충정과 절개 효심으로 탁월한 사람이 8명에 이릅니다. 사람이 많은데, 우리 왕조가 그 반을 차지하고, 4명 중에서 득열 부자가 또 그 반을 차지하고 있습니다. 만약 땅의 혼령에 따른 것이라면 인재가 치우쳐 튀어나온 것이라며, 호서 지역의 선비들이 모두 감탄하지 않는 자가 없었습니다. 정득열, 권이길이 용맹스럽게 생명을 버린 것은 이미 백제와 고구려의 네 충신보다 못하지 않습니다. 우리 왕조의 두 충신을 본래 이 사당에 함께 배향하고 있습니다. 그러나 당시 선비들은 먼저 정택뢰와 황일호를 거론하고 두 분을 미처 청원하지 못하였으니, 지금의 의식 있는 사람들은 개탄하고 한스럽게 생각하고 있습니다. 신이 가만히 생각해 보고 이렇게 의심이 생겨 말씀을 아뢰옵나이다. 정택뢰의 사례는 비록 정득열보다 뒤였고, 그의 상소가 윤리기강을 바로 세웠고 더욱이 반정(反正)의 초기에 빛을 발휘하여 만고의 윤리도덕이 이렇게 바로 잡았다고 할지라도, 그 아비가 오래 전에 순직하여 사람들의 마음을 두 배로 감격시킨 것에 견주어 보면, 자식을 표창하는데 급급한 나머지 그 아비의 뛰어난 절개를 저버렸을 뿐입니다. 황일호의 사례는 권이길의 뒤에 있고, 일호가 존주대의(尊周大義)를 성취하였지만, 병자호란의 뼈를 깎는 비통한 마음과 외침의 광풍이 가라 앉기 바라는 고뇌가 어찌 권이길의 충절보다 앞설 수 있겠습니까.

그렇지 않으면 혹시 한 번에 네 분을 천거하기 번잡하고 귀찮았던 것과 관련이 있는지요? 신 등이 삼가 엎드려 생각하여 백록동(白鹿洞)의 옛 규범을 살펴보았습니다. 주자(朱子)께서 일찍이 남강군(南康郡)을 통치하였는데, 진(晉)나라로부터 송(宋)나라까지 공훈자[勳勞]·절의자[苦節]·용감한 자[立懂] 모두 13명을 일시에 함께 사당에 모셔 제사하였다고 합니다. 애초에는 여러 사람을 함께 올리는 일은 거론되지도 않았다고 합니다. 그렇다면 이제 저희 고을이 충신 두 분만을 배향한 것은 남강에서 이미 행해진 사례에 크게 어긋났고, 영원히 논자들의 비웃음과 비난을 받게 되며, 특히 조정의 결례가 되지 않겠는지요? 또한 엎드려 살펴보건대, 백제에서 고려까지 천여 년 동안 겨우 네 사람을 배출하였는데, 우리 조선은 백년도 안 되는 기간에 이 네 신하를 배출하였고, 이들이 한 고을에서 함께 나와 나란히 서서 존경을 받고 있습니다. 앞을 빛내고 뒤를 비추는 것이 어떠한 데, 어찌하여 유독 이 두 신하만은 앞 세대에 양보하는 것에서 제외되었는가? 저희 고장은 백 년 동안 시간이 흐를수록 공론이 더욱 왕성해지고 있습니다. 이에 감히 발걸음을 재촉하여 남강(南康)의 옛 사례를 끌어다가, 아홉 계단 아래에서 큰 소리로 우러러 부르짖어 엎드려 간절히 청하옵니다.

성상께서 열 개 가구 속에서 함께 나온 충절을 가상히 여겨 백 년 동안 숨어있는 무덤이 빛을 보도록 해주옵소서. 특히 정득열과 권이길을 의열사에 추가로 배향하자는 요청을 특별히 허락하시어, 백대의 훌륭한 명성을 세우시어 이 지역 백성들의 여론을 위로해 주시기 바라옵나이다. 천만번이라도 감히 감당할 수 없는 일이오나, 간절한 마음으로 함께 힘써 간청하옵나이다.

【원문】

忠淸道扶餘縣 ○○○○○

首頓首謹 百拜上言于

主上殿下伏以 皇穹默祐

○莫大之慶 同在於是年 琬琰 揚徽之典 並煥於三冊[425] 二紀[426] 光御 臨殿 愛賀五慶[427] 湊綿籙無疆 聖孝充伸 縟儀載擧 八域懽忭 曷有其極 仍伏念南倭北胡之亂 卽我東四百年 ○○恥 而壬辰 秀吉之大擧東犯 丁卯弘立鄕導 稱亂 實爲八年 兵燹之始 兩都播越之本[428] 而應稽

國乘壬辰以後 八路倡義之士 雲合響應 若論其表著[429] 卓絶 跡載 旂常者[430] 則如趙憲之七百殞身 黃進之單騎中丸 釜山僉使鄭撥 多大僉使尹興信 東萊府使宋象賢之效節於釜山 金千鎰 崔慶會之立懽於晉陽者也 至今爲壬辰之貞忠偉節. 而當丁卯虜騎之夜襲義州也 弘立蘭英引賊入城 凶鋒豕突風馳電邁 府尹李莞 判官崔夢亮 未及交鋒 而以身殉節 及虜兵之進圍安州也 兵使南以興 牧使金浚皆不屈而自焚. 蓋當(板之湯)之會 或力戰而死義 或城陷而殞首者 不可勝計 而初無成敗之較論 只奬忠烈之表○者

---

425 삼책(三冊): 정조가 을묘년(1795, 정조19) 즉위 20년을 맞이하여 정순왕후, 사도세자, 혜경궁 홍씨에게 존호를 가상하는 책(冊)을 올린 것을 말한다.

426 이기(二紀): 해와 달. 본래 1기를 12년으로 2기는 24년이 된다. 또한 20여년을 지칭하기도 한다.

427 오경(五慶): 다섯 가지 경사로, 첫째는 정조가 즉위한 지 20년이 된 것이고, 둘째는 왕대비 정순왕후가 51세로 망육(望六)이 되어 존호를 가상(加上)한 것이며, 셋째는 사도세자, 즉 장헌세자에게 존호를 가상한 것이며, 넷째는 혜경궁 홍씨에게 존호를 가상한 것이며, 다섯째는 혜경궁이 환갑이 된 것을 말한다.《承政院日記 正祖 18年 12月 13日》(한국고전종합DB)

428 파월(播越): 통치자가 왕궁을 잃고 떠나다. '유리파월(流離播越)', '승여파월(乘輿播越)'로 쓰이며 제왕의 망명을 의미한다.

429 표저(表著): 선양하다. 표창하다.

430 기상(旂常): 왕후의 깃발. 기(旂)에는 용을 그리고, 상(常)에는 해와 달을 그린다.

卽當日 朝家之曠典 搢紳之公議也 旌贈易名建院享祀431 隨其輕重次第畢擧 其所以獎
忠貞 勵節義者 凜烈炳烺 於百歲之後 而猶有所未盡擧者 壬辰則故泗川縣監臣鄭得說
也 丁卯則故平壤判官臣權頤吉也 臣等敢冒昧仰讀 伏惟432

聖明少垂察焉. 噫 臣等所居之鄕卽最爾之小縣 而百濟之舊都也 粤 在濟代有成忠
·興首·階伯三人 或盡言被戮 或臨危陳策 或赴賊殉國 卽世口稱濟代三忠 而及夫勝
國之季433 有正言李存吾者 庭叱妖髡434 ○黜以死 跡其忠義 凜然若秋霜動草也 故判
書臣洪可臣宰扶也 始倡建祠之議 遂請幷享於 朝時則萬曆丙子也 宣祖大王 聞而嘉之
特命賜額以義烈 凡濟麗二代之間 四人之忠節 俱出於臣等之鄕 而逮夫本朝亦有四人
之忠貞 發然而接武者435 卽向所稱鄭得說權頤吉 與贈持平臣鄭澤雷 贈贊成臣黃一皓
也 鄭得說壬辰四月以才勇擢授泗川 莅任不旬日 倭奴到海列鎭瓦解 而得說當水陸衝
要之地 以三百不鍊之兵 而東西而禦敵 左右而護民 相持七朔之久 前後殫竭之績 固
不可毛擧 而第撮其國史乘者言之 則其擊賊之勞 載於

宣廟寶鑑 有曰泗川縣監鄭得說擊却(固城泗川鎭諸海屯賊) 賊懼撤而遁 其殺身之烈
見於中興誌有(曰鄭)得說彎弓左右 射殺數十百人而死 時年二十八 民情之維係 見於
泗川邑誌曰四月到任十月 戰亡 邑人如喪父母 故相臣故相臣李頤命與人書曰鄭泗川
之不入於晉陽旌忠之壇 殊未可知也 豈以死事在城外而然耶 若然則退之 所恨南霽雲
·雷萬春事不傳者也. 其他名碩箚錄稱歎者 非止一二. 至以爲江淮保障實賴 巡遠之
功也 其後事 聞 贈官旌閭 鄭澤雷卽得說之子也. 當乙卯西宮之變 以太學生抗疏(極
言)彝倫不可 斁造訒436, 偉卿可斬437 遂配絶島 其母姜 從子于謫 得疾將草 澤雷斫指
和藥 母旣沒 毀瘠幾絶 兩目俱盲 竟以柩還 故相臣張維銘其墓438曰一言而盡君臣之義

---

431 역명(易名): 시호를 내리다.
432 모매(冒昧): 어리석음을 무릅쓰다. 말이나 행동이 적절한지 헤아리지 못했다. 자기겸양의 표현으로 쓰여, 자신이 무례하거나 경솔하게 청할 때 사용한다. 모매진사(冒昧陳辭): 감히 우매함을 무릅쓰고 의견을 아뢰다. 부췌모매(不揣冒昧): 분수를 헤아리지 못하고 감히 …하다
433 승국지계(勝國之季): 고려 말기. '승국(勝國)'은 조선이 고려를 멸망시켰다는 의미에서 사용한 용어로서 전대의 왕조, 전조(前朝)와 같다.
434 요곤(妖髡): 머리를 깎은 요승, 여기서는 신돈(辛旽)을 가리킨다.
435 접무(接武): 계승하다.
436 조인(造訒): 정조(鄭造)와 윤인(尹訒). 정택뢰가 상소를 올려 논척했던 인물이다.
437 이위경(李偉卿, ?~?): 조선 광해군 때의 문신으로 본관은 전의, 자는 장이(長而)입니다. 이이첨 일파로 활동하며 인목대비 폐모론을 주도하여 사간원 대사간, 좌승지 등을 지냈으나, 인조반정 이후 축출된 인물이다.
438 장유(張維), 〈有明朝鮮國贈司憲府持平鄭公墓碣銘〉: 光海旣殺永昌. 幽大妃于西宮. 其猜郤猶未逞. 賊臣爾瞻輩. 從而慫慂之. 使其黨鄭造, 尹訒, 李偉卿等. 倡言大妃母道已絶當廢. 舊相完平府院君李元翼上書切諫. 爾瞻嗾其黨劾之. 禍且不測. 太學生鄭君澤雷奮曰. 宣廟養士四十年. 正爲今日. 卽彝倫斁而賢相不免於死者. 吾屬何用生爲. 遂抗疏極言大妃不可廢. 造, 訒, 偉卿可誅. 元翼不可罪. 光海大怒. 爾瞻又嗾其黨劾之. 竄于嶺南之南海縣. 縣在海中絶島. 猶朱崖云. 鄭君旣謫海外. 有母曰姜淑人. 無它子姓. 思鄭君不置. 乃從之謫所. 地旣遠惡. 多氛霧瘴厲. 姜淑人遂

全母子之倫 旣不能保其親 又以荼其身其不死者 亘百世而彌新 及癸亥 反正 贈官 賜
祭 祭文略曰一言之重 萬古綱常 權頤吉當丁卯金虜陷之義州 特拜平壤判官 將赴難也
無幾微色曰正是男兒立節時也 及北兵侵境 卽以白繫結網巾 紅錦緣其腰帶 語其家人
曰吾身非吾有也 遂領五百騎 追賊 至順安 相搏於深港中 賊騎自後突出 我軍四散 援
兵不至 頤吉 手釼腰弓 至普通門外 力竭死之. 其妻林 果以巾與帶驗其身 而收其屍帶
用殯殮 巾藏其家 遺蹟宛然 見者惻愴 或比之杲卿之髮焉 觀察使金起宗馳 聞于 朝上
震悼 特贈兵曹參議 遣官賜祭 祭文略曰捨生取義 君子所安 殉國忘死 古人猶難 唯爾
之中 忠勇充之人 人如爾何賊難平常恨平日不識 眞卿 黃一皓 卓犖尚氣節 事親以孝
稱 尤以尊周大義 自任語及

　　皇朝未嘗不慨然流涕及爲灣尹[439]以鄭雷卿崔孝一事 爲凶人所誣 受禍最酷. 噫 一縣
之中 千餘年之間 凡三革世[440] 而忠貞節孝之卓然者 以至八人之多而我 朝居其半 於
其四人之中 得說之父子 又居其二 若地靈之所鍾 人傑之偏挺 湖西一路之士 擧莫不
咨嗟興歎 而鄭得說權頤吉之捨命立懂 旣不讓 於濟麗之四忠 我 朝之雙節 則固合幷
享於是祠. 而當時人士只先擧鄭澤雷黃一皓而未及幷請 至今爲識者慨恨. 臣等求竊嘗
疑之曰鄭澤雷事雖在於得說之後, 而尺疏扶倫 尤有光於反正之初, 萬古綱常 由此得
正 則比其父久遠 死綏之節培爲人心之所激勵 而急於其子之褒獎, 反遺其父之卓節
耶. 黃一皓事亦在於權頤吉之後 而一皓成就在於尊周大義 則以丙丁痛骨之心切[441] 匪
風下泉之思 反先於權頤吉之忠節而然耶 抑或一擧四人 有涉於煩瀆然而然耶 臣等竊
伏稽 白鹿洞舊規 則朱子嘗莅南康郡 自晉迄宋 凡係勳勞・苦節・立懂 一十有三人

以病寢劇. 鄭君號泣籲天. 斫指和藥以進. 居歲餘. 姜淑人竟不起. 鄭君毀甚幾絕. 及喪歸. 鄭君纍繫不得隨. 益傷慟
呼絕. 饘粥罕以入口. 兩目喪明. 骨立不自持. 遂沒於謫廬. 乃己未六月二十日也. 妻鄭氏與諸孤. 奉櫬過海. 歸扶餘之
莊舍. 以是歲某月日. 葬于縣東某山. 越五歲爲天啓癸亥. 今上旣奉 大妃復位. 諸賊皆伏誅. 悉褒錄言事得罪者. 乃
贈鄭君司憲府持平. 遣使致祭. 嗚呼. 死者而有知也. 至此視可瞑矣. 鄭君字休吉. 其先河東人也. 七代祖麟趾. 歷事
太宗世宗至成宗. 爲六朝元臣. 官至領議政. 諡文成公. 曾祖某. 祖某. 父得說. 以武擧官泗川縣監. 壬辰之難. 力鬪倭
寇以死. 贈訓鍊院正. 娶晉州姜氏成均學諭宗慶之女. 以乙酉某月日. 生鄭君. 幼穎爽過人. 八歲而孤. 姜淑人敎之甚
肅. 稍長. 詞藻精敏. 聲名大起. 年二十八. 擧進士第一名. 爲人風儀端粹. 耿介有志操. 事親以孝稱. 所與交皆聞人.
乙卯之禍. 以布衣客京師. 非有言責. 不可已者. 特激於忠憤. 出位危言. 以觸奇禍. 子母俱沒於絕域. 說者謂其氣節.
足配陳少陽. 而事之難言. 殆過之. 君之配鄭氏. 貫東萊. 子長曰千世. 幼有至性. 甫十一歲. 以不勝喪夭. 存者尚有三
男子. 君之沒也. 鄭氏居喪. 不釋衰麻之服. 終喪. 不輟朝晡之薦. 悉粥簪珥. 治石庀工. 將樹墓道之刻. 而乞文於維
且曰. 先夫病且革. 無他語. 惟字呼持國. 至絕乃已. 意者以身後累公乎. 嗚呼. 維何忍辭. 何忍辭. 銘曰. 傳稱穎封人
愛其母. 施及其君. 若鄭君者. 亦欲以一言. 盡君臣之義. 全母子之倫. 旣不保其親. 又以荼其身. 事有大謬. 天乎人乎.
材關於無祿. 志詘於不辰. 其不死者. 亘百世而彌新.《谿谷集》

439 만윤(灣尹): 의주부윤(義州府尹)

440 삼혁세(三革世): 세 왕조. 삼국, 고려, 조선을 말한다. 혁세는 혁명이란 뜻. 본래는 청(淸)나라가 명나라의
　　뒤를 이어 천하를 차지한 것을 말하였다.

441 병정(丙丁): 병정년간. 병자호란. 병자호란은 병자년에 시작하여 그 이듬해인 정축년에 끝났으므로 병정
　　노란(丙丁虜亂)이라고도 한다.

一時幷祠 初未嘗以多人 竝擧爲○ 則於今臣等之鄕 獨偏兩忠之配食 旣不與於南康已
行之例 大相背馳 而永爲議者之譏議 特作聖朝之(欠)典耶 又伏況濟麗則千有餘年之
間 僅得四人 我 朝百年之內 有是四臣 而挺生於一鄕 比肩而立幷式 而至其所以所光
前而耀後者 又何如而獨遺此二臣 而讓於前代乎 臣等之鄕 百年之公議 愈久愈菀 兹
敢裹足來引南康故事 高聲仰籲 於九陛之下伏乞

聖明嘉十室幷萃之忠 闡百年幽菀之光 特許鄭得說權頤吉二臣追配於義烈祠之請
俾樹百代之風聲 以慰一方之輿情 千萬無任幷營 祈懇之至

〈충청도부여현 忠淸道扶餘縣 ○○○ 상소 鄭得說 權頤吉 義烈祠 追配〉 전체

1

2

3

4

鄭得說·權頤吉義烈祠 追配상소

09. 충렬문 중건과 보존과정 자료

충신 증 통정대부 병조참의 안동 권공, 열녀 증 숙부인 예천임씨 정려중건기

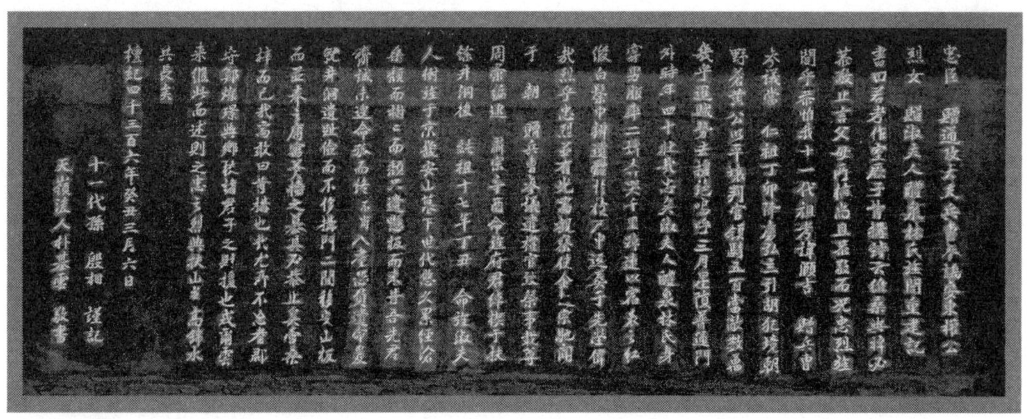

【우리말】

《서경(書經)》에 이르길 "아버지가 집을 짓는데 자식이 어찌 따라 짓지 않으랴"
라고 하였고,《시경(詩經)》에 말하길 "고향집의 뽕나무와 가래나무를 보면 반드
시 존경하리"라고 한 것은, 부모가 심은 나무를 공경한다는 뜻인데 하물며 충신
과 정려문에 있어서랴! 삼가 생각해 보면, 내 10대조 휘 이길(頤吉) 증 병조참의께
서 인조(仁祖) 정묘년(丁卯年)에 적에게 투항한 포로 강홍립(姜弘立)이 오랑캐를
끌고 국경을 침범하여 조야가 너무 급(急)하여 어찌할 바를 몰랐을 때, 평양판관
으로서 5백 명의 기마병을 이끌고 수만의 적에 대항하였다. 적이 거의 물러가려
고 하는데, 전세가 기울고 원조마저 끊겨 아! 3월 보통문 밖에서 전사하셨으니, 향
년 40이셨다. 장하다 충신이시여! 숙부인 예천 임씨는 남장으로 두 명의 여종을
데리고 통곡을 하며 천리 길을 달려 먼 외지에서 잠을 자면서 붉은 비단에 흰털이
달린 두건의 표식보고 쌓여 있는 시체 속에서 시신을 식별하여 선영에 안장하였
다. 위대하도다 열녀이시여! 충성과 정렬이 함께 빛나도다. 관찰사 김기종(金起
宗)이 그 행장을 꾸려 급히 조정에 소식을 전하자 병조참의를 증직하고 전례관을
파견하여 제사를 지내도록 하였다. 이 기록은《존주휘편(尊周彙編)》에 수록되어
있다. 숙종 신유년(辛酉年)에 부여 정동리에 정려문을 세우도록 명령하였다. 순

조 17년 정축년(丁丑年) 숙부인을 안산 묘소 아래에 정려문을 세우도록 명하였다. 세월이 오래되어 상전벽해가 여러 번 지나면서 무너지면 다시 세우고, 세웠다가 다시 무너져 현판만 남아 내려왔다. 옛날 선친은 계획을 완수할 틈이 없이 불운한 가운데 돌아가셨다. 불초는 팔순이 되어 부모의 당부를 저버릴까 걱정이 되어 정동리 옛 터에 검소하고 사치스럽지 않은 두 칸짜리 정문을 세우고 안산의 현판을 옮겨와 함께 모셨다. 사모하는 마음을 담아 반드시 공경하는 것이 어찌 뽕나무와 가래나무에 그칠 것이며, 어찌 감히 기꺼이 따라 짓는다고 하지 않으리! 군수 정찬경(鄭燦璟)과 향교의 여러 선비들이 재원을 보조하여 주었다. 이것을 계승하여 기록하고 보니 그 충렬이 부소산처럼 높고 금강처럼 길게 흐르리라.

단기(檀紀) 4306년(서기 1973년) 계축(癸丑) 3월 6일
11대손 은상(殷相) 삼가 기록하고
천령후인(天嶺後人) 박기운(朴基雲)이 삼가 쓰다

【원문】

〈忠臣 贈通政大夫兵曹參議安東權公 烈女 贈淑夫人醴泉林氏旌閭重建記〉(板上文)

書曰若考作室厥子肯搆[442] 詩云維桑與梓, 必恭敬止,[443] 言父母所植尚且恭敬, 而況忠烈旌閭乎. 恭惟[444] 我十代祖 考諱頤吉 贈兵曹參議 仁祖丁卯降虜弘立[445], 引胡犯境, 朝野蒼黃.[446] 公以平壤判官, 領騎五百, 當敵數萬, 幾乎退賊, 勢去援絕. 嗚呼! 三月星隕普通門外,[447] 時年四十. 壯哉 忠矣! 淑夫人醴泉林氏, 身穿男服, 率二婢, 奔哭千里

---

442 약고작실 궐자긍구(若考作室, 厥子肯搆): 본래 "아버지가 집을 짓는데, 아들이 집터조차 다지려고 하지 않거늘, 하물며 집을 짓는 것은 말하여 무엇 하리"라는 의미이지만, 후대에는 그것이 거꾸로 되어 아들이 아버지의 사업을 계승하는 것을 말한다.《상서(尚書)·대고(大誥)》에 나오는 말로서 원문은 "若考作室, 既厎法, 厥子乃弗肯堂, 矧肯構?"으로, 후대에는 "肯堂肯構" 혹은 "肯構肯堂"으로 사용되고 있으며, 아들이 부모의 사업을 계속하는 것을 비유한 말이다. 본문의 '搆'는 '構'의 잘못인 듯하다.

443 유상여재 필공경지(維桑與梓, 必恭敬止):《詩·小雅·小弁》에 나오는 말이다. 옛날에 집 주변에 뽕나무와 가래나무를 심었다. 고향집의 뽕나무와 가래나무는 부모님이 심은 것이므로 이에 대해 존경을 표하였다. 그러므로 후세 사람들은 '상재(桑梓)'를 고향에 비유하였다. 고향의 나무를 보면 조상들이 손수 나무를 심는 것이 생각나 존경하고 그것을 보호한다는 의미이다.

444 공유(恭惟): 삼가 공경하고 생각하다.

445 강노홍립(降虜弘立): 투항한 포로 강홍립(姜弘立, 1560~1627)

446 창황(蒼黃): '蒼黃罔措(창황망조)'의 뜻으로 너무 급(急)하여 어찌할 바를 모른다는 뜻이다.

447 성운(星隕): 將星隕(장성운)의 뜻. 장군(將軍)이 진몰(陣沒)하거나 영웅(英雄)·위인의 죽음을 가리키는 말이다

踔遠以宿,[448] 表之紅緞白縧巾, 辨遺體於積屍中, 返葬于先塋. 偉哉烈乎! 忠烈並有光焉, 觀察使金起宗(擧其狀)馳聞于 朝 贈兵曹參議, 遺禮官致祭. 事載尊周彙編 逮 肅宗辛酉[449] 命㫌府君 綽楔于扶餘井洞 後 純祖十七年丁丑[450] 命㫌淑夫人, 樹㫌于京畿安山墓下. 世代悠久, 累經滄桑,[451] 頹而樹, 樹而頹, 只遺懸板而來. 昔吾先君 齋誠未遑 命孤而終. 不肖八耋,[452] 恐負遺命.[453] 爰就井洞遺趾, 儉而不侈. 搆門二間, 移安山板而幷奉之. 庸寓羹墻之慕,[454] 其必恭止. 奚啻桑梓而已哉. 焉敢曰肯搆也哉. 尤所不忘者. 郡守鄭燦璟與鄕校諸君子之財援也. 戎爾雲來繼此而述 則之忠之烈與扶山幷高, 錦水共長矣

檀紀四千三百六年癸丑三月六日
十一代孫 殷相謹記
天嶺後人 朴基雲 敬書

---

448 탁원(踔遠): 광활하고 멀다는 뜻이다.

449 숙종신유(肅宗辛酉): 서기 1681년

450 순조십칠년(純祖十七年): 서기 1817년

451 창상(滄桑): 푸른 바다(滄海)가 뽕밭(桑田)이 되듯이 시절(時節)의 변화(變化)가 무상(無常)함을 이르는 말

452 팔질(八耋): 여든 노인

453 유명(遺命): 임금이나 부모(父母)가 임종(臨終)할 때에 하는 명령(命令)

454 갱장(羹墻): 선배를 추모하거나 성현을 흠모하다. 《한서(漢書)·이고전(李固傳)》에 "옛날 요임금이 죽은 뒤, 순임금이 그를 3년 동안 우러러 흠모하였다. 앉으면 요임금이 담에 나타나고, 먹을 때면 국 속에서 나타났다(昔堯殂之後, 舜仰慕三年, 坐則見堯于墻, 食則睹堯于羹.)"에서 나온 말이다.
용(庸): 어찌

유세차 계축년(癸丑年) 3월 기사삭(己巳朔) 초엿새 갑술일(甲戌日)에, 11대손 상은(相殷)이 감히 삼가 아룁니다.

현(顯) 11대 조고(祖考) 충신, 증 병조참의 평양부판관(平壤府判官) 부군(府君),

현(顯) 11대 조비(祖妣) 열녀, 증 숙부인(淑夫人) 예천 임씨(醴泉林氏)께 삼가 고하옵니다.

삼가 생각하건대, 부군의 충절을 숙종께서 명하시어 정려로 표창하셨고, 부인의 정열은 순조께서 친히 표창하시어, 조정의 성대한 은전이 이와 같이 환히 드러났사옵니다.

그러나 세월은 멀어지고 년대가 오래되어, 상전벽해가 여러 차례 바뀌는 동안 옛적에 선군(先君)께서는 그 이름이 묻힐까 두려워 평생 경영하셨으나, 끝내 성대한 뜻을 다 펼치지 못하였사옵니다.

불초한 후손이 오늘에 이르러 두 개의 정려문을 완성하고, 삼가 기일을 맞아 정동(井洞)에 수목을 세우고 아울러 예를 진정으로 봉행하옵니다. 이에 감히 그 연유를 아뢰오니, 영령은 편안히 강림하소서.

維歲次癸丑三月己巳朔初六日甲戌十一代孫 相殷 敢昭告于

顯十一代祖考 忠臣 贈兵曹參議行平壤府判官府君

顯十一代祖妣 烈女 贈淑夫人醴泉林氏伏以府君之忠

肅廟命旌 夫人之烈

純廟表旌 朝家盛典 若是昭明 世遠年久 桑海屢更 在昔

先君惟恐沒名 平生經始 未克伸盛 不肖今日 二門具成 謹以諱日 井洞樹幷各樹 是禮幷奉亦情 敢告厥由 妥靈降精

【해제】

이 고유 축문은 1973년 기존에 있던 충신문과 안산에서 이관한 열녀문을 두 칸의 충렬문으로 중건식에 사용한 것이다.

維歲次癸丑三月己巳朔初六日甲戌十二代孫 相殷 敢昭告于
顯十一代祖考 忠臣 贈正憲大夫議行平壤府判官府君
顯十一代祖妣 烈女 贈淑夫人醴泉林氏 伏以府君之忠
肅廟命旌 夫人之烈
純廟表旌 朝家盛典若是彰明世遠年久棄海累更左音
先君惟恐沒名平生經始未克伸誠 不肖今日二
門俱成謹以譚曰开洞樹并各樹是禮 並奉亦
情敢告厥田妥靈降精

〈1973년 충렬문 중건 축문〉

정문 건축 시(旌門建築韻)

송원(松園) 김필수(金弼洙)

忠臣烈婦出於天	충신과 열부는 하늘이 내는 것
播世芳名永世傳	그 명성 세상에 퍼져 영원히 전해지네
取義捨生憂國熱	의를 위해 생명을 버린 우국 정렬,
丹心收屍爲夫賢	충심으로 시신을 수습하여 남편을 현명하게 하였네
千秋霽月花村上	천추의 뽀얀 달 꽃피는 마을에 뜨고
百代清風錦水邊	오랜 세월 청풍은 금강 가에 부는구나
後裔多年無限感	후손들 여러 해 끝없는 감사의 마음으로
旌閭更築舍廊前	사랑 앞에 정려문에 다시 지었네

권 충신 정려문 중건에 삼가 바치는 시(敬呈權忠臣旌閭重建韻)

보은(甫隱) 김영선(金永善)

得意丈夫不怨天	뜻을 얻은 장부는 하늘을 원망하지 않으니
青氊奇物世上傳	기이한 푸른 모포가 세상에 전해졌네
腥塵蒙事通門外	비린내 먼지가 통문 밖 전장을 덮었고
旌閭流丹立路邊	선명하게 단청한 정려가 길 가에 세워졌네
千里烈行能負尸	천리 길 시신을 멘 열녀의 결행으로
一身忠節死猶賢	충절의 육신은 죽어서 더욱 훌륭해졌네
子孫福祿如川至	자손에 내린 축복이 시냇물처럼 흘러
文武科冠繼繼連	문무 급제가 계속 이어졌네

【주석】
청전(青氊): 푸른색 모포. 판관공이 평양 보통문 밖의 전투에 출전하면서, 예천 임씨는 남편이 죽으면 시신을
식별하고 수습하기 용이하게 하기 위하여 옷 속에 푸른 모포를 부착하였다고 한다. 이 시에서 말하는 '푸른색
모포'는 바로 이것을 말한다.

<h1 style="text-align:center">권 충신 정려 중건 시(權忠臣旌閭重建韻)</h1>

광산후인(光山后人) 김경현(金瓊鉉) 삼가 바칩니다(敬呈)

忠熱俱存兩位賢	충신과 열녀 두 분이 동시에 현자로 남으니
更修舊板二間連	옛 현판을 수리하여 두 칸을 이어 정려문을 지었네
殲身一義君恩重	의를 위해 목숨 바치니 군주께서 도타운 은전을 내렸고
立志三從婦道全	삼종지도에 뜻을 두었으니 부덕이 완전해졌네
卜擇良春落成日	화창한 봄날을 골라 낙성일을 결정하고
速諸聊友共酬筵	여러 친우를 초대하여 잔치를 벌였네
子孫有是相承地	자손들이 대대로 이어져온 땅에
水使遺風萬世傳	수사공의 유풍이 만세에 전해지네

<h1 style="text-align:center">권 충신 정려 중건에 삼가 시를 바칩니다(敬呈權忠臣旌閭重建韻)</h1>

호산(湖山) 김광현(金光鉉)

旌閭重建耀先天	정려문을 중건하여 선친을 빛내고
青史遺芳百世傳	역사에 남은 아름다운 이름 만세에 전했네
依舊滄滄因寂寞	옛처럼 오랜 세월 적막 하였지만
至今日月復嬋娟	지금 해와 달이 밝게 빛나게 되었구나
一身報國忠臣事	일신을 바쳐 국가에 보답하는 것은 충신의 일,
千里斂棺烈女賢	천리 먼길 관을 거둔 열녀는 현명하도다
佳節三春成洛社	아름다운 계절 춘삼월에 정려문을 낙성하니
子孫盛業倍光前	자손의 사업이 월등하게 발전하리라

【주석】
嬋娟(선연): 1) 자태가 우아하다. 孟郊〈嬋娟篇〉"花嬋娟, 泛春泉; 竹嬋娟, 籠曉烟." '嬋媛'이라고도 쓴다. 2) 미녀를 뜻한다. 方干〈贈趙崇侍御詩〉"却教鸚鵡呼桃, 便遣嬋娟唱竹枝." '嬋娟'이라고도 쓴다. 3) 달빛이 밝은 모습을 형용하거나 밝은 달을 가리킨다. 劉長卿〈湘妃詩〉"嬋娟湘江月, 千載空蛾眉" 蘇軾〈水調歌頭〉"明月幾時有詞: 但願人長久, 千里共嬋娟"

이 旌閭는 朝鮮朝 忠臣 贈兵曹參議 安東 權公諱頤吉 烈女贈淑夫人 醴泉林氏之閭也 公은 武科에 及第하여 平壤判官으로 行職中 仁祖五年(一六二七年)에 北方胡族이 國土를 侵攻하니 王命을 받들고 家族과 告訣하며 말하길 지금이야말로 國家에 忠節을 다하여 男兒가 立節할 때라 하고 奮然히 出征하여 臨戰無退의 氣慨를 떨치었다. 그러나 戰勢가 不利하고 援兵마저 끊어지고 兵疲矢盡力盡하여 壯烈히 殉職하시니 王께서 悲報를 들으시고 兵曹參議를 贈職追敍하고 官員을 보내어 致祭하시었다 淑夫人醴泉林氏는 平素에 夫君의 忠義之志를 높이 받들어 왔으며 公께서 殉節하셨다는 消息을 듣고 痛哭하며 男服으로 變裝하고 머나먼 千里 길을 물어 平壤 普通門 밖에 當到하니 屍體가 山과 같이 쌓여 있으나 衣巾의 表示로 公의 屍身을 거두어 돌아와 先塋下에 葬禮를 모시었다 이 忠節과 貞烈을 가상히 여겨 肅宗七年辛酉(一六八一年)王命으로 旌閭하여 節義를 褒揚하시고 純祖十七年 丁丑(一八一七年)에 王命으로 淑夫人 醴泉林氏의 烈女旌閭를 건립하였다.

그 後 오랜 歲月이 지나는 동안 屢次 重修를 하였으나 保存이 어렵게 되어 이번에 郡費 二百萬원으로 重修하고 충절의 表象으로 삼고자 한다.

一九八七年 四月 五日

扶餘郡守 鄭弼謨 記

안동 권씨 · 예천임씨 정려문 중수비(安東 權氏 · 醴泉林氏 旌閭門 重修碑)

국가에 대한 충성과 가정에 대한 정절은 시대를 막론하고 칭송할 가치를 가진 고귀한 정신이다. 우리 고장 정동리에 가면 부부의 충절을 기념하는 충렬문이 있다.

조선 시대 병조참의 권이길(權頤吉, 1588~1627)의 충신문과 숙부인 예천 임씨(1594~1672)의 열녀문을 함께 모신 충렬문이 바로 그것이다.

권공은 무과에 급제(1618년)하여 평양판관(平壤判官)으로 재직 중 인조 5년(1627) 정묘호란을 막기 위해 출정하였다가 평양 보통문 전투에서 장렬하게 순절하였다.

예천 임씨는 권공의 전사 소식을 듣고 남장으로 변복하고 천리 길 전쟁터에 도착하여 출정 전에 의건에 미리 붙인 표식을 보고 시신을 수습하여 안산(安山) 선영에 모셨다.

조정에서는 숙종 7년(1681)에 권공에게 충신문을 하사하였고, 순조 17년(1817)에는 예천 임씨에게 열녀문을 사액하여 두 분의 충렬을 높이 평가하였다.

본래의 충신문은 여러 차례 중수를 거듭하였지만 퇴락하였고, 1973년 권공의 13대 종손 철중(喆重)이 조부 은상(殷相)과 부친 병윤(炳允)의 가르침을 받들어 안산에 있던 열녀문을 이관하여 현재 위치에 두 칸의 충렬문으로 중건하였다. 1987년 이후 부여군은 단청을 칠하고 담장을 설치하였으며, 2016년에는 부여군 향토유산(제131호)으로 지정하였다.

금번 충청남도와 부여군이 지원하고 안동권씨 화천군파 종중, 수사공파가 적극적으로 후원하여 기와 교체와 단청, 협문 설치 등의 공사를 통하여 새롭게 단장하였다.

이 충렬문은 위험에 빠진 국가를 위하여 고귀한 생명을 던진 장부의 높은 기개와 그 부인의 예지를 기리기 위한 것이다. 권공의 14종손 권석환 교수가 충렬문의 내력을 정리하여 나에게 중수비문을 부탁하였다. 나는 정려문을 보고 미래 세대가 국가를 생각하는 마음을 깨우치고, 이것이 국가와 부여군의 문화유산으로 널리 보존되기 바라는 마음에서 글재주가 부족한 것을 잊고 한 줄 남긴다.

부여군수 박정현

2025년 12월

10. 성주전(城主前) 단자(單子), 권후성(權後聖, 權後成)

103cm×56cm, 한지

권후성(權後聖, 일명 權後成, 1661~1725)이 갑신년(1704) 부여현감에게 올린 탄원서이다.

임기(林基)라는 주민이 자신의 어머니 담양(潭陽) 전(田)씨(수사공 권희權曦의 부인)의 산소(부여군 규암면 호암리 산록) 근처에 몰래 장례[偸葬]한 사건을 고발하였다.

탄원서 끝에 성주의 판결문(초서)과 수결이 있다.

城主前 単子

　　　　　化民 權後聖

【번역】

삼가

옛날 자엽가 시를 살피건데(中略: 詩의 내용을 인용하여 자식이 부모님을 공경하고, 돌아가신 후에 지켜야 하는 당위성을 설명하고, 임기林基라는 사람이, 자신이 출타하고 어린 아들만 집에 있는 사이에 몰래 매장하였으며, 여러 차례 이장을 요구하였으나 불응하자 이렇게 고발한다는 내용) 이에 감히 죽음을 무릅쓰고 어진 정치를 펼치는 곳에 우러러 전달하니, 엎드려 바라건대 성주께서는 특별히 살펴 임기를 신속하게 가두어 거짓말한 죄를 다스리고, 성주께서는 엄격하게 정해진 기일 안에 일을 처리하여 어린 백성의 지극히 원통한 일을 깨끗하게 풀어주시옵소서. 성주님의 처분에 따르겠사옵니다.

【원문】

恐

鑑昔子葉歌詩曰(중략---) 玆敢冒死仰達于

仁政之下伏願 城主特爲恕董同林基 斯速囚禁一以治欺罔 城主之罪刻期推移一以

雪小民至冤之痛 爲亦爲行下 向教是事

城主 處分

甲申 十月 日

【주석】

권후성(權後聖, 權後成): 통덕랑(通德郎)을 지냈으며, 수사공 권희(權曦)의 아들.

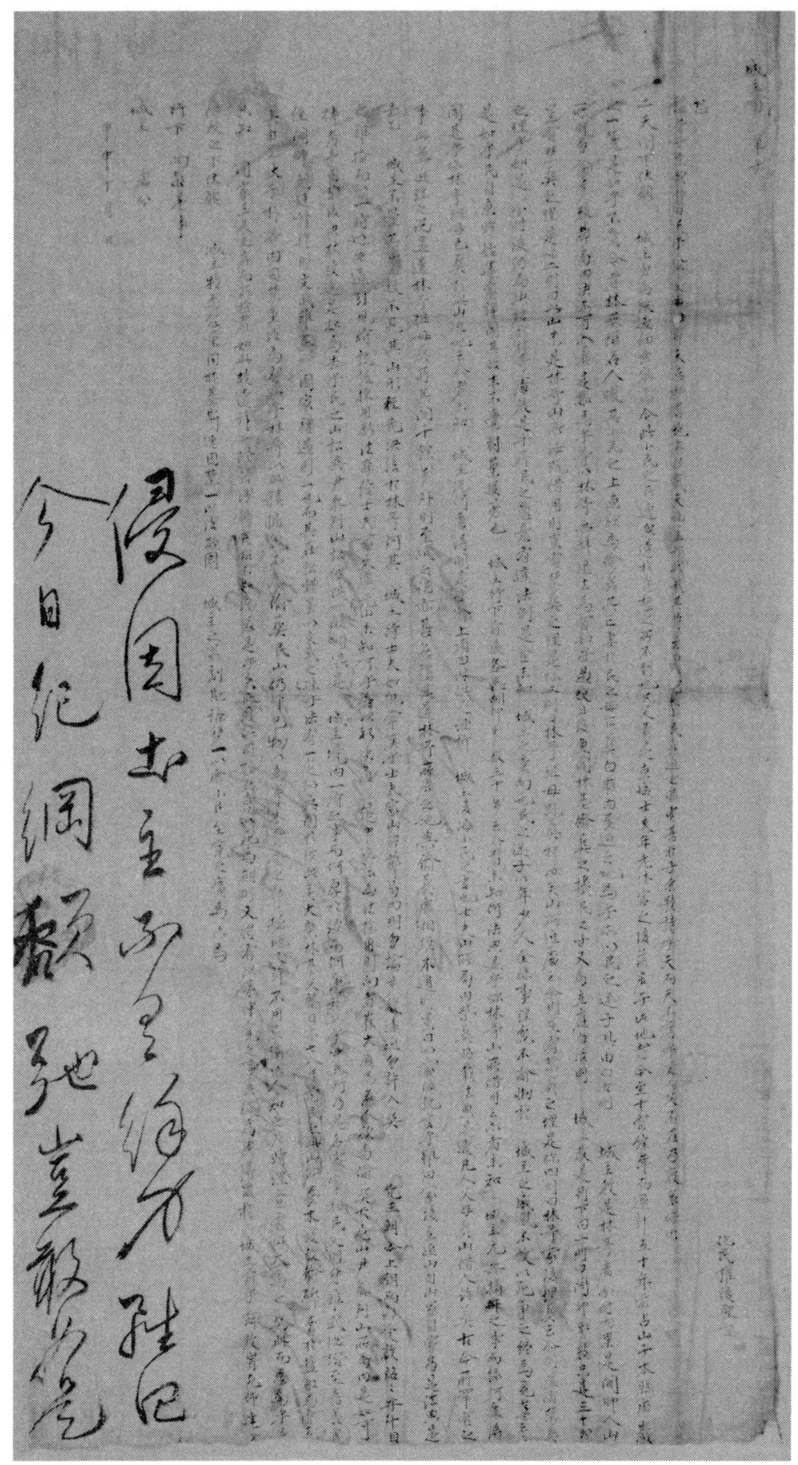

성주전(城主前) 단자(單子), 권후성(權後聖, 權後成), 앞면

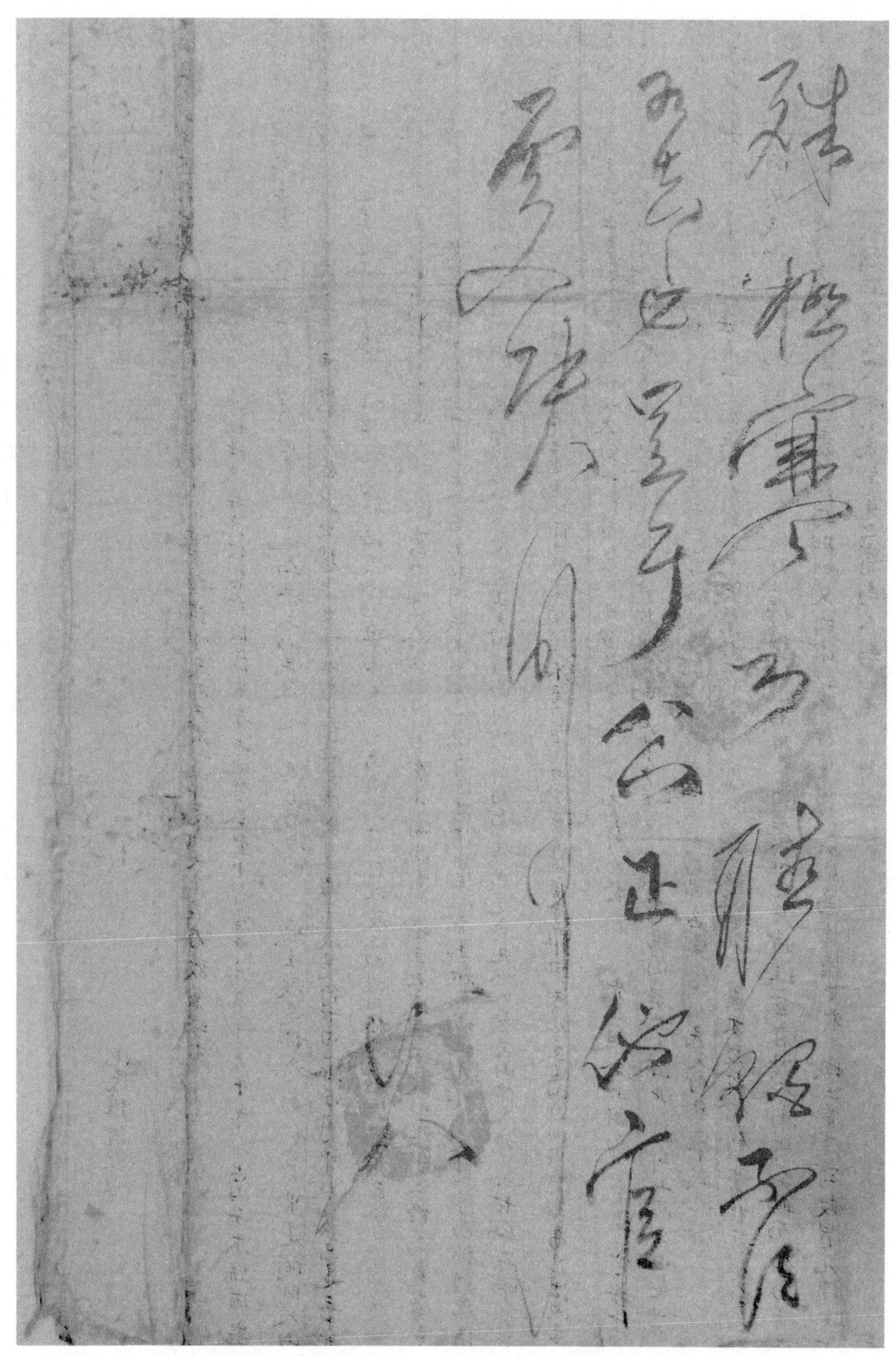

성주전(城主前) 단자(單子), 권후성(權後聖, 權後成), 뒷면

11. 권후성(權後聖) 가(家), 康熙四十一年 1701년 10월 扶餘縣 蒙道面
　　井洞 제1統 제4戶)의 준호구

127cm×27cm

【번역】

강희 41년 10월 부여현

　임오년 호적 장부 내의 몽도면(蒙道面) 정동리(井洞里) 제1통 제4호 통덕랑(通德郎) 권후성(權後聖, 權後成의 다른 이름.) 나이 43세 신축생, 본은 안동(安東)으로, 아버지는 가선대부(嘉善大夫) 좌도수군절도사(左道水軍節度使)를 지낸 희(曦)이고, 조부는 증(贈) 통정대부(通政大夫) 병조참의(兵曹參議) 통훈대부(通訓大夫)를 지낸 평양부 판관(平壤府判官) 이길(頤吉)이며, 증조부는 증 가선대부(嘉善大夫) 동지중추부사(同知中樞府使) 겸 오위도총부 부총관(五衛都摠府副摠管) 곤(鵾)이다. 외조(外祖)는 충의위(忠義衛) 이시행(李時行)으로 본관이 전주(全州)이다. 어머니 이씨 나이 69세 갑술생을 모시고, 처 박씨는 41세로 임인생인데, 춘천에 적으로 두었고, 그 아버지는 통훈대부 ………

　외조부는 … 아들 통적랑 준(濬)은 나이가 20살로 계해생이고, 그 처는 송씨 나이 23살이고 경신생이다……작은 아들 연(沇)의 나이는 16살이다. 솔노비 질(秩), 사내종 가팔리(加八里)는 경신생이고, 같은 사내종의 양처(良妻) 막(莫)은 금년 기해생으로 본관은 니산(尼山)이다.

〈중략: 수많은 노비의 이름과 출생을 밝힘〉

기묘(己卯)년 호구(戶口)를 기준으로 날인하다(관인 15개)

현감(縣監)이 집행하다. (수결)

11자를 고침

吉俠(拾壹字)改印

【원문】

康熙四十一年　十月　扶餘縣

考壬午成籍戶口帳內蒙道面　井洞里第一統第四戶通德郎權後聖年四十二辛丑本安

東父嘉善大夫行左道水軍節度使曦　祖贈通政大夫兵曹參議行通訓大夫平壤府判官頤
吉　曾祖嘉善大夫同知中樞府使兼五衛都摠府副摠管鷗　外祖忠義衛李時行本全州　奉
母李氏年六十九甲戌生　妻朴氏生四十一壬寅生籍春川父通訓大夫………

　　外祖…子通德郎濬年二十癸亥生　妻宋○○年二十三庚申生……次子沈年十六　率奴
婢秩　奴加八里年庚午生　同奴良妻莫　今年己亥生　本尼山　………己卯戶口相準印

行縣監　수결
吉俠(拾壹字)改印

【주석】
준호구(準戶口): 호구장적에 의거하여 관에서 등급하는 문서. 그러나 조선조 때에는 호적(戶籍), 즉 호구단자(戶
口單子)나 준호구(準戶口)를 뜻하기도 하였다.《經國大典 戶典 戶籍, 禮典 用文字式》
호적자료는 호구단자(戶口單子), 준호구(準戶口), 호적대장(戶籍大帳) 등으로 구분할 수 있다. 이 중 준호구는
호주(戶主)의 신청에 의해서 발급되는 것이 특징이다. 즉 준호구는 소송시나 성적시(成籍時)의 첨부 자료로
서, 또는 노비 소유[추쇄]의 자료로서, 또는 신분의 증명 및 가문 과시의 자료로서 필요했기 때문에 등급을
받았다. 그런데 현재 남아 있는 대다수의 준호구는 호적 작성 과정에서 만들어졌다는 점을 주목할 필요가
있다.
준호구의 규식은 1428년(세종 10)에 정해졌는데, 그 뒤 성종대에 반포된『경국대전』에 이 규식이 그대로
법제화되었다. 준호구의 기재 내용은 등급하는 연·월·일과 등급하는 관부, 의거한 장적, 주소, 호주의 직
역, 성명·나이·본관, 호주의 4조(祖), 호주 처의 성씨·나이·본관, 호주 처의 4조, 솔거자녀의 나이, 노비의
나이, 발급자의 수결(手決), 정정(訂正)의 유무 표시와 답인(踏印: 관인을 찍음) 등이 있다.(《한국민족문화대백
과사전》)

〈권후성가(權後聖家, 康熙四十一年 1701년 10월 扶餘縣 蒙道面 井洞 제1統 제4戶)의 준호구〉 전체

1

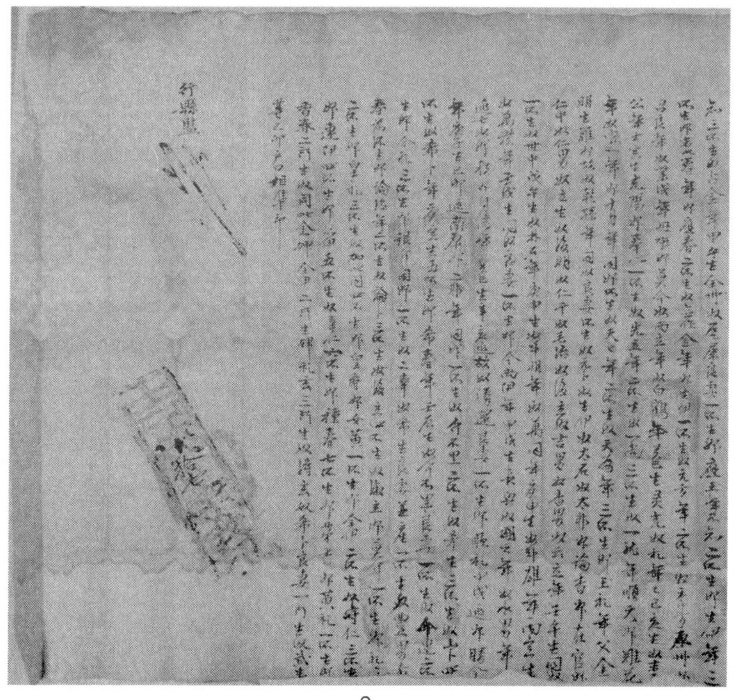

2

〈권후성가(權後聖家)〉 준호구

12. 권달행(權達行) 가(家), 건륭(乾隆) 十五年 正月 안산군(安山郡) 준호구

55.5cm×40cm

【번역】

건륭 15년(1750) 정월 일 안산군

경오(庚午)년 호구 장부 내 초산면(草山面) 상직곶(上職串)의 제12통 제3호에 사는 유학(幼學) 권 달행(權達行, 1710~1756) 나이 41세, 경인생이고 본관은 안동이다. 아버지는 어모장군(禦侮將軍) 선전관(宣傳官) 준(濬)이고, 생부는 유학(幼學) 척(滌)이다. 할아버지는 도덕랑 후성(後成, 後聖), 증조부는 가선대부경상좌도수군절도사 희(曦), 외조부…처(妻)… 솔노비(率奴) 계집종 질(秩) 사내종 음금(窨金)은 나이 21살, 그 아버지는 사노(私奴) 옥돌(玉乭) 이모(伊母)는 반비(班婢) 금덕(金德), 계집종 기매(起梅)는 나이 46세, 어머니는 반노(班婢) 예임(任禮)……………등 기준에 의해 발급했다.

行郡守 수결 수정 인

【원문】

乾隆十五年正月 日 安山郡

考庚午成籍帳內 草山面 上職串 住第十二統第三戶 幼學 權達行 行年四十一庚寅生 本安東 父禦侮將軍 行宣傳官濬 生父幼學滌 祖 道德郞後成 曾祖嘉善大夫行慶尙左道水軍節度使 曦 外祖…妻…率奴婢秩 奴窨金 年二十一 父私奴玉乭 伊母班婢金德 婢起梅年四十六 母班婢任禮……………等 以準給者

行郡守 수결 수정 인

【주석】
권달행(權達行, 1710~1756): 수사공의 증손자

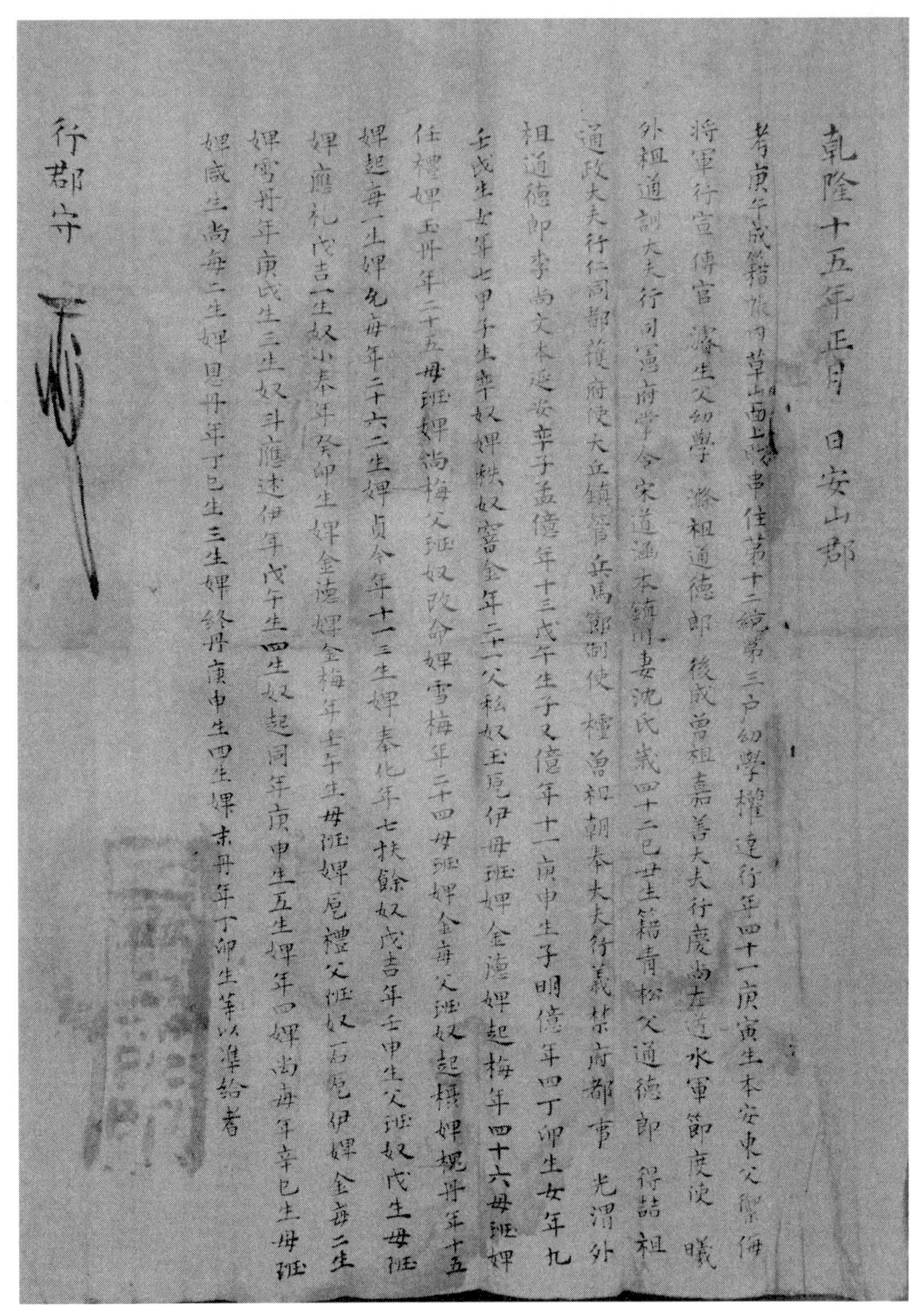

권달행(權達行) 가(家), 건륭(乾隆) 十五年正月 안산군(安山郡) 준호구

13. 강희(康熙) 4년 12월 24일 門丈 권유원(權有源)前 成文(매매문서), 권만(權晩)

성문

【번역】

강희(康熙) 4년 을사(乙巳, 1666) 12월 24일 집안 어른 권유원(權有源) 전 매매문서

우측 매매문서의 사안인데, 갑자기 친상을 당해 장례도구를 장만할 방도가 없어 사촌 권흔(權昕)집에서 사들인 임신년 생 사내종 1사람을 은자 20량과 수치에 의거하여 받들어 위로 보내고 영영 매각하였습니다. 본문의 기록 사안으로, 다른 노비를 함께 주는 것은 허락으로 인하여 없앨 수 밖에 없었습니다. 나중에 잡담을 나누다 우연히 제거한 것이 있어 이것을 가지고 사안을 바로 잡습니다.

자필 노예주인 상주 권만(權晩) 수결
증인 서얼 동생 상주 권돈(權暾) 수결
증인 5촌 조카 유학(幼學) 권이중(權以中) 수결

【주석】
1) 권만(權晩, 1633~1724): 권이길(權頤吉)의 동생 택길(澤吉)의 아들, 보은현감, 안동권씨 26世
2) 권돈(權暾): 택길의 서자, 26世
3) 권이중(權以中): 권이길의 동생 승길(升吉)의 손자(27世), 권만의 5촌 조카
4) 권흔(權昕): 권이길의 동생 이길(履吉)의 아들. 권만의 서얼 4촌
5) 권유원(權有源, 1596~1673): 25世, 화천군의 5대 종손

〈이 문건은 모두 5쪽, 각각을 작성하여 풀로 붙여 1장으로 만듦〉 관인 12개, 수결 약 15개

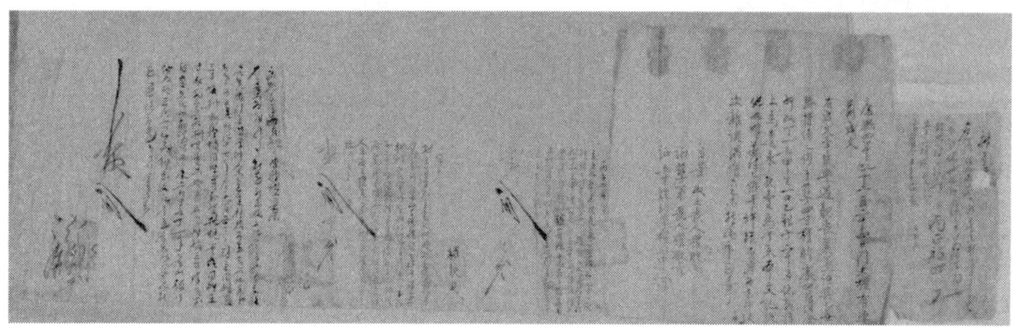

강희(康熙) 4년 12월 24일 門丈 권유원(權有源)前 成文(매매문서) 전체

• 우측: 권유원으로 시작하여, 강희 5년(1667) 정월 일 00으로 끝나는 문장(아마도 권유원이 전년도 매매문서에 대한 사실 확인)--초서, 31cm×16cm

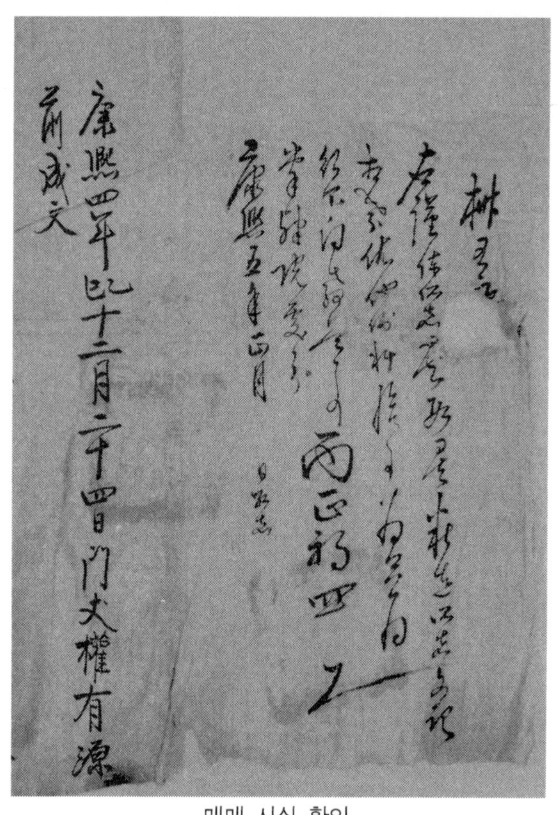

매매 사실 확인

• 〈성문 원문〉

康熙四年乙巳十二月二十四日 門丈權有源前 成文(행서, 구결이 들어있음)
45cm×44cm

右成文事段 卒遇親喪 襄葬禮具乙 無路措備乙 仍于孼四寸權昕處 買得○奴丁一
壬申生一口乙 銀子二十兩 及依數 捧上爲遣 永永敎賣爲乎矣. 本文記段 他奴婢 幷付
乙氻 仍于許給 不得不去乎 後次雜談 偶有去乙○ 持此○正事

自筆 奴主喪人人 權晼 수결

證 孼弟 喪人 權暾 수결

證 五寸姪 幼學 權以中 수결

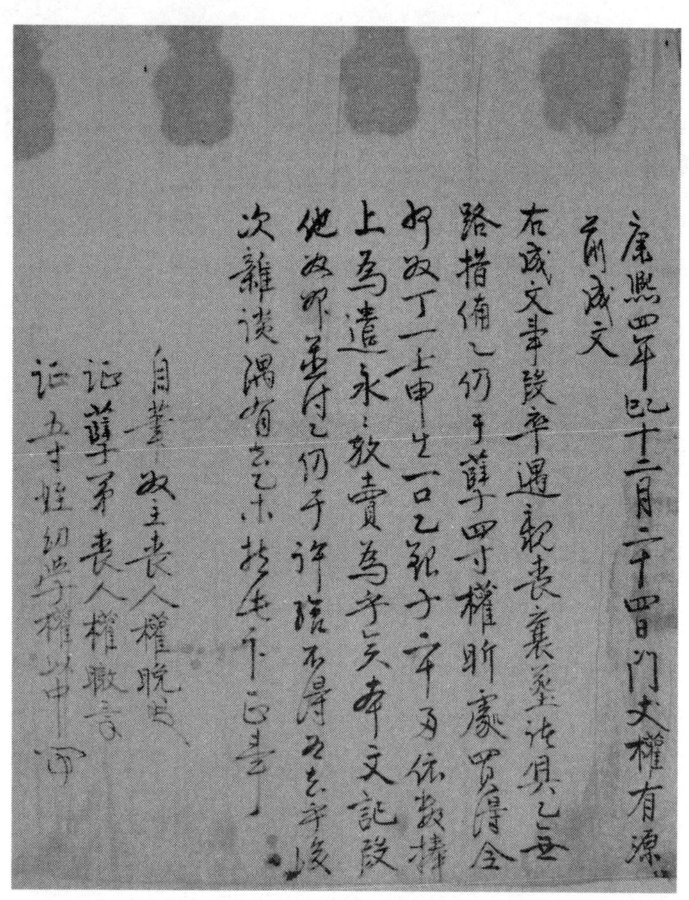

성문

• 병오(丙午1667) 권만 등의 사실 확인, 서명, 법관의 수결, 25cm×26cm

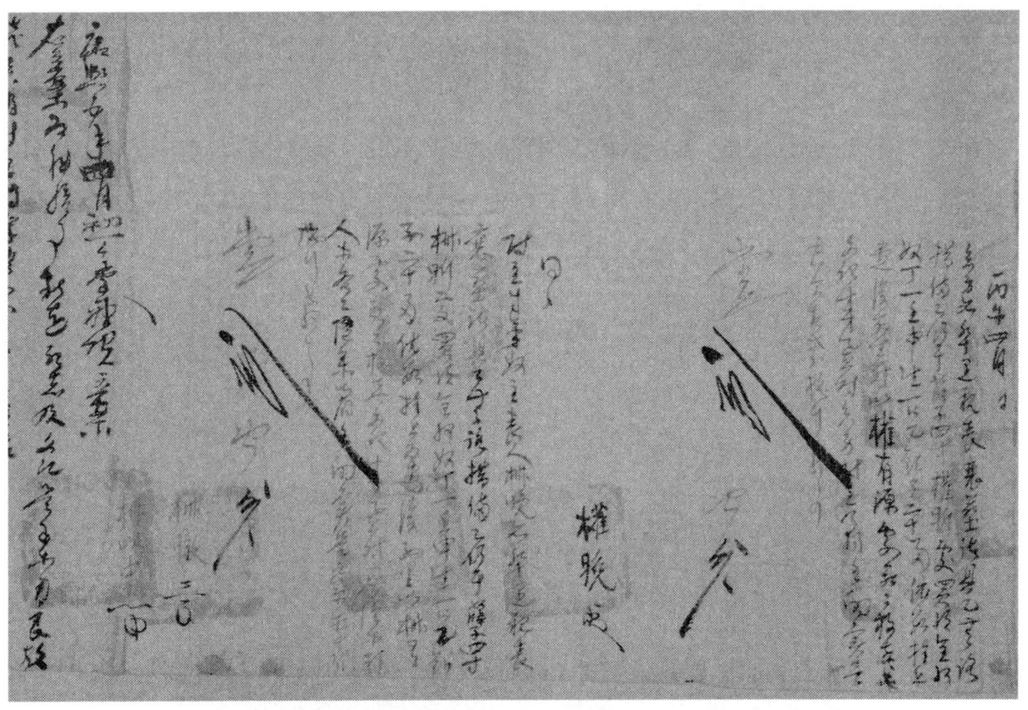

권만 등의 사실 확인, 서명, 법관의 수결. 권돈, 권이중의 증인 서약, 서명, 법관의 수결 25cm×25cm

• 판결과 법관의 수결 42cm×36.5cm

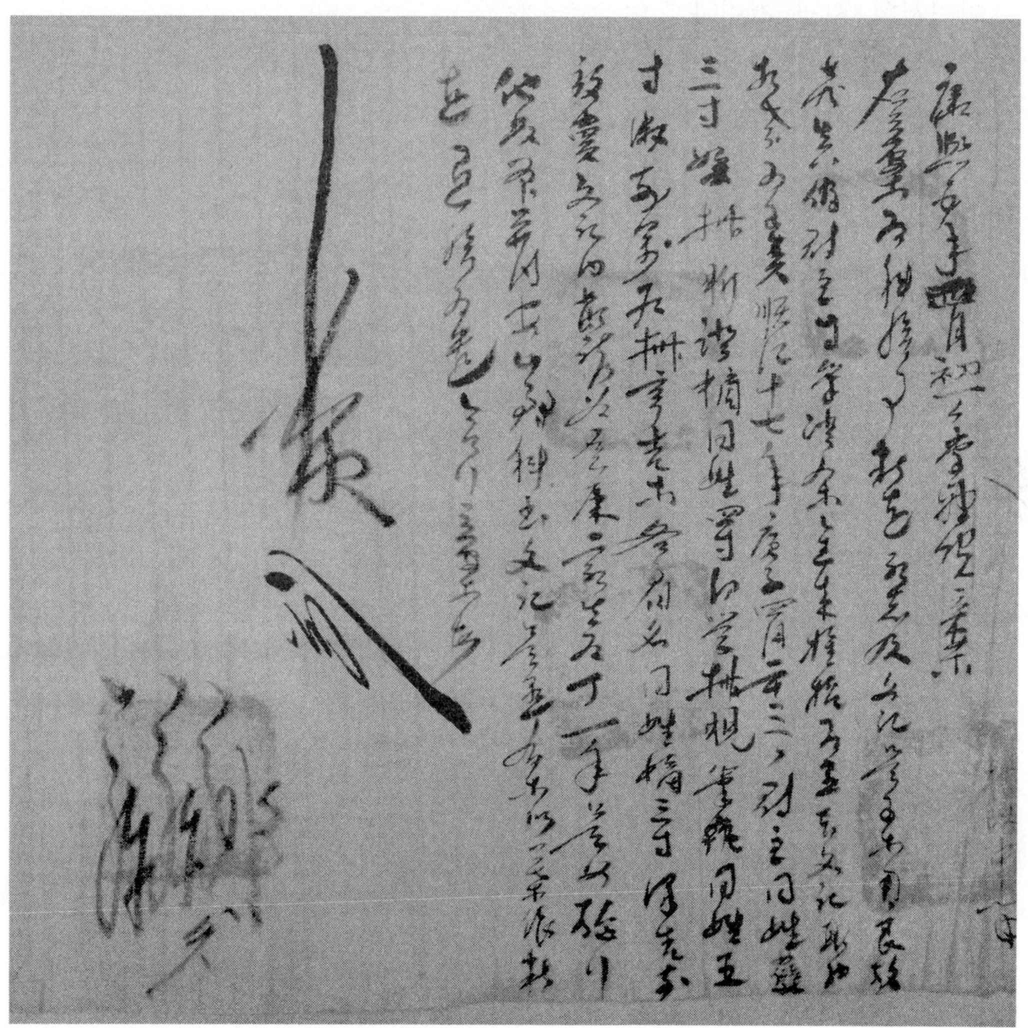

成文

14. 〈왕자불치이적론(王者不治夷狄論)〉, 권용호(權用鎬)

과거시험 (시권) 전면과 후면,
총 565자(이름과 주소 제외)
105cm×46.5cm, 해서

【번역】

〈王者不治夷狄論('왕은 오랑캐를 통치하지 않는다'에 대하여 논하다)〉

대저 왕은 천하의 주인으로서 통치할 수 있는 지역과 통치할 수 있는 사람에 있어서 통치하지 않는 것이 없는데, 오랑캐만은 통치하지 않는다고 하는 것은 어찌 된 것인가. 이렇게 논한다.
〈중략: 오랑캐는 중국문명과 다르기 때문에 왕이 다스리기 어렵다는 점을 역사적 사실을 들어 주장하였다〉…………중국의 이치를 밝히고, 선왕의 법도를 실행하며, 삼강오륜의 행실을 숭상하고, 예악과 교화의 근본을 독실하게 하여, (오랑캐들이) 돌아오면 받아들이고, 다가오면 보듬으며, 중화의 방식을 가지고 오랑캐를 변화시키면, 이것이 이른바 다르리지 않음으로써 다스리는 것(不治之治)이고, 진실로 다스림을 위한 다스림이다. 왕이 오랑캐를 다스리지 않는다는 것을 믿을만 한가? 삼가 논한다.

【원문】

幼學权用鎬年二十六本安東居井洞
〈王者不治夷狄論〉

夫王者天下之主 其於可治之地, 可治之人 無所不治 而獨於夷狄稱其不治何也. 論曰〈중략…………〉明中國之道 行先王之法 尚三綱五倫之行, 篤禮樂教化之本, 歸則受之 來則撫之 用夏而變之 則是所謂不治之治 而固善於治之爲治也 王者之不治夷狄者 其不信然乎哉 謹論

【주석】
 1) 권〈왕은 오랑캐를 다스리지 않는다(王者不治夷狄論)〉는 송나라 소식(蘇軾)의 논문 제목이다.
 2) 권용호(權用鎬): 안동권씨 33대. 생졸 미상. 당시 부여 정동리에 거주, 26살

뒷면

앞면

3

2

1

근봉(謹封)

뒷면

권용호(權用鎬), 〈왕자불치이적론(王者不治夷狄論)〉

15. 후손의 사적과 교지(敎旨)

🌸 경상좌도수군절도사 권희(權曦)의 사적, 교지(敎旨)

❖ 수사공(水使公) 권희(權曦)의 사적(事蹟)

권희(權曦, 1618~1701): 자는 광해(光海), 권이길의 아들

순치 7년 1650년 승의랑, 1651년 무과을과 제2등으로 합격,1652년 선략장군, 1652년 언양 현감, 1676년 1688년 경상좌도수군절도사를 역임하였다.

권희 관련《조선왕조실록》의 기록

현종 10년 기유(1669, 강희 8)《조선왕조실록·현종실록》8월 1일(신유)

진곡을 마련한 안동 부사 이동명과 진주 영장 권희에게 포상하다

안동 부사 이동명(李東溟)의 자급을 올려 주고 <u>진주 영장(晉州營將) 권희(權曦)에게</u> 말을 하사하였다. 이동명은 안동 부사로, 권희는 인동 부사(仁同府使)로 있을 때 모두가 진곡(賑穀)을 특별히 비축했다는 것으로 준직(準職)을 제수하라는 명이 있었는데, 이조가 이동명은 이미 준직을 역임했고 권희는 영장으로 제수되어 막 당상관으로 승진했다고 아뢰자, 상이 이동명은 자급을 올려 주고 권희에게는 숙마를 주게 하였다. 이동명은 집이 선산(善山)에 있는데 고을살이를 하면서 온갖 탐욕을 부렸다. 안동에서 선산까지의 거리는 이틀에 갈 수 있는 일정이고 뱃길도 통하였다. 그는 관아의 미곡과 포목, 심지어 간장독에 이르기까지 모든 물건들을 멋대로 실어갔으므로 고을의 백성들이 욕하지 않는 사람이 없었다. 그가 비축한 진곡도 모두가 관아의 곡식을 가져간 것이었다. 아장(亞長)의 벼슬까지 역임했던 사람이 구차스럽게 승진하였으므로 사람들이 모두 추하게 여겼다. 끝내는 대간의 논계로 인하여 명이 도로 거두어졌다.【원전】36 집 638 면

현종(1669, 강희 8) 8월 1일(신유)

안동 부사 이동명을 가자(加資)하고 전 인동 부사 권희에게 말을 하사하다

안동 부사(安東府使) 이동명(李東溟)을 가자하고 전 인동 부사(仁同府使) 권희(權曦)에게 말을 하사하였다. 동명과 권희는 모두 진휼 곡식을 특별히 비축했다는 이유로 준직을 제수하라는 명이 있었는데, 이조가 동명은 이미 준직을 역임했고 권희는 영장으로 제수되어 막 당상관으로 승진했다고 아뢰면서 다른 명을 여쭙자, 동명은 자급을 올려 주고 권희에게는 숙마를 주라고 하였다.

동명은 본디 청렴한 이름이 부족했는데, 그 이른바 비축한 진휼 곡식이라는 것은 모두 관아에 저축해 놓았던 것이었다. 일찍이 아장(亞長)을 거친 사람으로서 구차하게 승진하였으므로 사람들이 모두 불쾌하게 여겼다. 그 뒤 대각의 논계로 인하여 동명의 자급은 도로 거두어졌다. 【원전】 37 집 680 면

순조 30년 경인(1830, 도광 10) 윤 4월 6일(계사)

경상좌도 암행 어사 조연춘이 서계와 별단을 올리다

경상좌도 암행 어사 조연춘(趙然春)이 서달(書達)하여 인동(仁同) 전 부사 유호원(柳浩源), 양산(梁山) 전 군수 황찬희(黃贊熙), 하양(河陽) 전 현감 김병연(金秉淵), 기장(機張) 전 현감 최성범(崔成範), 영양(英陽) 전 현감 권희(權曦), 칠곡 부사(漆谷府使) 서양보(徐良輔), 신녕 현감(新寧縣監) 홍병구(洪秉球), 비안 현감(比安縣監) 심의진(沈毅鎭), 의흥 현감(義興縣監) 윤행덕(尹行德), 송라 찰방(松羅察訪) 전이환(全彛煥), 울산(蔚山) 전 부사 송종수(宋宗洙), 밀양(密陽) 전 부사 이화연(李和淵), 동래(東萊) 전 부사 김선(金鐥), 언양(彦陽) 전 현감 최홍덕(崔弘德), 용궁(龍宮) 전 현감 이헌영(李憲英), 예안(禮安) 전 현감 이돈(李暾), 자인(慈仁) 전 현감 이병온(李秉溫), 황산(黃山) 전 찰방 김낙준(金洛駿) 등의 잘 다스리지 못한 상황을 논하여 모두 경중(輕重)을 나누어 죄상을 감안해서 조처하도록 하였으며, 별단

(別單)에 교원생(校院生)의 정원을 늘리지 않는 일과 양전(量田)하는 일과 동래부(東萊府)의 공용미(公用米)를 상정(詳定)하여 나누어 주도록 하는 일과 산향(山餉)을 원회(元會)로 옮겨 부록(付錄)하는 일과 통제사영의 곡식을 돈으로 환산하여 해당 군영에서 바꾸어 쓰는 일과 목장(牧場)의 둔세(屯稅)를 개정[釐正]하는 일과 석자(席子)의 경공(京貢)을 혁파하는 일과, 화전(火田)은 시기를 따라 일구도록 하되 '일반 전지'와 합치는 것을 막는 일과 제언(堤堰)을 수축(修築)하는 일과 좌수영(左水營)에다 무과(武科)를 별도로 설시(設施)하는 일을 진달하였는데, 모두 묘당(廟堂)에 영지(令旨)를 내려 좋은 점을 따라서 채택하여 시행하도록 하였다.
【원전】 48 집 343 면

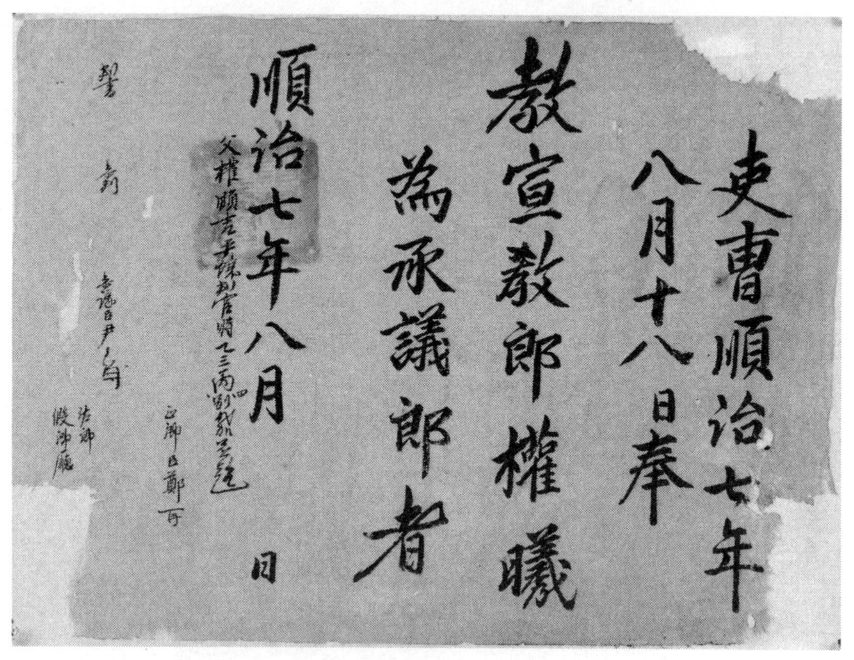

【원문】	【우리말】
吏曹順治七年	이조(吏曹)는 순치(順治) 7년
八月十八日奉	8월 18일 왕명을 받들어 선교랑(宣教郎) 권희
教宣教郎權曦	(權曦)를 승의랑(承議郎)에 명한다
爲承議郎者	순치(順治) 7년(서기 1650) 8월 일
順治七年 八月 日	부친 권이길(權頤吉)이
父權頤吉平壤判官時	평양판관(平壤判官)으로 있을 때

【주석】
 1) 宣教郎: 조선시대 동반관계(東班官階)의 하나.
   동반은 문관에게 수여한 관계로서, 이는 무관에게 수여하는 무산계와 함께 관계의 근간을 이루었다. 선교랑은 종6품 상(上)의 관계이다
 2) 承議郎: 고려와 조선시대 정6품 문관의 관계(官階).
   관직으로는 6조의 좌랑(佐郎), 사헌부의 감찰, 사간원의 정언(正言), 홍문관의 수찬(修撰), 성균관의 전적(典籍), 춘추관의 기사관(記事官), 승문원(承文院)의 검교(檢校), 세자시강원의 사서(司書) 등이 대표적인 관직이며, 이 밖에 원(院)·시(寺) ·서(司) 등에 소속된 별제(別提)가 가장 많았다.

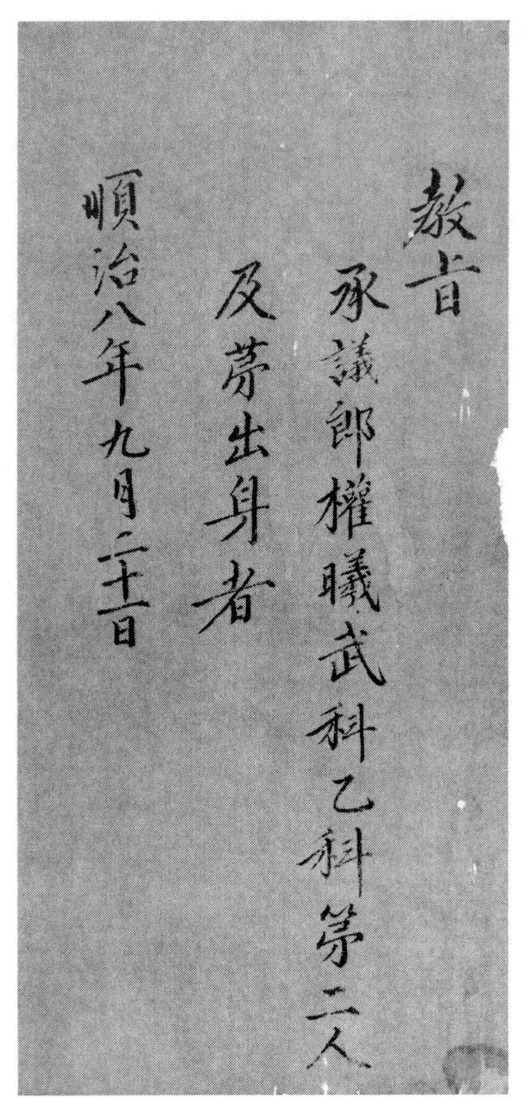

【원문】

教旨
承議郞權曦武科乙科第二人
及第出身者
順治八年九月二十一日

【우리말】

승의랑(承議郞) 권희(權曦)를 무과을과(武科
乙科) 제2등
급제자 출신자에 명한다.

순치(順治) 8년(1651년) 9월 22일

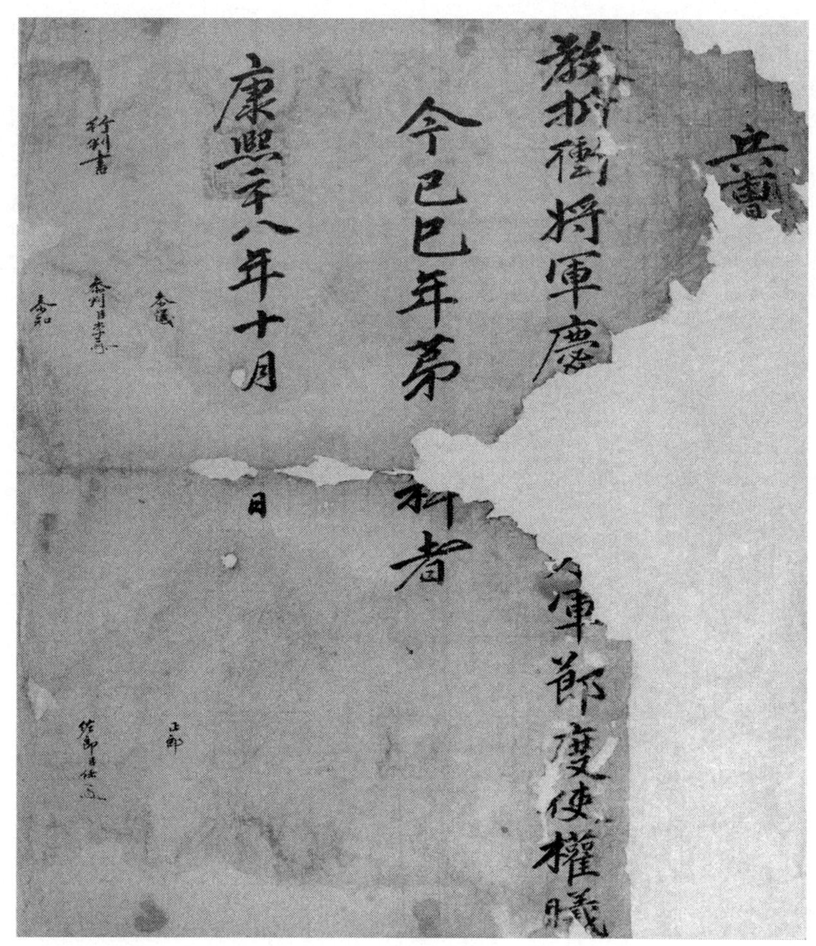

【원문】

兵曹

教折衝將軍慶(尙左道水)軍節度使權曦

今己巳年　第○科者

康熙　二十八年　十月　日

【우리말】

병조(兵曹)는 왕명을 받아 절충장군(折衝將軍) 경상좌도 수군절도사(慶尙左道水軍節度使) 권희(權曦)를 금년 기사년(己巳年) 제○과(第○科)에 명한다.

강희(康熙) 28년 10월 일

【주석】

水軍節度使(수군절도사): 조선시대 각 도 수군을 총지휘하기 위하여 두었던 정3품 외관직(外官職) 무관. 수사(水使)라고도 한다. 1466년(세조 12) 세종 때 두었던 수군도안무처치사(水軍都按撫處置使)를 개칭한 것이다.

《속대전(續大典)》의 기록을 보면 경상·전라·함경도에 각 3명, 경기·충청·평안도에 각 2명, 황해·강원도에 각 1명을 두었다. 1명이 배정된 황해·강원도의 수군절도사는 그 도의 관찰사가 겸임하였고, 2명이 배정된 경기·충청도에서는 1명은 도의 관찰사가 겸임하고, 나머지 1명은 정직(正職) 무관이 임명되었으며, 평안도에서는 관찰사와 병마절도사가 겸임하였다. 또한 3명이 배정된 함경도는 관찰사, 남·북도 병마절도사 3명이 겸임하고, 경상·전라도는 좌·우도 모두 정직(正職)의 무관으로 임명하여 정직의 수군절도사가 통솔한 것은 경상·전라도 각 2명, 경기·충청도에 각 1명으로 모두 6명에 불과하였다.

수군절도사는 예하의 진(鎭)·포(浦)·보(堡)와 그에 딸려 있는 전함(戰艦), 첨절제사(僉節制使: 종3품)·우후(虞侯: 정4품)·동첨절제사(同僉節制使: 종4품)·만호(萬戶: 종4품)·권관(權管: 종9품)·별장(別將: 종9품) 등을 통솔하였는데, 교동(喬桐)·보령(保寧)·동래(東萊)·거제도(巨濟島)·순천(順天)·남해(南海)·옹진(甕津) 등은 유명한 절도사의 수영(水營)이었다.

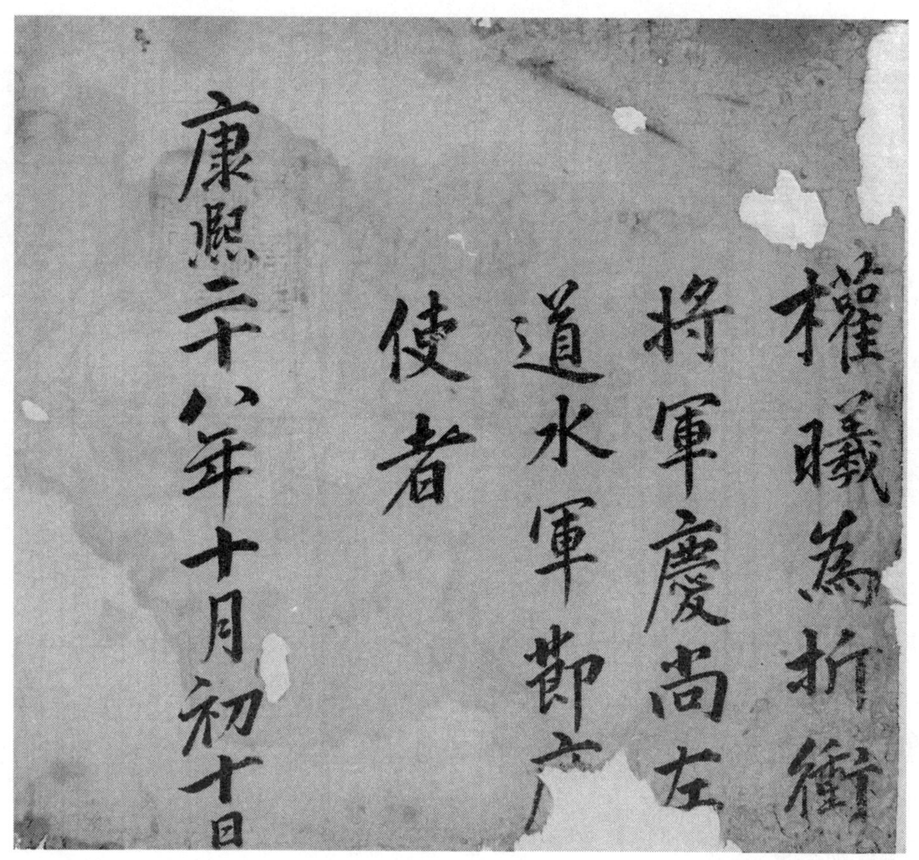

【원문】

權曦爲折衝
將軍慶尙左
道水軍節度
使者

康熙 二十八年 十月 初十日

【우리말】

권희(權曦)를 절충장군(折衝將軍) 경상좌도수
군절도사(慶尙左道水軍節度使)에 명한다.

강희(康熙) 28년 10월 초10일

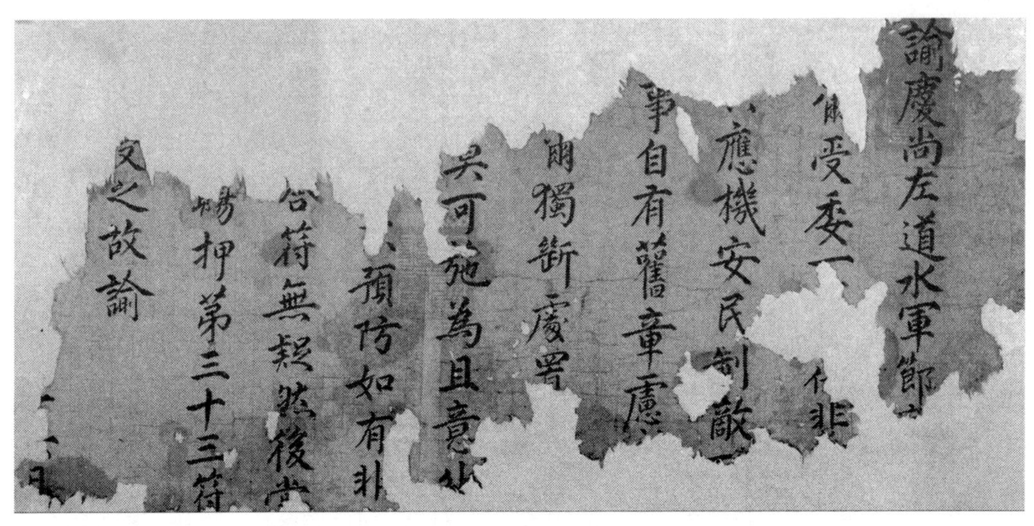

【원문】

諭慶尙左道水軍節度使(權曦)

爾受委○○非○○

○應機安民制敵安○

事自有舊章應○○

○○爾獨斷處置○○○○

○○可施爲且意○○○○

○○預防如有非○○○○

○○合符無疑然後○○○○

○○押第三十三符○○

○○之故諭

【우리말】

경상좌도수군절도사 (권희)에게 이르노라
너는 위임을 받고 ○○○○ 기회를 잘 포착하
여 백성들을 안정시키고 적을 제압하였도
다……

【주석】

1) 受委: 위임을 받다
2) 應機: 기회를 잘 포착하다
3) 安民制敵: 백성들을 안정시키고 적을 제압하다
4) 獨斷處置: 단독으로 처리하다

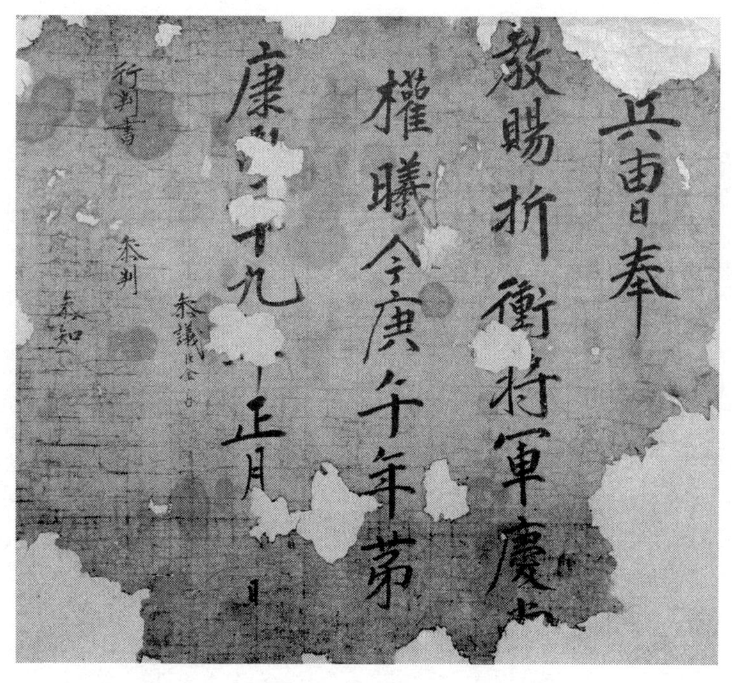

【원문】

兵曹奉

敎折衝將軍慶(尙左道水軍節度使)

權曦今庚午年　第(○科者)

康熙　二十九年　正月　日

參議

行判書　參判

參知

【우리말】

병조(兵曹)는 임금의 명을 받들어 절충장군
(折衝將軍) 경상좌도수군절도사(慶尙左道水
軍節度使) 권희(權曦)를 금년 경오년(庚午年)
제○과(科者)에 명한다.

강희(康熙) 29년(1690년) 정월 일

참의(參議)

행판서(行判書) 참판(參判) 참지(參知)

【원문】

權曦爲(嘉

善)大夫者

康熙 三十六年 十一月 初九日

年八十加資事 上言

判下

【우리말】

권희(權曦)를 가선대부(嘉

善大夫)에 명한다.

강희(康熙) 36년(1697년) 11월 초9일

年八十加資事 上言

判下

【주석】

嘉善大夫(가선대부): 조선시대의 종2품 아래의 관계(官階).
초기에 문무산계(文武散階)로 사용하였으나 후기에는 종친(宗親)과 의빈(儀賓)의 관계로도 사용하였다. 이 관계
에는 군(君)·위(尉)·동지사(同知事)·참판·좌우윤(左右尹)·대사헌·내각제학(內閣提學)·제학·세자좌우부
빈객(世子左右副賓客)·부총관(副摠管)·훈련대장·수어사(守禦使)·통제사·개성부관리영사(開城府管理營使)
·군문중군(軍門中軍)·금군별장(禁軍別將) 등이 해당된다.

성 어모장군(禦侮將軍) 권준(權濬)의 교지

교지(敎旨)

　권준(權濬, 1683~1714): 수사공 권희(權曦)의 손자. 28대손. 선전관(宣傳官)을 역임
하였다.

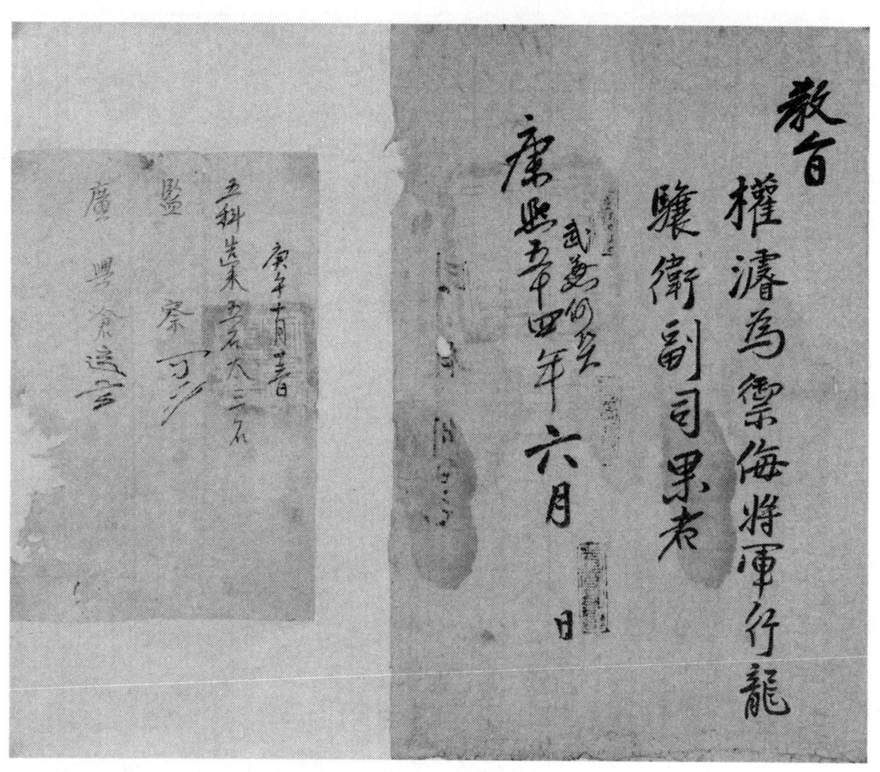

【원문】

敎旨
權濬爲禦侮將軍行龍
驤衛副司果者

康熙　五十四年　六月　日

【우리말】

권준(權濬)을
어모장군(禦侮將軍)으로서 용양위(龍
驤衛)의 부사과(副司果)에 명한다.

강희(康熙) 54년(1715년) 6월 일

호조판서(戶曹參判)의 권후지(權後知) 교지

교지(敎旨, 1660~1739)

　권후지(權後知): 판관공 권이길(權頤吉)의 동생 택길(澤吉)의 손자. 이조참판을
역임하였다.

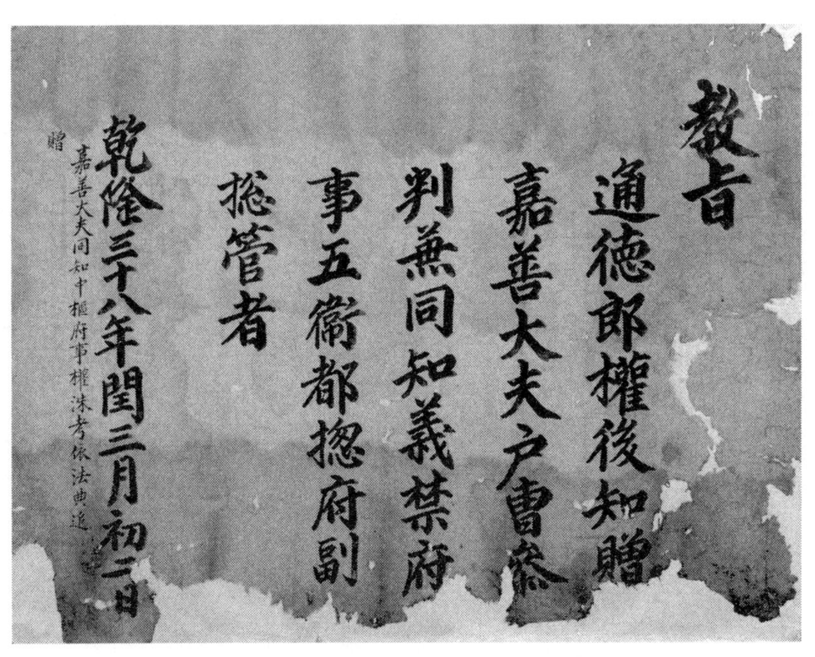

【원문】

教旨
通德郎權後知贈
嘉善大夫戶曹參判
兼同知義禁府事五衛都摠府副摠管者

乾隆　三十八年　閏三月　初二日
嘉善大夫同知中樞府事權洙考依法典追
贈

【우리말】

통덕랑(通德郎) 권후지(權後知)를 가선대
부(嘉善大夫) 호조참판(戶曹參判) 겸 동지
의금부사(同知義禁府事) 오위도총부(五
衛都摠府) 부총관(副摠管)에 추증한다.

건륭(乾隆) 38년 윤삼월 초이일
가선대부(嘉善大夫)동지중추부사(同知
中樞府事)권수(權洙)가 상고(上考)하여 법
전에 의거 추증(追贈)한다.

【주석】

1) 통덕랑(通德郎): 조선(朝鮮) 시대(時代)의 정5품(正五品) 문관(文官)의 품계(品階). 통선랑(通善郎)의 위, 조산(朝散) 대부(大夫). 조봉(朝奉) 대부(大夫)의 아래. 고종(高宗) 2년(1865)부터 문관(文官)·종친(宗親)의 품계(品階)로 병용(倂用)했다

2) 호조참판(戶曹參判): 고려·조선시대에 호구(戶口)·공부(貢賦)·전토 및 식량과 기타 재화·경제에 관한 정무(政務)를 맡아보던 중앙관청의 종2품의 관직.

3) 동지의금부사(同知義禁府事): 조선 세조 때 의금부에 설치한 종2품의 관직.
조선시대 의금부에서 지사(知事)를 도와주는 보좌역으로 다른 직책과 겸직할 수 있었다. 1414년(태종 14)에 의용순금사가 의금부로 개편되었으나 이때는 동지의금부사가 없었고 1466년(세조 12) 의금부의 직제를 판사(判事), 지사 다음의 직책으로 동지의금부사를 설치한다고 《경국대전》에 전해진다. 정3품 이상의 당상관이 맡았고 정원은 4명이다.

4) 오위도총부(五衛都摠府): 조선시대의 중앙군인 오위(五衛)를 지휘 감독한 최고 군령기관(最高軍令機關)

5) 부총관(副摠管): 조선시대의 오위도총부(五衛都摠府)의 정2품의 관직.
세조 때의 오위진무소가 오위도총부로 개칭되면서 책임자 도진무(都鎭撫)가 도총관과 부총관으로 바뀌게 되었다. 오위도총부의 부책임자로 오위의 입직(入直)·행순(行巡) 등을 감독·지휘하였다. 부총관의 수는 5명이었고, 관원이 1년에 한 번씩 교대하여 맡았다. 또 문(文)·음(蔭)·무(武)의 고급관리가 겸임하였으나 종실이 겸하기도 하였다. 그러나 오위제가 유명무실해지면서 관명만 남게 되었다.

6) 권수(權洙): 권후지(權後知)의 아들

《충신열녀 정묘사적 단(忠臣烈女 丁卯事蹟單)》 221

殉國却教紅㫋辨哀原百秊義烈寧淪蹟一軆施褒
更荷 恩賚頼同聲章甫力闡揚先美愧雲孫
不肖孫中養謹識

上陳本狀仰乞　恩命而遂至余不肖居然六世矣

窃恐年代愈遠事蹟寝微而每以先烈之不得揄揚

為至恨矣乃柅今秋　陵幸時遠近慕義之士以余

先祖姚襄旄事齊聲陳章自

上允從其請　特命棹撰而昔時貞烈一朝煥炳古

所稱百世以俟者空道今日事而且想先祖考姚之並

著忠烈斃廬前後之護旄門閭實是千載之稀有

而私門之大榮余扵是不勝悲喜妄撰一律以寓感

舊之懷覽之者恕其拙陋而不以文廢其意焉

掺掺收骨普通門佳事傷心尚忍言己料丹忠焉

于以匹休於一時同顯於百世者豈不煥乎偉乎我

嗚呼粤在

仁廟丁卯虜難余之先祖考 贈叅議公新 除卒

壞判官閔 命即赴先祖妣淑夫人知其必死無

遠心以紅緞白縈表識衣中而送行矣公果以五百

騎擊虜力盡致命于普通門外淑夫人身穿男脈

跋涉踔遠千翻亂屍以衣中之表得公遺體負而

返葬于先塋先祖殉節之後 朝家之隱卒

贈施前後備至而至扵先祖妣貞節其時道臣之

啟末及并列其事且以家乘考之累世孤寡未遑

判下敎是置　判下內辭意奉審施行爲白乎其後
孫屋在道內安山地云施門豎立時材木匠手依例自
官擧行之意知委該邑爲弥豎立形止　啓聞施行
向事關是置有亦關內辭緣相考施門豎立時材
木匠手依例助給豎立月日消詳報來啓　聞之地
爲弥關到日時爲先牒報宜當向事
崇禎紀元後四丁丑十月二十二日辰卽我先祖姚淑夫
人體泉林氏旌烈之日也嗟乎烈於百餘秊之前而旌
於百餘年之後蓋撐天亘地之義秋霜烈日之節終
有不泯之理又其貞心卓行無愧於君子之純忠而

京畿幼學李惟一等限內現身戶口現納親呈的實是

白在果觀此 上言則爲故忠臣 贈祭議權頤吉妻

林氏貞烈施閭事有此呼籲爲白有卧手所林氏知其

夫頤吉之赴戰必死無遠縫餙其巾眼表以識之及

夫其夫之先身穿男子服躬至積屍中搜出頤吉屍

負而還來觀察使以其快于 朝此載尊周彙編

不啻明白烈哉其行卓矣罕古而襃獎之典及於其

夫而其婦獨自泯歿無聞此爲 朝家之闕典公議之

嗟惜施以棹楔以表其節恐念事宜而事係

恩典臣曹不敢擅便 上裁何如 啓依回啓施行事

彼其卓絶則　朝家襃異之典宜無所不用其極而
頤吉則隱卒施　贈前後曠絶是白乎矣林氏則貞忠
苦節令施并蒞而尚今未表實為關典茲敢相率號
籲於　法駕之前為白去乎伏乞
天地父母　特軫曠百之感亟舉賞一之典故忠臣
贈叅議臣權頤吉妻淑夫人林氏蒞其門閭以彰貞
烈以勵頽俗事云〻
回啓草　禮判金義淳
節到付禮曹關内節　啓下教道内幼學李惟一等
駕前　上言據曹　啓目粘連　啓下是白有亦向前

事之遠可謂至矣況於道塗踔遠之地干戈勸勸
之際衝冒鋒鏑仆跋渉至則積屍如林新寬舊
哭而從之者二婢子而已于斯時也雖使男子大
膽者當之尚且震驚怖畏之不暇而乃能手翻亂屍
半得夫遺體使忠肝義膽得不暴露於沙磔草莽之
間此豈閨閤中弱質柔腸所可辦者乎林氏忠臣宣
傳官　贈叅議臣挺門之女也在家而以忠臣為父
既嫁而以忠臣為夫其生質之有由來觀感之有所淂
有如此矣嗚呼人臣之事其君婦人之事其夫其義一
也今頥吉與其妻林氏各盡心於所天之忠之烈如

肅廟辛酉　命旌閭此頤吉典林氏忠烈大署也嗚呼
當丁卯之變內而朝著震駭外而郡邑崩潰人之視
関西也若矢地賦一有差遣輒避不赴者有之矣
妻孥棄城邑以賊遺君父者有之矣惟頤吉眇然一身
爲二十四郡一箇義士勇赴於鋒鏑之下致命於城
綏之中使吾東五百年民彝臣綱不墜於地何其壯
敎蓋其舍生徇國之心已決於慷慨投革之日蓋積
有素講磨已熟與倉卒奮勵者有異故其所對立
如彼也林氏一婦人也而能知其夫之必死無生還
意乃以紅緞白鬃爲日後表識之資其鑑識之明慮

金起宗列其狀于 朝 贈兵曹叅議 賜祭其文曰
舍生取義君子所安徇國忘死古人猶難惟甫之中忠
勇克之國士之風熊席之姿潛名即署從事惟勤頃
屬艱危出佐西藩狂胡匪茹鐵馬南牧重關失險列
郡尾裂望風奔潰智不及謀以賊遺君國恩誰酬賊
入腹內遊騎在後輕身奮義惟爾趄趄招我教已
厥乃甲冑腰弓手箭與賊相搏勢去援絕兵刃忽
迫身膏草野骨暴沙碟予悶爾死中夜震驚人之
如甫何賊難平常恨平日不識真卿贈爵恤家昌
為甫榮遣官致祭庶知予誠後

騎射中武科　仁祖丁卯虜陷義州朝野震駭頤
吉以備邊即除平壤判官聞　命即赴曰此吾報
國之秋也與家人訣妻林氏知其必死以紅錦縫戎
服裹白鬃綠飾綱中以識之至官虜騎充斥列郡望
風奔潰頤吉與龍川府使李頤達大同察訪李後天
收募散卒軍勢稍振遂與別將鄭至寧等將五百騎
擊虜于順安稚川院虜騎龍襲其背而軍無繼援遂潰
頤吉且戰且却至普通門力盡死之三月六日也林
氏穿男子服從二婢步至普通門得頤吉屍於積屍
中衣中表識俱在而三矢集其身負之而返觀察使

齋以臣笑身等所聞若故忠臣　贈兵曹參議臣權

顧吉及顧吉妻淑夫人林氏豈不忠且烈矣手顧吉

卽佐理功臣花川君謚襄平公臣瑊五代孫　贈吏

曹判書行縣令臣大勳之孫也顧吉於

仁廟丁卯以平壤判官殉節顧吉妻林氏負顧吉屍反葬

先瑩今去顧吉之時且百季有餘而其忠君報國之平

日肝膽揹軀立殲之當時光景與夫林氏千里負屍備

嘗艱險之事夫人而能言之歷~如前日事且以尊周

彙編中顧吉本傳觀之則有口權顧吉字子順安東人

心少業文有名聞金應河殉節深河慨然慕之遂習

爭烈矣若夫忍死立孤為父為傳使之鑱礪名行為
國于城此亢圖頌之罕有者也嗚呼婦人從夫猶臣
事君令公與夫人殉國殉家各盡其義一門忠烈卓
絶炳烺而崇奬之典獨及於公表揚之舉未加於夫人
窃恐百世之後草腐木隕則吾黨之過也兹敢採其
誌狀徵諸耆老遍告　一郷諸君子伏願齊聲
官府以為轉報所司　啓聞　朝廷使百年之苦節
貴獲闕之盛典不勝幸甚
　上言草　都承旨　金䥍教入啓
伏以殉忠效貞人倫之極彰善癉淑王政之本是白

不起附葬於公墓衣用殮歛中藏于家後孫至今
傳之固念夫人以衣中表識者其識公之深慮事
之遠可謂至矣悅於戎焉充所之中挺身盡足使
忠肝義膽得免暴露於荒燐宿草之間者豈是文
弱女婦所可辦哉苟非貞心苦節貫金石而感神明
烏能若是乎夫人之歿百餘年忠臣風烈節婦平澤
悅然如在觀者莫不拱手歛容肅揖其下也信乎節
義之不可磨滅如此也昔歐陽子書王凝妻李氏事
千載下讀之歆歎涕泗而不自禁使歐陽子而在今
世襄揚夫人之節行風礪流俗愧殺髥婦可與李氏

舅姑之喪殯葬祭奠殫竭誠孝感動宗黨

仁廟丁卯奴冠承突列郡鼠竄 朝廷特拜公平壤

判官公聞 命即裝夫人知公忠義必其先綏遂

以紅緞縫公衣裏又以白鬃緣網巾上段以爲識

公才到任招集散亡五百騎激礪忠義與賊搏戰而

死之夫人聞而哭之曰公之殉節固已知之而一子

尚幼誰能收屍逐葬于乃衣男子眠率二婢跋涉千

里及至平壤則積屍如山手自翻驗果得公屍於普

通門外紅緞之衣白鬃之巾宛然可辨而三夫集其

身於是負屍返葬於先塋廬墓皆塊哀毀成疾因爲

氏本體泉宣 傳官 贈戶曹參議諱挺門之女也

夫人生於萬曆甲午卒於 顯廟壬子享年七十九

墓在安山鷰谷酉坐之原 公墓也余嘗從先輩長

者得聞夫人節行稔矣今夫人六代孫中養来示遺

事且求一言余文辭淺短不能闡揚節義而謹厥梗

槩以俟立言君子之孫擇焉

　通文　　　進士趙順達

右文為判珪令璋克著節義之媲美崇基緯詑

無弦表之交輝嗚呼故淑夫人林氏忠臣 贈參

議權公諱頤吉之配也夫人動遵禮儀兼通文史

之緞鬒尚宛然於是頁而逐葬於先塋衣用瓚斂
巾藏于家後孫至今傳之念夫人衣巾之識其識
公之深慮事之遠可謂至矣況於戎馬馳突之際挺
身衝冒手翻亂屍卒得公遺體使忠肝義膽得不暴
露於沙礫草莽之間非婦人女子之所可辦者而夫
人能之非高於人千百等則安能如是千嗚呼人臣
之事君父婦人之奉君子其義一也今公與夫人各
盡心於所天一門節義如彼卓異顯忠褒賢宜無異
同而 隱恤之典屢及於公身旌別之舉獨未加於
夫人竊恐百世之後泯没無傳豈不悲哉夫人姓林

舅姑之喪殯葬祭奠佐祭議公并心竭力盡其誠
禮宗黨隣里莫不稱歎　仁廟朝丁卯虜警恟恟
特拜公于壤判官公聞　命即裝夫人知公忠義
素有裹革之志謂是行必無生還理遂以紅緞縫
公衣裏又以白髮綠綢巾上端以為識公才到任賊
騎長驅南下重關列郡望風奔潰公招集散亡激勵
忠義與賊相搏戰而死之夫人聞而哭之曰公之殉
節固已知之而一子尚幼誰能收屍逐葬子乃衣男
子服率二婢西行干戈搶攘之中跋渉千里及至平
壤積屍如山手自翻驗果得公屍於普通門外衣巾

氏宣　傳官　贈戶曹叅議挺門女也有女士行生

一男一女男曦水使女縣監李命賓曦男後成女府

使襄尚玖朴斗祥命賓継子震徵　肅宗辛酉　施公

間公之五世孫五應以公事行請不俟爲狀謹列其

屺事狀頻詳俾銘公墓者觀揆焉

資憲大夫刑曹判書兼知義禁府春秋舘事五衛都

摠府都摠管錦城丁範祖譔

烈女淑夫人醴泉林氏行狀

淑夫人故平壤判官　贈兵曹叅議權公諱頤吉之

配也夫人性和而慧兼通文史治家庶事一有節度

議公方布衣閼將軍金應河死義深河役歎曰丈夫
當如是即投革登戊午武科時西憂深朝廷薦公寸
略冝扞邊遂判平壤盖公之死自登科時講空也
公姓權氏諱頤吉字子順安東人其先自高麗太師
幸至　國朝世有顯人有諱瑊事　成宗朝用佐理
勳封花川君官兵曹判書　謚襄平為公五世祖高
祖諱曼衡監察曾祖諱鎔府使　贈左承旨祖諱大
勳縣令　贈吏曹[印]判考諱鵾同中樞副摠管妣驪
興閔氏　贈領議政韺之女也萬曆戊子二月四日生
公皃長卓犖有杼氣母丧葵祭餙盡禮夫人體泉林

賜祭　肅宗辛酉施閭

平壤判官權公行狀

仁祖丁卯降虜弘立誘北胡犯境列郡崩潰莫有
敵者於是授公平壤判官使徃禦之公聞　命卽
行屬家人曰綱中之總白腰帶之緣紅者我也以此
尤我尸旣抵任召募得數百人逆擊賊于順安之釋
川院力不支欸退據大同城爲守禦訃此至城無人
遂力戰死之三月六日也時年四十妻林夫人易服
從二女奴間道至平壤尤白總紅緣者而得公屍返
葬于安山先墓傷事聞　上遣官致祭　贈兵曹叅

平壤判官閒　命即赴曰此吾報國之秋也與家
人訣妻林氏知其必死手以紅錦縫戎服裏白骨
緣歛緗中以識之至官虜騎克所列郡望風奔潰
顧吉與龍川府使李碩達大同察訪李後天收募
散卒軍勢稍振遂與別將鄭至罕等將五百騎擊
虜於順安稺川院虜騎襲其背而軍無繼援遂潰
顧吉且戰且却至普通門外力盡兇之三月六日
也林氏穿男子服從二婢步至普通門外得顧吉
屍於積屍中衣巾表識俱在而三矢集其身貝之
而送觀察使金起宗列其狀於朝　贈兵曹參議

宛然而三尺集其身頁而迄葵於先塋衣用殯斂
中藏于家至今傳之夫人生於萬曆甲午卒於
顯廟壬子與公同窆于安山蒍谷有一男一女男
曦水使女適縣監李命賓水使生一男通德卽後
成二女府使襄尚玖縣監朴斗祥其婿也曾玄以下
多不盡記

尊周彙編中權公本傳

公諱頤吉字子順安東人也少業文有名閭忠武
公金應河殉節深河慨然慕之遂習騎射中武科
仁祖丁卯虜陷義州朝野震駭頤吉以備邊卽除

君國恩誰酬賊入腹內遊騎在後輕身奮義惟
甫赴〻招我散止轂乃甲冑腰弓手箭與賊相
搏勢去援絶兵刃急迫身膏草野骨暴沙礫予
聞甫尬中夜震驚人〻如甫何賊難平常恨平
日不識真卿贈爵恤家昌爲甫榮遣官致祭烏
知予誠
甫廟辛酉特爲旌閭以襄節義公之殉節也林夫
人聞而哭之曰公殉節固己知之而一子尚幼誰能
收屍乃衣男子服牽二婢跋涉千里及至予壤積屍
如山手自翻驗果得公屍於普通門外衣巾之緞繫

諸軍兵諸軍来集軍勢稍振公遂與別將鄭至羣
等領五百騎追賊至順安釋川院相薄於深巷中
笑賊之遊騎自後突出眾寡不敵我軍四散援兵
不至公手釰腰弓且戰且退至普通門外死之即
三月初六日也觀察使金公起宗馳聞于朝
上震悼特　贈兵曹参議遣禮官致祭曰惟靈嗚
呼舍生取義君子所安殉國忘死古人猶難惟甫
之中忠勇克之國士之風熊席之姿潛名即署從
事惟勤頃屬艱危出佐西藩狂胡匪茹鐵馬南牧
重關失險列郡尾裂望風奔潰智不及謀以賊遺

夫人極其哀毀朝夕之禮祭奠之節并心竭力盡
其誠敬人皆曰有是夫有是婦夫人即體泉林氏
贈戶曹參議行宣　傳官挺門之女也服闋又拜
備邊郎兩寅別薦丁卯降虜姜弘立等諉金虜入
冠陷義州朝野涵々特拜公乎壤判官公聞令
即蒙獎家人別無衆微色曰丞是男兒立節之時
也夫人亦知公素有衰革之志是行必無生還理
以紅緞縫衣裏白鬢綠綢巾上端以識之笑公丈
到任虜騎亮斫列郡望風奔潰人心盆懼不知所
出公與龍岡縣令李碩達大同察訪李後天收募

贈兵曹叅議行平壤府判官權公行蹟

公諱顥吉字子順安東人也五代祖諱瑊議政府左

叅贊佐理功臣花川君 贈諡襄平公高祖諱曼衡

贈左通禮行司憲府監察曾祖諱鎔 贈左承旨行

青松府使祖諱大勳 贈吏曹判書行振威縣令考

諱鵾同中樞副摠管職礪山府使 南臺驍水竹末 姚 贈議政府領議

政閔馦之女也生公於萬曆十六年戊子二月初四日

公于兒卓犖忠勇素所蓄積歲戊午公年三十一也遼

東伯金公立節於牛毛嶺公慨然慕之遂投筆登慕己

未以宣 傳官兼備邊即庚申丁外艱辛酉丁內艱與

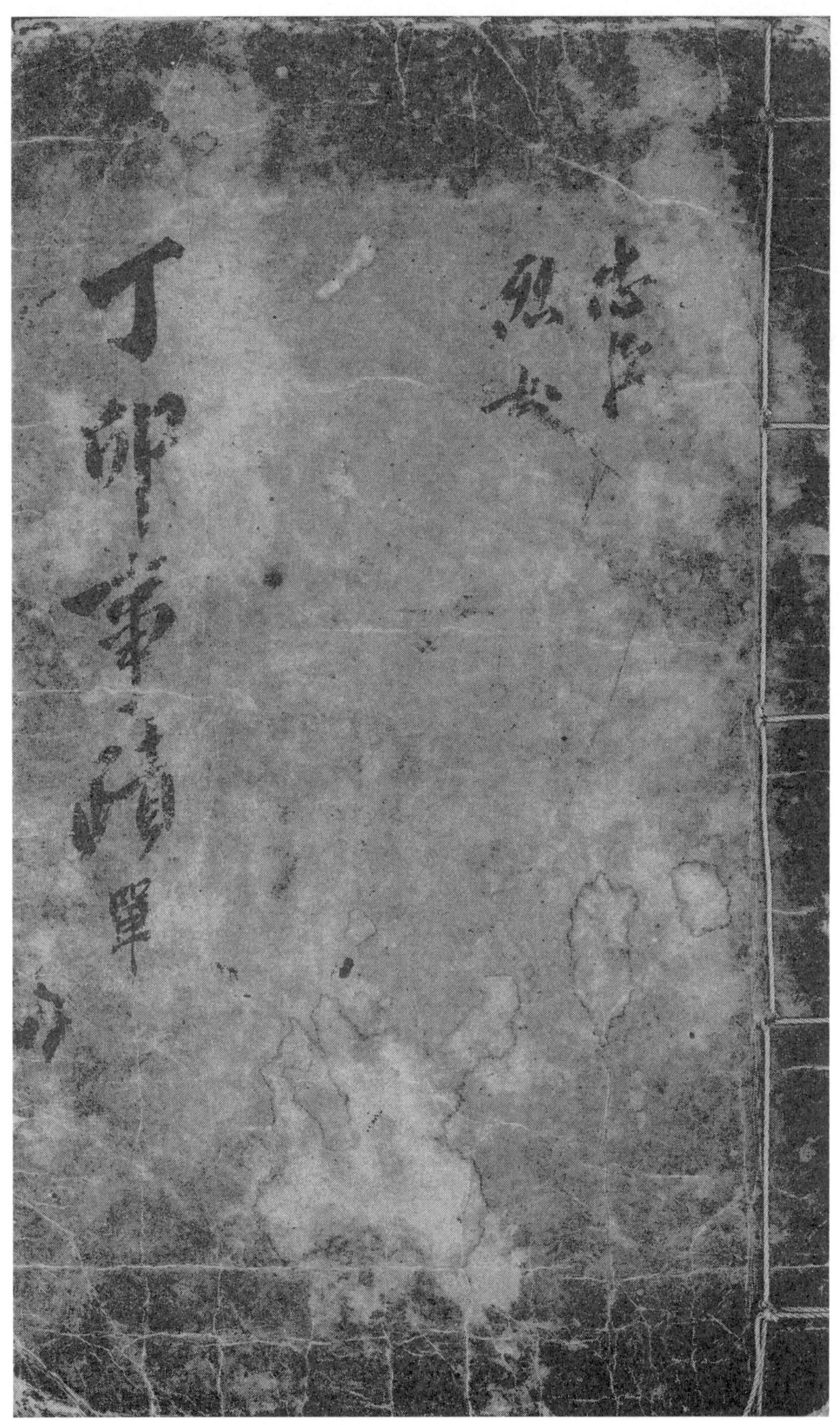

 붉은 비단과 하얀 망건(紅緞白鬖)

《충신열녀 정묘사적 단
(忠臣烈女 丁卯事蹟單)》

《충신열녀연정시첩(忠臣烈女延旌詩帖)》 전(全) 253

公姓權貫安東
女諱頤吉字子
順官平壤朔
官戊于生丁卯
姜弘立難三月
初六日立郎
於平壤普通
門外年四十
忠旋
醴泉林氏
烈旋

終難默天理一朝沛降　恩不獨闡幽焉
可賀繩繩宜爾有賢孫　青松沈樂洪禱
謹次
二百年來積德門至今合議士林言一心
殉國官增秩千里収骸櫬返原青史非徒
傳懿蹟丹楷且復樹洪恩襃揚先美伊
誰力忠烈家觳有是孫
昇平後人金秀萬拜稿

偏宿感閨房今日特新　恩堂々古蹟忻

須問是祖名家有是孫　全州李鳳慶祷

纖錦諸篇照爛人目奉讀以還不敢貌

續既荷傳示且承來和謹茲編菩書附

百篇佳句賀高門如我何能贊一言義烈

至今檜左海督名當日動中原為男立節

猶常事以婦成諟合特　恩若使五倫編

續後丹青應復照雲孫

是夫是婦是旌門君子韙之誦美言裝送

白鬢殉節義拾來香骨葬卯原公議百載

翊嶽事朝士真慚食祿　恩表里樹聲觀

感遠榮光不斁在遺孫　閔致性拜稿

奉和　權斯文家　先古於門韻

忠烈吾儕權氏門緦髮遺事尚傳言心知

晉軫捐軀地豹拾唐卿暴骨原褒節今古

良史筆表閭前後　聖君縣風聲百世揚

先美為是名家有肖孫

庚辰五月初吉知郡事趙吉源稿

節義雙成嘆一門青山流水恨無言在家

徽範從三道殉國精忠耀九原樺樄百年

雙旌綽楔耀高閭垂後香名史有言紅錦
手縫擺甲月白鬃心記積骸原壞悲當日
喧人口彰烈今季又聖恩古顯其光成
复篤樹鼠古宅有賢孫星山李救蕭稿
自古忠臣出孝門復東貞須聳瞻言知當
自以取熊掌教辨紅裙杖鶴原可惜張公
能殉節端宜杞婦又蒙恩煌煌其楔懸
星日崩後榮寵罷厥孫西河任百榮福
一家旌節兩紅門萬口忠臣烈掃言天地
誓心能報國風塵收骨竟同原時人并義

談盛事簡篇應後誦殊　恩日星所照風
聲遠勿替傳之孑孫　西原韓寅燮謹稿
猗歟卓行挺閭門彤史篇中添一言千里
躬尋先軫而百年名弁睢陽原中袍依舊
昭神鑒棹攪重新侈　聖恩可但風舞人
紀植餘庥應後在雲孫　首陽崔植謹稿
一問謗始兩旌門今世難羃烈女言頁得
白巾紅領將躡東荒草亂烟原花山古宅
增新感雲水千季續舊　恩三馬行人怡
悵地却將前事問賢孫　唐城洪大和謹稿

手作戰袍送出門丁寧無愧別時言狐貤

有主歸千里萬事捐生咨九原解得貞蘭

平日意了遠喬木　聖朝恩白駿紅緞今

猶在不朽遠名及後孫

節士家中烈女門雙瞻丹檻賀無言忠魂

好返松衫麓錦領不渝矢石原竹帛愈光

千古義儒林齊祝　兩朝恩尋常行客猶

過式況是誠勤克孝孫　光山淩人金益叙稿

忠烈元来罕一門郤夫邢娟各般言旋間

重式花山屯中帛曾従溳水原里術不徙

武 九重綸綍特殊恩從今嫂作進旌里不

督君家趾美孫　寧越後人嚴競橋

以烈配忠次茅門春官博採士林言蒼黃鞬

鞬殲身地赤白永中拾骨原特揭孤誠疇昔

典延美昂今恩風群廣石村固重雨永陰

邊裁子孫　延安李存九拜稿

忠烈吾東有幾門汗青駿緞亦嘉言風雲

氣盡懸弧墨日月光爭撫矢原義併三綱

補世德厘重一禊感天恩老翁不是誇詩

與為賀當年其子孫　完山後人李齊東謹次原韵

守臣効死悍西門　反虜相看嘖嘖　言壯士傷心

絲兩涯蹇妻收骨逐鄉原名存社稷殉　王事　帝恩更見圉中斤斬鵑花山公

後兩賢孫

古之貞烈頃之門記寶何庸贅戒言首戴黃

冠随返桎手裁丹領驗衷原當持特奬由公

議今日追旌出塋　恩閱盡滄桑名始顯家

群不忝有賢孫

翃建家先忠烈門招朋醼飲又求言狐坵有

墓曾收骨龍寒蛋名故戰原百虫聲聲譙并

餘公議更感一朝倍

盛事風聲宜甬樹孫二
　　　　聖恩說與村翁傳

烏頭雙揭故家門公議收來又賀言
　　　　　　　　義城金持益

同留縫帶舍忠魂不朽隕星原固知是日

追旋典猶勝當年並荷　恩盛事非徒揀

一代揎揚百世可傳孫
　　　　　　義城金持豐

花山丹楔炳雙門列二夫人永有言早日

假髻留後識異時體亀返先原貞心可配

忠臣節廉典重紆
　　　聖世公議百年傳不

泯闡揚先美又賢孫
　　恩　安東金坤拜禱

朱領白巾昔送門 滇城遺事尚傳言 生猶
稱烈由心鑑死以 成忠亦道原天配之初
如有守聖聽於此 降優恩古今公議歸
丹楔激世風聲永子孫 驪興閔志嫌
枕屍欲問齊城門 杞植之妻史氏言金石
不磨忠烈字當會將 堅鈕耘原英雄已矣
先死節賢婦終然亦蒙 恩傳世鬖巾猶
依舊百年盛擧在耳孫 義城金持常
新旋門配舊旋門夫婦 令名不泯言故宅
衣巾留錦笥戎垣劍魄返 揪原從知百歲

星日昭森忠烈門緬息遺蹟不蠻言貞心

遠涉關西跪殼魄長留湏上原扶植倫常

明懿教衮揚岑馥感　洪恩行人必式歲

南里承世徽視詔後孫　萊山鄭漢東謹稿

敬次　權恭議公及一　淑夫人逸閭

韵拜呈泉谷丈席

忠烈英名共一門西城故事悄無言衣裳

淚湿跨千里巾帶血斑澈九原氣作山河

蟠國步明並日月頌　君恩東人始識三

綱義蘭裁家聲克肖孫　萊山鄭憲東拜稿

敬次

烈女忠臣并出門摩挲遺蹟敬無言身穿

釖戟行千里能使形骸空九原義重三綱

傳史册名高百世揭　君恩聞風揮淚非

私感賢矣天應報子孫　江都後人魯名國稿

權恭讓公以殉節　贈御而施閭　夫

人又以烈而施真曠世事也扶風於公

為杖倭之所　夫人為淇泉之卿婁百

年之下聞其風而起敬素矣　謹步原韵

俾寓曠感焉

狀次權丈　旌門韻

比屋常：忠烈門權林哀蹟每先言裝男
子服行備路驗白鬓中返舊原尤矣咨今
多士撰掎歟前後　兩朝恩伊來無不昇
平日天祿惟應在厰孫　文城柳本典稿

敫次權丈　旌門韻

忠烈元從積德門熊魚取捨兩難言勇夫
苑則名於國賢頌求之裒芙原朱祿曾沾
西塞淚善扁重表北震　恩惟將玥鑑克
千載古宅風聲矜式孫　姜在善拜稿

自甘肝腦地縫巾亡丹血磷原舊新冊楔
嫂懸處前後黃麻再降　恩詩以勵哉鼠
臣樹頓諸章甫又賢孫　花山後人金巚振拜稿

敬次

一室忠臣烈女所旌靡前後降綸言冊帙
不負巾日血淚幾揮收骨原事蹟千季
登史筆鼠聲百古頌　君恩如今能繼揚
先美也識故家有是孫　全州後人李亨冔拜稿

千季室雙奉烏頭万古恩蕉菌影巾重慧
鑑楡楊遺頹勛賢孫
謹次　旌門韵
　　　　崔觀範拜稿

如雲胎馬入邊門國事當時不忍言賢婦
拾骸瑟故里　男兒委命在荒原星辰上徹
昭朗氣雨露頹承曠絶　恩棹楔從今延
節顯他人揮涕況遺孫
　　　泗水後人睦魯中敬稿

敬咏
關西迭事普通門義烈堂二　孰不言殉國

平昌後人李在鉉拜稿

奉呀蓮城饋
旌門韵

忠烈堂々配一門百回欽歎欲無言手縫
紅白驅即體血漬玄黃證襄原罹涯自
天前復後英靈逐壟義兼恩饋旌堂直
纖章刀只羣名家有孝孫

完山李有常拜稿

敬次

身心許國在邊門取義成仁罹有言烈士
夗綏歸故里夫人復矢到荒原同莊馬鬣

羨餘後來興勸在諸孫
　　　　　昌山成海應
提戈躍馬出西門一死分關執手言心識
衣巾存舊餘躬攀旋嬰返平原幽光暫顯
湏興誦前甲重迴復　睚百世鼠督傳
　　　　　昌山成海運
女史後人猶式判官孫
謹步查犬　先祖旋閭韵
忠臣烈女配斯門族百高名竟立言預備
衣巾殉國節披來體魄積屍原從前卓行
篆章日追後廉旌曠世　懸慕蓁隣鄉成
賀仵餘佚不盡繼遺孫

敬次　權參議夫人林氏　旌閭詞

卽衣換着出閭門　楚越難憑深目言　紅緞
血留裏革地坼旋　淚涽皆邱原彙編盡是
紀真蹟　瞳主阿曾有濫　恩六告遺馨
君能聞故家悲　烈又孝孫

全州後人李漢晟拜稿

敬次

熊三壯節鎭邊門五百揷生國史言遠道
身輕我馬側故山魂托栢杉原尚留芳烈
扶人紀忽裝幽潛荷　聖恩新設冊楷增

敬次

丹楔煌、裂娟門當時遺事戒軀言牽身
料理靈旗地歸骨乎安拱木原跡乃益彰
君子節竟應復泣　聖人恩舊箱餘帛今
猶在来宿賞之愴後孫　坡山尹襄謹稿

敬次

昔揭忠門今烈門班、洼蹟孰無言新縈
白着招兔日尺錦紅生暴骨原哭盡崩城
全婦德誠深結草感　君恩捐軀之節從
夫義兩美留傳百世孫　李挺元拜稿

奉和　權丈　旌門詩韵

紅緞白鬃拜送門閭夫山上石無言貞心

不負三綱義卓節端為百行原千里遠收

荒野骨一間同伊　聖朝恩癡頑聲媾應

知愧襃典非徒慰後孫　光山金光鎬拜稿

敬次

崔、忠烈　權公門事蹟田来慷慨言男

眼負骸關外跽白中殉節湏江原既溲志

士吟詩感屢被　朝家表奬恩高義如今

難揭美百年誠孝在玄孫　柳在恭拜稿

白鬢千古蹟忠魂烈魄九泉原猗歟盛美
揚先美襄以瘥之感　聖恩非但百年公
議在格天裏惆是賢孫
　　　　完山後人李馨初拜稿

敬次

烈日秋霜凛一門潭城注事邪堪言白鬢
暗表兵車路丹旐好還堂斋原義重三從
偉媚節心輕萬死報　君恩㢱傳棹楔輝
千古餘慶綿綿在後孫
　　　　星山後人李憲㬚拜稿

垂往蹟春曹襄　啟需殊恩白鬢留作青

遵舊克紹家聲更有孫

全州後人李惟元拜稿

敬次

單身如出古蒙門壯烈弸中孰與言已料

危忠殉節計只教精魄返荧原綱常萬古

成高義表異當朝感罷恩棹楔鄉閭前

後並于今六世護雲孫　李惟綱拜稿

敬次

難懸棹楔故名門節義堂、孰不言紅緞

往事流瞻舟艤立賢孫　柳本中拜稿

敬次　權丈宅㫌閭詩韵

感淚常揮忠殫門　賢媛衰蹟復堪言

白鬂制贈兵車跐男眼　行尋草萊原卞壺

城邊無怨恨杞梁廬下有榮恩終看棹楔䢓

輝煥故宅今傳六世孫　文化柳和用拜稿

敬次

婦烈夫忠炳一門後生欽誦百年言浣衣

認驗搶攘地遺骨泣收暴露原太史彙編

敬次

村深喬木故家門忠烈堂、僅可言赤兎
年間殉身地白髮巾得桃骸原泉臺匹美
當時節椑楔重光此日　恩百歲風聲知
不墜綿、後緒我傳孫　新平人李魯在拜稿

敬次

臣、頌、大其門渝俗猶傳世、言泣送
青其悲國步扶来旅觀共泉原秋墳片石
峥嶸月壚里尌虱芧次　恩此日重回傷

王官古里式高門　義烈堂〻入頗言弱質
遠經千里地忠冤　招返萬年原試看新舊
進懸閭不貟龍蛇弄造　恩又是巾鬢餘
氣節留傳百去有賢孫　趙存謙拜稿

敬次廣石　旌門韵

堂〻忠烈兩旌門　詩禮聲明不勝言計國
純忠歸立懦縱巾弱質　仍衷原曾従青史
看徽蹟更有黄麻侈　聖恩入里行人車
辱式風聲非獨慰賢孫　花山後人金在祿拜稿

有壯心伏行誂奈無隣援救平原夫人勵
義終歸櫬鬢婦偷生捻負恩曠典百秊令
復擧新瞻棹楔泫諸孫

淳昌後人趙好謙拜稿

敬次
天地錐寬礙出門此行酸鼻向誰言心銘
巾眼重、表骨捨塵沙漠、原有善必彰
閱世道無齒不燭濡　君恩承家美範傳
忠烈留待花山好子孫

謹次
趙敦謙拜稿

觀感地護懸棹楔後前　恩百年公議終

難泯不獨名家賀有孫　姜在信謹稿

謹次　權友　旌閭韻

維忠維烈子之門美卓褒揚豈勝言裹革

壯圖留漢塞封嵜古跡問秦原白鬂紅綵

憑奇説舊揭新旌拜　聖恩更向遺編誇

且耀他人尚感況今孫

全城後人李有會謹稿

旌門韻

敬綸廣石

使君書命出天門表微深情在不言繼

晩爭頌餘休及後孫　安湜拜稿

謹次廣石　旅閒韵

村巷溪溪尚式門尋常行跪亦能言賴誰

體魄遠千里無地精忠起九原紅錦白髮

當日事紫綸丹楔　兩朝恩倫綱扶植風

羣夫趾美君家有肖孫

戊寅九月上弦完山後人李烱拜稿

奉和權友聖浩　旅門韵

王儉城邊古戰門權公殉國史垂言娟人

林氏尤卓卽負屍關西返鄉原古籃緞髮

敬龢　荒閭前韵

客春跪過大同門卓節猶聞古老言遠慮

縫成縮錦日露骸收返積屍原當時忍痛

從夫義昭代酬忠荷　聖恩公議不泯千

載下光前棹楔詔来孫

戊寅菊月下澣鎮川宋鍊拜稿

敬和

元夬忠孝信名門戎筲犬夫著史言當年

有婦辦奇鍊殉節斯人返故原士女吾東

俱效義君臣中國且酬恩惜哉荒烈何其

謹次 慈門韻前

春官掌故奏　天門芳烈猶徵野史言淚
染紅羅裁紫室目酸青燐涉骰原良人死
義曾何憾愚婦知榮又此恩家丞由来名
節貴高閭不必顧遺孫　　安成鎮謹稿

敬次

胡兒箭入普通門難節千秋永有言　夫
子獨能死於國婦人自力収諸原分明齒
領三歸復燁赫烏頭毎降　恩不忍重問
當日事白頭盡泣見雲孫　　李在耘謹稿

微誠填碧海晋臣苦節踝焦原一時并對
網常義百世宜蒙曠絕恩膾炙風聲山
下宅護施丹閭護雲孫

靈川後人朴英軍謹稿

敬次廣石權生員丈宅施門韻
殉國従夫權氏門堂丶忠烈至今言白髮
浹濕崩城地紅綴竟招化石原両美傳来
千古節護施感祝一天恩襃揚已載尊
周録遺蹟何煩問子孫

歳戊寅七月上弦鎮川後人宋鉉拜稿

久遠名家六世有　賢孫

敬次
　　權丈先生　悲閭韻
　　　　花山後人金近恒拜稿

棹楔聯芳萃一門百秊夷考史臣言不能
變服穿荒塞安浮收骸返古原節義終成
千古恨褒揚均被　兩朝恩留將緞服青
趨視忠孝家中有肖孫
　　　　完山後人李秉淵再拜

敬次
挺身獨出大同門誓返忠寃死不言精衛

今日故宅復兹罷後孫　尹榮義拜稿

敬次

東方無復此兹門道聽行人抵掌言一幅
禑鬖餞別踽千秋節義戰止原高名猶勝
畫雲閣貞烈亦亘奉聖恩爲國爲家未
了蹟又永先業是賢孫　鄭東永奉呈

敬次

親妆落胄出魚門女史篇中熌記言千里
開雲慈繭足五更閨月吊荒原也應星斗
爭高節終看柴荊霈　聖恩聞說衣巾傳

戊寅暮春金允龍拜稿

敬次

如山戰骨古城門中有忠寃孰招言艷是

溪閨賢寡媜判骹徒步湞關原衣巾留作

分明驗悼揳重新炊弟恩況俊勞名垂

國史永將家法詔來孫　尹榮世謹稿

敬次

媜烈夫忠萃一門風聲永對士林言女縫

紅白慈千縷男脈蒼黃淚九原破劃切期

編伍志尊周義在造藩恩百年曠典伸

垂多棹攦耀其門忠烈君家最可言義在
女貞同死伍恨餘夫力失拘原遺髮委地
嗟明驗毅魄還山慟卒　恩公議百年伸
次茅兩菀護揭賀賢孫
戊寅暮春金允龜拜稿

敬次

新菀門對舊菀門洼事如聞昨日言鋒鏑
己料殉身地衣巾果驗拾骸原鄕人所以
長興感　聖主嘉之　特降恩六世方伸
湮沒恨故家何幸有英孫

子行裝千里塞將軍歸魄萬年原衣巾紅

白分明志棹楔丹青次茅恩　聖代即今

乣節義也應故里間遺孫　李時祐拜稿

奉和　敬呈

襃典煌煌賀在門後生如我贅何言白鬓

己判身捐瑩丹旒誰扶體逐原烈填父敦

衷薄俗忠臣先罷　聖明恩遺風晶晶以雎

無忝喬木村中有後孫　烏川人鄭海櫻謹稿

敬次

年間嗟劇虜大同江上是荒原三編不朽

尊周字六戋新蒙表宅恩八域今當太

千日也應悲感倍遺孫　李時流拜稿

敬次

朝家大典重旌門忠烈煌〻始可言化厲

睢陽作安市招竟湏壘似崤原能成男子

猶難事特被　君王未易恩紅領白巾無

限感揚先知是在賢孫　李時迪拜稿

敬次

竇回紫紙降天門兖　淑夫人曰有言男

關塞經千里劒會延津拮九原左海風聲
對當日丁年曠感荷殊恩緞鬢舊物留
為寶傳示花山永世孫　尹穡謹稿
敬次
旌忠褒烈耀高門昭代風聲永有言標送
沅衣春剌線搜来香骨草蔓原死綏己料
成仁志隱卒偏蒙不世恩近日吾鄉多
美事君家先賀有賢孫　尹秬謹稿
敬次
裁維紅白送祀門收骨貞心在未言丁卯

身行男子事他山　骨返故山原緞鬂尚記
當時鄧椓楔重絲　聖世恩忠烈永為傳
家業甫先無忝有賢孫　柳惠中拜稿
敬次
丁卯忠臣權氏門崩城時事昔聞言衣巾
異制戎行日顏髮如生戰死原義士録中
先女史禮官章上修　君恩今朝讌客鳥
頭下筆冑進〻六世孫　尹楝謹稿
敬次
夫子從戎媢送門分明一𠃰與成言骨收

烏川後人鄭海仁拜稿

余之先祖梅墩公與福川公情好甚密
以詩文相推郵筒之傳迻来不絶其時
瓊章寶唾多在家莊遺帖之中奕世通
好之誼不止為文擧之扵元禮実內者
高門之命旄也事當先詣堂下以観
新美而適有採薪之憂未作未至之窘
以此恨歎兹敢忘其拙陋謹步瓊韵以
寓景慕之誠以篤屢世之好焉
關西千里視閨門生死寧忘信誓言女子

敬次

夫忠與烈兩㫌門青史吾東永世言赴敵
己料身死國縫衣終卞血流原千秋高節
誠難掩四甲襃榮降　聖恩石里構堂光
祖業浮非遺蔭有賢孫　　李箕叙拜稿

奉和權益中養宅上　追㫌韵

卓然難節古家門昭載甫編蔽一言義結
朱繩裁錦領竟随縞眽返揪原當時太盛
並襃典後世愈光追表　恩餘慶綿綿宜
食報從知来許有賢孫

多意緞鬂泣別門凄涼往事不能言丹心

鳳壤山西日戰血大同水北原忠烈并爲

千載式籩襄丕是聖朝恩百年卓節成

終始揚美吾宗有孝孫　玄孫克仁謹稿

敬次

烈女忠臣配一門當年貞義至今言殉身

池邑成護節善笑齊城徹九原棹楔重新

齊士議　孫綸冉降頌天　恩緞鬂留作

青壇寶永世公家子又孫　韓山後人李熙來稿

忠烈進全耀一門洞閞遺事至今言可聞
君子殉身地直犯胡奴飲馬原青汗有光
垂後羡丹楯無愧獎賢　恩舊時巾眼截
猶在更賀名家不忝孫　星州李喜容拜稿

敬次　旋門賀詩韵

多士迎臺國北門襃揚貞烈謹陳言紅
縡果得衣縫驗白骨終收矢復原百世不
渝忠節義雙旋眧揭後前　恩躬賭盛禮
偏榮感均是花川後裔孫　宗末在仁謹稿

友次

男子已難死于事婦人況是收諸原白鬚
六世傳家烈朱角百禩耀　國恩不待式
閭猶激勵謾將詩句付　賢孫　鄭瀗拜稿
敬次　權氏先世　旋間韵
襃施節義㷀人門如彼霍成史罕言貞烈
至今青海石忠魂従古白江原當時生死
無遺憾此日辰榮揔　聖恩二百餘年猶
起敬衣巾護在故家孫　完城李韶夏拜稿
敬次

揮感淂

聖朝今日降褒恩且聞玉匣藏

衣領多謝

名家有是孫

首陽崔命龜拜稿

敬次

一門高揭兩旂門忠烈吾東可質言暗繡

驗來紅線領毅竟拾淂白沙原當年夫娚

知心義此日君臣曠感恩肯構堂前瞻

棹楔古家餘澤尚傳孫沈命漢拜稿

敬次廣后旂門韵

光輝可但在旂門诊重彙編載

聖言

歲在戊寅下弦星州後人李端容謹稿

敬次

冝家許國幸同門扶得彝倫各踐言忠悃

靡渝塗腦地貞謀果驗拾骸原通避一代

爲人歡前後蒦弦檀崎聖恩永對風聲標

顧里邥無陰隘曁仍孫

戊寅仲春下弦星山後人李正容謹稿

敬次

落胄招々吊戰門夫人貞烈史盡言羅衣

撥着文犀甲戰骨收来鐵馬原志士百年

卓樹風聲義烈門宜將彤管作徽言已譜
爲國甘揖命要使縫裾辨闔原百年追
襃貞卽美九泉更感聖朝恩堪爲一去
欽嘆地將看餘陰遺後孫

星州后人李敬容謹稿

敬次

百秊先逡兩施門慕義効忠執不言墨綬
暫紆知報國朱緣窈識驗朮原明、上
載無私照咽、下泉麻感恩引領士林
猶共賀餘風遺俗翹爲孫

堂、太上節宜稱郁、小中原一千里外
收遺骨二百季来更卓 恩好對風拜傳
永世大哉 先烈晶哉孫

安東金命熙拜稿

謹次 旆門韵

棹楔新施對舊門夫人貞烈在兹言柔腸
寸斷關河踰積骨親翻草莽原淪没百年
志士凄哀榮今日 聖君恩花山永世傳
承業留取巾鬢示子孫

完山李静遠拜

敬次

記宗事丹楯重感霈　王恩吾宗矜式斯
為大衣覆珠藏詔後孫　宗末純仁章
奉和權友　旌門詩韵
忠臣女配忠臣門兩度旌褒蔽一言手線
表成縫領日身裝幻出積骸原剛腸男子
猶難事生甸行人亦誦　恩卓節百年傳
世德承々子々又孫々　安東金命起拜稿
敬次
青邱八域幾紅門夫媜同旌世罕言有此

戊寅七月初二老全城後人李昇會謹稿

敬次

孤兒在乳獨持門忍忘晌行告訣言壯志

曾料裹革援忠竟旣作葬魚原關山涉險

夫人節日月容光聖主恩篋裏巾鬃餘

舊物嗣承妣祖勉遺孫

宗末正仁拜稿　竟

敬次

十室之州一邮門堂忠烈撚堪言風霜

凛冽捐軀地巾眼分明返葵原肬管非徒

宮燭煌煌苑北門百年公議定王言分
明石窃留齊史太息軍軒返晉原夫子
所天須報義聖朝何地不霑恩而今而
後吾無間金管題詩與耳孫

平原後人李明遠謹稿

謹和廣石旌門韵

赫赫君家義烈門流芳贊美羑人言紅尋
補綴招精魄白表鬂中逕古原名卽進金
留往蹟天褒再降感新恩従兹先業相
傳地冝甫編編克肖探

許國投鋒鏑千里收骸躋濕原彤管分明
傳故事紅綻次茅降崇恩風群會使騰
歌詠述祖深誠有孝孫　族侄愚仁謹稿
敬次
世誦吾宗棹楔門惟忠與烈是公言月寒
戰骨奧沙磧天迥悲號鵑述原媲節名家
光史圳眈荣泉路荷邦恩綱常扶植今
猶頽風範重看引後孫　族侄進士復仁謹稿
敬次
故恭議權公夫人林氏茂間韵

余與權君聖浩有通家之誼向者聖浩
以其六世祖妣林氏㫌門事速眾賓
舉盛禮余適有故不得泰會繼以詩律
要和以識喜余爲得以不文而辭焉
千古倫常萃一門赫然無待史家言葡城
笑盡糢糊血隻手擔帰風雨原忍說巉巖
當日事重家天地　聖朝恩三綱頼此增
光色垂蓑綿﹑勿替孫　柳得義謹稿
敬次
萬古綱常即此門夫忠頒烈世爭言一身

懿行純忠萃一門武人詩史蔚公言崩城
淚入窮天壤殉國心盟暴野原去日衣巾
仔細地　聖朝旌表後前恩至今湏水鳴
鳴咽　先烈揄揚有肖孫　嚴思祖拜禱士進
追和　舷門韻
丹楯素扁屹雉門表揭衣巾契闊言星日
忠貞先本國春秋節義炳中原兆男兜耳
先成美有婦人焉僅及　恩曠世揄揚榮
感地餘麻復冀降諸孫
梅月下澣忽庵延安李遇明稿

網傳奇蹟表宅對風荷　聖恩忠烈故家
人共慕乃知遺蔭及雲孫　完山後人李　樸謹稿

謹次　旌門韻

譬役夫人烈士門令人噴々不容言貞心
不負根鬟性義骨能扶委隤原輝暎古今
丞汗簡旌廳前後自天　恩倖揚前美風
聲樹彌節家中有肖孫　星山後人李箕村稿

謹次

青史千古流芳有甫孫　晉山姜麟煥謹稿

敬次蓮城　權友家　先世雙烈門韵

萬古綱常此一門青編記載所無言延年

可惜塗荒野杷婦何曾覓裒原歟頁英靈

千里塞蓬莚後先兩朝恩松杉永護

遺巾守忠烈家中又孝孫

綾城具龜秊拜稿

敬龢　權氏　先世忠烈施問韵

雙施前後耀私門貞節當年尚忍言捨命

從夫獨卓行貞屍歸葬況　先原裁衣結

敬次　故忝議權公夫人林氏　旌閭韵

為感　君家節義門潛照有淚歇無言傷

心丁卯秊間事收骨箕城戰壘原紅領白

縈如執契　忠臣烈女各專　恩煌、棹

楔重生色六去由来有是孫　　月城李鎮垕拜

敬次

坐享切名甲第門一時高大尚桶言挺舟

冒刃秋霜節斸骨推縈寒月原二百秊来

公共議一㠅旋揭後先　恩従今可得傳

忠烈褒旌儼一門尊周編上已垂言視輕
萬死彈狐節義重三從誓九原化石著同
征婦恨交金恐頁大明恩緞紅鬃白收
遺骨往事昭然聽後孫

完山後人崔弘海拜

敬次 故恭議權公夫人林氏 旌閭韻
秋霜烈日古邊門往事昭昭宣忍言夫婦
彝倫彌宇宙君臣大義及泉原一十里外
尚遺蹟二百年間又 聖恩先業揄揚亦
誠孝花川古宅有賢孫 月城李鎔容再拜

信知亦烈必忠門前後旐襃以士言紅鍜
骨收懸慧鑒青楓竟逐醑荒原關河嗚咽
英雄恨間里光輝　聖主恩剞劂書之行
跽式家鮮旡忝勉諸孫　尹行慶稿進士

敬次

遺芳烈、耀閭門是日春官禾衆言泣贈
征衣標戰地行收義骨踐裏原男兒旡耳
終天恨國史書之曠世恩巷對扶疎毋
揳出跰人知有故家孫　尹行澈謹稿縣監

謹次

沙場無遠出閨門書在尊周未盡言錦不
渝紅塗草野鬢能收白返楸原始終忠烈
成雙美新舊旋襄曠百　恩廣石行人瞻
兩揆將何報　國爾孫　李喆煥稿
敬次
後世其昌崔氏門危城尚泣蔡姬言綠縫
留信燈生畫蔓草招寃月吊原烈女傳中
曾見義尊周編上赤崎　恩村溪廣石雙
弦之喬木枝～莞彼孫　李得濡稿
敬次

潛滋凝塞土殘骸獨拾向荒原人間誰識
崩城恨地下應憐結髮恩遵斷千秋懸日
月傳家忠烈感遺孫　坡山尹行範拜

敬和廣石　旌門韻

萬古綱常此兩門閭西義蹟不勝言甘將
弱質穿沙塞肯使忠肝委礫原一室各成
名節炳百年同俊後前　恩普通橋上松
鮮老長護英魂有孝孫　淳昌後人趙泰華稿

謹次　旌閭韻

箕城奮不顧身將北首爭死夫人必知
其無辜思所以後矢巾之以白髮衣之
以紅緞約為摽識公果戰沒夫人以其
摽而收屍於積骸之中逐葬光山極
儔而事在出隱棹楔尚邈寧於
盡禮制其偉烈卓行考之往牒罕有其
聖上十七季丁丑上達
天聽褒典備至士林興嗟鄉隣異榮皆有
一言之賦謹步其韻
緞紅鬖白送臨門死別茫、詎忍言寃淚

敬次

清忠大節凜高門照耀青編永有言括帛
分明歸呂祖罵刀慷慨拒平原綱常萬劫
純剛志義烈旌輝浩蕩恩千古風拜從此
尉榮光豈止在公孫

星山后人李箕模拜稿

我東尚節義忠臣烈婦從古何限而至
若故庶尹權公之慷慨殉節夫人林氏
之從容決義可謂有是夫子有是媛人
哉曩在龍蛇之歲賊兵大至權公時尹

扶世道一時棹楔荷　天恩泉塗是日回

新照冥報從肯裕後孫　豐川後人任希泓謹稿

拙詩敬副

權公忠臣夫人烈女　弦間宴韻

干城寬氣催閭門忠烈　吾鄉不朽言善哭

杞梁陶菖郭殉身藥伯　入秦原繼髮猶驗

出明迹棹楔重逢新舊　恩喬木百年添

雨露風聲母替太師孫

戈寅清和晉山柳重和拜稿

謹步

權氏先壟楔韵

霍施忠烈是名門周史編中未盡言珠淚
濕紅蓮郡踞土花凝碧柳城原夫人祝靈
悌先壟通別書襟報國恩曠典百年今
始舉家聲不墜賴賢孫

前都事李檍奉藁

敬次

義士家中烈女門風聲永對汗青言白巾
紅領知神會赤血丹衷見本原千古倫綱

掄得熊魚志誰辦 盡爲猿鶴原 先事當時

了後事 新恩此日繼 前恩好將世德

期無替烈士吾宗長嫡孫

族弟中建拜稿

謹次　權友中養

先祖妣烈女林氏　弦間迎恩詩韵

崩城笑向大同門髽婦貞心尚忍言密密

縫衣藏線襟摻摻收骨落鬐原純忠懿烈

護全節舊表新旌一體恩篋裏鬚中猶

自白摩挲遺蹟泣玄孫　趙榮獻稿

留在此故家長守勛賢孫

崇禎四戊寅孟春前都事姜　憬　時年七十六

奉和　旌門詩韻

過梁猶尚問夷門忠莭吾鄉事足言烈士

殉身丁卯亂婦人收骨普通原百畽激感

存公議㫌揭輝煌荷特恩芝醴根源知

有遠後来繩美望諸孫

宗末中徹謹稿

敬次

廣石村東再式門一夫人莭萬人言如非

昭代風聲棹楔門百年公議一鄉言髯崇巾
果驗哀平野革裹終收返故原懿蹟齊光
夫子節哀榮重荷聖朝恩于今六姓揚
先羡忠烈餘庥有孝孫

楊山人趙順達稿

謹次
權碩士中養宅　旌門日韵
忠臣烈女兩旌門敬式行人亦有言不但
梁妻稱善哭為綠景髮捻平原當時已
可襄切議今日重新表節恩千古風聲

靡遑典留待今年曠感恩廣后村前進揚
闔行人指點說賢孫

尹禧謹稿

敬次

行人只解式過門貞蕑堂、我且言辛苦
挺身千里地從容返骨萬牽原大同春水
悠悠恨廣后鄉閭卓、恩對此油然鷹起
孝繼承前美待後孫

宗末申傑拜稿

謹次

光山 金 墇 謹稿

奉和權聖浩 兹門韻

星日雙輝忠烈門堂、遺蹟丕堪言鬢巾
濕盡崩城淚毅魄收帰裏草原孤節芳名
垂永世前弦後表荷洪 恩于今盛舉遵
先志賢孝傳来克肖孫

友人李道豐謹稿

敬次

吾東孰不式斯門婦烈夫忠兩足言慧鑑
先推取熊志縫衣竟驗啄烏原淂非四甲

湞上雲凄踽迤關西月吊原臨亂丞戕

千古節褒貞特荷　兩朝恩衰榮終始知

多感丹楔斯煌拜後孫

聖上即祚十八秊丁丑全州李惟一拜稿

奉和權友聖浩甫

六世祖姚兹門賀詩韵

有妻不愧思臣門編彙尊周史載言關塞

蒼黃繭足步衣巾明白積骸原列州同慕

眚公議故里追弦仰特恩從此行人重

式轍先休以晶在今孫

怛有是吾宗有是孫

戊寅暮春上浣族孫羲應拜稿

敬次

養在名家入德門早通經史脈徵言柔膓

遇險成剛鐵大義捕天出道原效烈效忠

非二致落前旋後摠珠恩王官古里風

聲振甫是吾宗老長孫

族孫福應拜稿

謹次

六世追運卓烈門緦緊猶記送行言身經

山氣水咽古牙門我思怒怒未敢言豈闡
鳴乎千里地及成收骨二陵原婦人出死
舴彈節國士捐生己報　恩舊揆新施遵
羡其昭垂忠烈永貽孫

宗末以應謹稿

敬次

族祖內外忠烈韻
忠烈并為爀一門白髮紅緞世傳言熊魚
辦取胡首竄軆魄收來士馬原泯沒當時嗟
美事褒揚今日感　君恩追榮五世伊誰

棗

爲六世祖姚也其不避危難盡心所
天固有卓絕之烈而百年之後竟蒙
褒典渟與恭議公忠節同爲彰明在
孝孫無憾而吾宗之幸大矣中養有詩
以志悲喜遠近章甫率皆和之一韻盈
軸蓋特異之節曠世相感而人情大可
見也余與中養俱出花川派同而族近
九世同居雖愧古誼平日景慕非此他
人今於賀詩之賡韻不可以荒蕪慶吟
一例泯默玆以忘拙追和

律禾和病廢吟哦事係盛舉且為力懇

忿拙以應之

烈女忠臣共一門施襄仍用國人言殉身

己料裁殊製貝屍猶能送古原酬獎非云

前日少齒潛益彰是年　恩仁賢未有終

陵替受報令名勉後孫

族從玉應拜

族侄中養之家表閭以忠古也又於是

歲十月新揭烈女林氏之門祔于舊楔

之左寔是　贈參議公之配而在中養

敬次

忠烈堂：耀一門關西士女至今言衣巾

驗得曾縫領體魄收來奮戰原（全）節戡倀補

當日事英靈應感　九天恩雙懸棹揳成

終始積累居然六世孫　知郡事李憲圭謹稿

今

上丁丑冬族姪中養蒙　恩受其　先祖

姆林氏棹揳之典與其　先祖　贈祭

議公閭後先共旌此以識感之意賦七

丁寧紅綬服員歸酉坐白楊原已過五世

餘遺澤遙向九天拜　盛恩自幸百年彌

美揭敢云忠孝繼東孫　七世孫遇仁

天省不幸普通閇三矢傷心復忍言　先

祖貞忠東國史頻人大義武夫邊白鬢雷

作吾宗寶冊楔偏蒙　聖主恩一席悲歡

交集至故家觀采愧屬孫　七古孫輔仁

千秋炳烺兩旌門忠烈堂、椽筆言貞節

疋休城崩杞危怵不下泪授原緞鬓維餙

知殉國前後褒揚感頌　恩女史編中名

價重猗歟永世且傳孫

六世孫中大謹稿

一幅琅函叩闔門誠惶臣某上其言堪悲

男服經千里好返忠魂慰九原在笥白鬓

留苦節耀閭冊楯修殊恩百季復見揚

先美感古傷今七世孫　七世孫體仁

愁雲尚結古城門復恐初從憂難言記取

摻～收骨普通門往事傷心尚忍言己料
丹忠氣殉國御教紅段辭裏原百年義烈
寧渝蹟一體旋廛夏荷　恩實頓同嚴章
甫力闡揚先美愧雲孫

不肖孫中養謹識

先賢令德配斯門婦烈夫忠採眾言星日
危衰殉國地秋霜氣節頁屍原護懸棹楔
侈私分三品殊荣荷　聖恩山斗芳名登
竹帛十季不朽詔雲孫

六世孫中益謹稿

呂先烈之不得揄揚羲至恨矣迺於今秋

陵幸時遠近慕羲之士以余　先祖妣廡

旋亭齊獻陳章自

上允從其請　特命棹楔而替省貞烈一

朝煥炳古所稱百古以俟者定道今日事

而且想　先祖考妣之佻著忠烈煥廬前

後之雙旋門閭實是千載之稀有而私阶

之大榮余於是不勝悲喜妄撰一律以寓

感舊之懷覽之者恕其拙陋而不以文虔

其奮焉

妣淑夫人知其必尢無還心以紅綴白繫
表識衣巾而送行矣　公果以五百騎擊
虜力盡致命于普通門外　淑夫人身穿
男服跋涉蹄遠手斷龍屍以衣巾之表得
公遺體負所逐葬于　先塋先祖殉節之
後　朝家之隱卒　贈旌前後備至而至
於　先祖妣貞節其時道臣之　啓未及
僅列其事且以家乘考之累古孤寡未遑
上陳本狀仰乞　恩命而逮至余不肖居
朕六世矣竊恐季代愈遠事蹟寢微而每

五代孫五應謹稿

崇禎紀元後四丁丑十月壬辰卽武 先
祖妣淑夫人體泉林氏旋烈之日也嗟乎
烈於百餘季之前而旋於百餘年之後盖
撑天亘地之義秋霜烈日之節終有不泯
之理又其貞心卓行無愧於君子之純忠
而于以匹休於一時同顯於百世者豈不
煥乎偉乎我鳴乎粵在
仁廟丁卯虜難余之 先祖考 贈叅議
公新 除平壤判官聞 命卽赴 先祖

構一律俾作章甫賡和之序耳

忠烈幷莊耀一門承天罷命史垂言貞心
己著收遺體節義堪論哀隱原三品清啣
同贈秩護懸棹楔獨偏　恩忠臣烈女堂
堂意扶植倫常詔後孫

者絶無間也孔夫子曰十室之邑必有忠信顧此本
鄉蓋處小邑而忠烈幷萃於一室 朝家此恩
褒竟至於雙懸棹楔豈不休哉豈不賑哉朱
夫子回韋爲秉彝枝天圖墜爲臣爲頌各盡忠
烈者彛倫之不墜也太史氏訟李少卿之寃曰其
而摧敗亦旦暴於天下嗚呼 蔡議公以忠顯
於 朝游夫人以烈名於世而古人云求忠臣於孝
子之門林氏之烈其果培養於忠臣之家乎不
肖孫五應追感先德之烈々不泯而 聖恩之燦
爀愈光曷敢前後遺蹟以寓羹墻之慕焉謹

聞殉節跋涉千里必得公之遺體節義之卓越
炳烺雖古之男子有所不能而史蹟之所未嘗見也
想像其貞烈則秋霜烈日不足以如其烈也剛金勁
石不足以此其節也新伯金起宗狀聞公之殉忠而
朝家驚悼竟爲旌褒　贈秩夫人則未遑褒揚之典
爲子孫者飲恨久矣逮至丁丑之秋道內章甫純勳
公議陳章於　駕前卽獲蒙　旌褒與前日
參議公之旌閭雙懸左石眞曠世盛典也後裔之
感頌　天恩慶幸無地矣噫歷稽國乘野史忠臣
烈女何限其故節而至若夫頌幷施一門忠烈褒揚

夫陶危授命臣子之大義也委身效節頒女之貞烈
也若乃樹風聲於百世塗耳目於一代者莫非夫義
貞烈中所由行也則竆天地亘萬古而不墜者知是
爲臣殉國爲婦效烈者而已嗚呼惟我五代祖
贈參議公主懂於丁卯胡亂而其淵夫人林氏聞其
殉節投著男服從間道躬赴楡塞戰場之所則
積屍如山流血漂杵夫人手翻亂屍識得公之遺體
果是前日臨別之時有所衣中表飾者而返奕於
先塋噫夫人預料公之必死不還乃以表飾段縈及

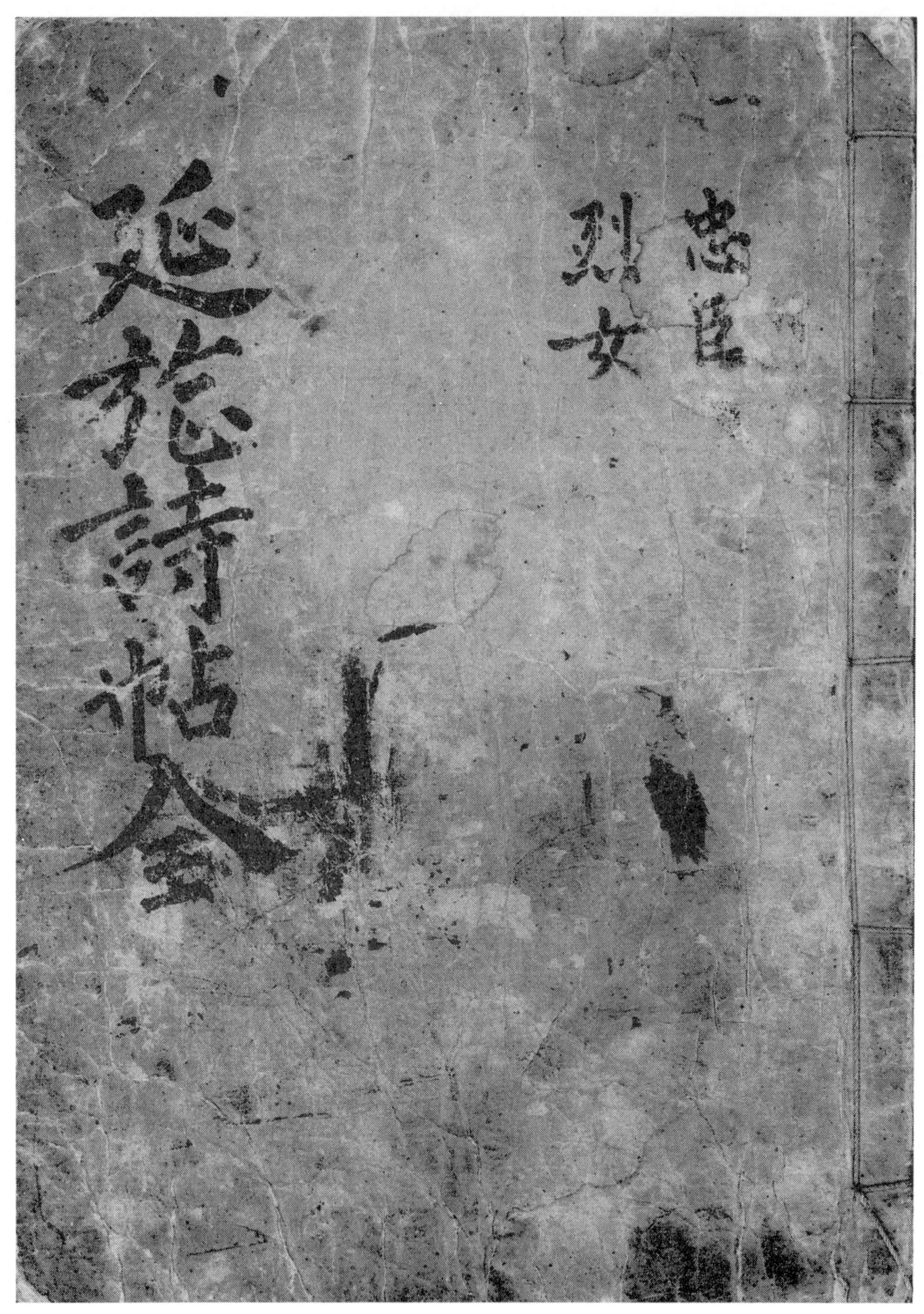

《충신열녀연정시첩(忠臣烈女延旌詩帖)》
전(全)

《붉은 비단과 하얀 망건 (紅緞白鬃)》 발

蘇峰 권석환 교수는 나의 오랜 벗이다. 동학한 붕(朋)이며, 40여년을 교류한 우(友)로서의 知己요, 知音이다. 소봉의 부친인 인곡재께서 종사(宗事)에 매진하셨듯이 소봉 역시 이번에《붉은 비단과 하얀 망건(紅緞白鬃)》을 찬하게 되었다.

《서경(書經)》에 이른 바, "아버지가 집을 짓는데 자식이 어찌 따라 짓지 않으랴"를 실천한 사례가 아니겠는가. 이 위대한 家史의 출간에 참으로 경하드린다.
　오늘날, 世變으로 인하여 충.렬의 가치는 크게 조락하였다. 그러나 충·렬은 효로부터 비롯하고, 효는 불변의 인성이므로 바로 이점이 이 책이 지닌 중차대한 가치이다. 또한 권문의 찬란한 역사를 이처럼 한글로 정밀하게 풀어낸 것은 후대를 위해 쌍정(雙旌) 이상의 의미를 내포한 것으로 볼 수 있는 것이다.

　소봉이 이번에 나에게 이 책의 발문을 청하기에 나의 학빈문황(學貧文荒)을 무릅쓰고 응하지 않을 수 없었다. 거듭 이 책의 발간을 축하하기 위해 간략히 헌시하고자 한다.

至性由權門	지극한 성정은 권문에서 비롯되었고
誠篤愜仁谷	도타운 정성은 부친에게 흡족했네
世運陰陽際	세상의 변화가 부침할 때에도
學富五車別	(오직)오거독서로 학문이 출중하였다오

躬行及奉先	몸소 실천함이 선조 받듦에 미치니
芳芬流千古	아름다운 향기가 천고에 흐르는구려
從此澤遍孫	이에 은택이 후손에게 고루 펼쳐지니
應竝日月煌	일월과 함께 빛나리라.

2026. 3.

문학박사 한창섭　謹識.

역 자 약 력

권석환(權錫煥)

성균관대학교 중어중문학과에서 학사(1984), 석사(1986), 박사(1993)학위를 취득하였다. 홍콩중문대학(香港中文大學)에 유학하여 연수과정을 마쳤고, 1995년 상명대학교 중국어문학과에 부임하여 30여 년 동안 학생들을 가르치며 연구하고 있다. ≪先秦寓言硏究≫로 박사학위를 받은 이후, 우언 관련 연구 논문을 여러 편 발표하였다. 중국 산문을 연구 분야로 삼고 한국중국산문학회 창립에 참여하여 학회장을 역임한 바 있다.

중국 문화에 흥미를 느껴 백여 차례 중국의 각 지역을 답사하였고, ≪中國, 中國人, 中國文化≫(다락원, 2001) 출판을 통하여 중국문화의 원리를 제시하였고, ≪중국문화답사기1≫(다락원, 2002)·≪중국문화답사기2≫(다락원, 2004)·≪중국문화답사기3≫(다락원, 2006), ≪詩文을 따라 떠나는 중국문학 유람≫(차이나하우스, 2008) 등을 통하여 문화지리학의 영역을 탐구하였다. 그 외에 ≪중국문자 텍스트의 시각적 재현≫(한국학술정보, 2010), ≪세계의 말 문화2 중국≫(한국마사회, 2010), ≪교훈의 미학 中國名言≫(박문사, 2015), ≪중국아집 : 일상과 일탈의 경계적 유희 中國雅集≫(박문사, 2015), ≪중국 우언(中國寓言) : 춘추전국시대(春秋戰國時代) 편－백가쟁명의 창과 방패－≫ (박문사, 2017), ≪중국의 山水 경영≫(박문사, 2021) 등을 출판하였다.

한중 문화 교류 방면에 관심을 가지고 ≪韓國古代寓言史≫(岳麓書社, 2004)· ≪韓國古典文學精華≫(岳麓書社, 2006)·≪三國遺事(中國語譯)≫(岳麓書社, 2009)·≪金鰲新話(中國語譯)≫(岳麓書社, 2009)·≪佛祖直指心體要節(中國語譯)≫(中國學術文化出版社, 2026)의 출간을 통하여 중국학계에 한국문화를 전파시키는 역할을 담당하였다.